集人文社科之思 刊专业学术之声

集 刊 名：燕赵文化研究

主办单位：河北大学文学院

主　　编：刘金柱

副 主 编：田小军

执行主编：高　永

YANZHAO WENHUA YANJIU

《燕赵文化研究》编委会

主　　编：刘金柱

副 主 编：田小军

执行主编：高　永

编　　委（按汉语拼音音序排列）：

　　　　　傅　林　姜剑云　李　致　田建民　武文杰　杨宝忠

　　　　　杨清臣　杨青芝　张进红　智延娜　周小艳

第1辑

集刊序列号：PIJ-2019-368

中国集刊网：www.jikan.com.cn

集刊投约稿平台：www.iedol.cn

河北大学2019年部省合建——优势特色学科建设项目

燕赵文化研究

第1辑

YANZHAO WENHUA YANJIU

河北大学文学院 编

社会科学文献出版社
SOCIAL SCIENCES ACADEMIC PRESS (CHINA)

发刊词

《燕赵文化研究》秉校训"实事求是"之精神，以创新为己任。

在这个多元文化主义大行其道的时代，我们并不排斥精英主义，如果精英主义意味着对标准的坚守，而这标准又不失其超越性与崇高性的话。

我们坚信真正的大学应该有理想主义的生存空间。作为大学中的院刊，遵从理想的引导，才能把目光投向有地平线的远方。但是，我们绝不因此拒绝大众文化，如果大众文化意味着某种普适性的话，因为我们明白自己身上应负的价值与现实担当。坚实地立足大地，才可能真正仰望天空。

惟有思想之矛方能戳穿思想的铠甲，惟有精神之刃才能切开精神的坚壳。我们无法想象一个精神与思想的贫血症患者，能成为卓越的文学与语言研究者，因为文学研究就是要洞悉人之内在精神，破解缪斯之谜，而语言研究关乎人之为人的最本质属性，关乎文化之根本。

目　　录

·燕赵文化研究·

燕下都陶文分类研究 ………………………………… 于　军　吴磬军／1
论王若虚诗学思想 ………………………………………… 李晓艳／24

·艺术研究·

《倾杯乐》考述 …………………………………………… 徐文武／37
电影的三重美育功能 ……………………………… 胡　海　田嘉辉／51

·传统文化研究·

唐代驿路诗人的创作方式 ………………………………… 吴淑玲／61
方东树《昭昧詹言》论杜研究 …………………………… 孙　微／78
从专力颂美到褒贬杂居
　　——论《诗经》三颂后颂体的转变 ………………… 张志勇／86
刘宋"文笔之臣"傅亮交游考略 ………………………… 孙耀庆／94
查慎行"唐宋互参"体系中的元好问诗歌评点 ………… 王新芳／104
论康熙帝的宋诗观及其影响 ……………………………… 李　靓／112

·思想与理论·

论中国文论"气"范畴的生成 …………………………… 陈玉强／123
法兰克福学派的文化现代性理论 ………………… 李进书　马孝怡／136
苏氏蜀学与二程洛学之"人情"说比较 ………………… 王彩梅／148

·莲池书苑·

纪晓岚与康乾盛世文化 ………………………………… 李忠智 / 153

《雷石榆全集》编辑缘起 ………………………………… 郭秀媛 / 160

·学人随笔·

天津的衣食住行 ………………………………… 阎浩岗 / 165

·硕博论坛·

俞平伯对佛教文学的借用与仿拟 ………………………………… 李艳敏 / 172

《死于威尼斯》中的阿申巴赫形象

    ——基于弗洛伊德人格结构理论的解读 ………………………………… 王丹丹 / 181

·学界动态·

河北大学燕赵文化学科群建设情况 ………………………………… / 191

征稿函 ………………………………… / 202

《燕赵文化研究》第 1 辑
第 1~23 页
© SSAP，2019

燕下都陶文分类研究*

于　军　吴磬军**

摘　要： 燕下都乃战国时期燕国都城之一，其遗址位于今河北省易县县城东南处的北易水与中易水之间，在百余年来出土的大量文物中，陶印文字是一个重要的类别。本文对其出土、发现历程和著录研究进行了梳理，在前人研究成果的基础上，借助大量陶文实物和考古资料，重点对陶文类别、特征、内容以及所蕴含的历史、文化信息，进行了专题考察分析，使燕下都陶文的分类研究更加全面和系统。

关键词： 燕下都　陶文　分类研究

燕下都遗址位于今河北省易县县城东南的北易水与中易水之间，亦称武阳城。《水经注·易水》载：易水又东迳武阳城南，盖易自宽中，历武夫关东出，是兼武水之称，故燕下都，擅武阳之名……①考古资料表明："燕下都城址平面总体不规则，东西长约 8 公里，南北宽 4—6 公里。燕下都城址分为东西两城。"② 在遗址内及周边曾出土过大量遗物，且种类丰富，包括了金、银、铜、铁、玉、石、陶、骨、角、牙等各种材质。燕下都遗址所出古物不仅数量众多，而且发现的时间也很早，元代人王恽的《秋涧文集》中有《古燕印赞》，在其序文中曾有"参政何公（按即何玮，详列传）世家易州，常于燕丹废城中耕得图书小印，虽百枚，制

---

* 此文为河北省社会科学基金项目"燕下都陶文整理与研究"（项目批准号：HB17LS018）阶段性成果。

** 作者简介：于军，河北大学保定乡土文化研究中心研究员，研究方向为燕下都陶文、瓦当等；吴磬军，河北大学历史学院教授，研究方向为燕文化，燕下都瓦当、陶文等。

① 王国维：《水经注校》，上海人民出版社，1984，第 378、379 页。

② 河北省文物研究所：《燕下都》，文物出版社，1996，第 13 页。

皆殊……"的记载。① 这是目前我们所能见到的关于燕下都遗址有文字类文物的最早出土记录。燕下都出土的陶文，更为我们留下了广阔的研究空间。

一 陶文研究与燕陶文的发现

陶文泛指存在于陶器上的文字，其形式有钤印、刻划、书写等。由于陶器的制作和使用贯穿了整个人类文明，具有广泛性和普遍性，各个时代的陶文均有发现。山东大汶口陶器上已有表意明显的刻划类符号，可以看作陶文的滥觞。战国时期，社会生产力的提高促进了制陶业的繁荣和发展，使得这一时期出土的陶文也最为丰富多样。顾廷龙说："当今古文字学称盛之日，殷有卜辞、周有铭刻、秦汉有小篆，皆可表其一代之制，寻其变迁之踪，而七国匋（陶）文实为枢纽，尤可贵已……"② 其中明确提出"陶文"这一文字载体在中国古文字序列中的地位，"七国匋（陶）文"即指"战国七雄"所出的陶文。其中燕国陶文则大部分出自燕下都遗址，燕国其他疆域也有少量发现。这里将主要以燕下都出土的陶文为研究对象，并结合其他疆域出土的陶文标本，对燕陶文做出系统整理和研究。

在北宋兴起的金石学研究中，学者对文字的研究往往多看重材质，一般喜欢金银铜玉之类而轻视砖瓦陶器。乾嘉以降，考据学渐兴，所出带有文字的文物种类甚多，原先并不为人重视的陶器、瓦当、墓砖等，因带有文字且时代信息明确，而日渐进入收藏和研究者的视野，故而广义金石学的研究范围早已不仅仅局限于吉金贞石。

最早收藏和鉴定陶文的著名金石学家陈介祺，号簠斋，山东潍县人，以地利之便广收齐地陶文，曾自撰一联云"陶文齐鲁三千种，印篆周秦一万方"，说明其所收陶文之富。李学勤根据簠斋陶文拓本题跋上的日期推定其发现齐陶文应为同治十一年壬申（1872）。③ 然而，陈介祺的收藏中未见有燕陶文出现，故燕陶文较之齐陶文的发现时间要晚。顾廷龙的《古匋文香录》中提到，"（陶文）至燕赵所出易州为多，仅罗氏叔言（振玉）谓其在光绪初年发现，知其与齐鲁年代不相远，

---

① 寿鹏飞：《易县志稿》，学苑出版社，1990，第 866、867 页。
② 顾廷龙著《古匋文香录》，上海古籍出版社，2004，自序第 1 页。
③ 李学勤：《山东陶文的发现和著录》，《齐鲁学刊》1982 年第 5 期。

他则无可考矣"。① 高明的《古陶文汇编》提到"比齐、邹陶文略晚，于清光绪初年河北易县燕下都发现燕陶文。《艺术丛编》和《周汉遗宝》等书著录的燕陶文第一件完整器物'二十二年正月'陶罐是潘祖荫旧藏……"② 顾、高二先生均言及燕陶文为光绪初年发现，顾廷龙认为罗振玉最先发现了燕陶文，高明未明言发现者是谁，只记载潘祖荫最早收藏到带有燕陶文的完整器物。查罗氏著作，关于燕陶文的记载如下："临淄陶器出土最先而易州陶器较晚出，其文字则齐醇而燕肆一览可辨也"；"临淄陶器文字无十名以上者惟燕器则或至十余字以上，潘文勤公所藏有四片，字多至十六七，其二片有廿一年八月字，尤奇品也，文字独醇而不肆……"③ 其中所记燕陶文为潘祖荫旧藏。光绪初年，罗氏年纪尚轻，家境较为贫寒，活动范围主要在南方家乡一带，应无机会接触到北方的燕陶文。

机缘巧合，2017 年冬，安徽大学杨烁博士以一件燕陶文拓本资料见示（见图 1），为我们研究燕陶文的最早发现者提供了重要信息。这是一件燕国三级监造类陶文的拓本，其左下角钤印印文为"攀古楼藏古匋"，右上方钤有"丁亥"纪年印一枚。"攀古楼"为晚清金石学家潘祖荫专门收藏古物之所，"丁亥"当为光绪十三

图 1 攀古楼（潘祖荫）藏燕陶文

---

① 顾廷龙著《古匋文香录》，上海古籍出版社，2004，自序第 4 页。
② 高明：《古陶文汇编》，中华书局，1990，古陶文汇编李序第 1 页。
③ 罗振玉：《俑庐日札》，北平隆福寺文奎堂修绠堂，1912，第 68、69 页。

年（1887）。这是目前所见标有纪年的最早的燕陶文拓本。因此可知，顾廷龙和高明关于燕陶文最早发现时间的观点是正确的，其发现者应当是晚清大收藏家潘祖荫，时间不会晚于光绪丁亥（1887）。此较陈介祺发现齐陶文（1872）晚 15 年，而早于王懿荣发现甲骨文（1899）12 年。查阅《潘祖荫年谱》可知，潘于光绪元年（1875）及以后曾多次被派往易州督办清西陵的修缮和管理等事务，清西陵陵区距离燕下都遗址大约 30 公里，因此，在光绪初期这一段时间内，潘祖荫收藏到易州（燕下都）陶文是合乎情理的。

二　燕陶文著述与研究

陶文在刚刚发现的早期阶段，基本以拓片和拓本集的形式流传，故资料零散不易收集，中国社会科学院考古研究所图书室收藏一批早期陶文拓片资料，其中载有燕陶文的拓片和拓本集有：埙室藏《三代秦汉六朝古陶》，二函十八册；张培澍《古陶琐萃》，一函四册；《古陶拓本》，一函一册；杨昭儁《陶文拓本》。中国社会科学院历史研究所图书室藏有燕陶文的拓本集两种：方德九《德九存陶》，一函五册；邵章《古陶器文》，一函一册。北京大学图书馆善本阅览室收藏燕陶文资料两种：张培澍藏器的古陶拓本四轴和《古陶器拓片》一函一册。

最早收录有燕陶文的刊物为 1916 年日本仓圣明智大学刊行的《艺术丛编》，一函三册（中国社会科学院考古研究所图书室藏）。其后有 1922 年日本人太田孝太郎的《梦庵藏陶》，1928 年第 17 期、第 23 期《艺林旬刊》和 1930 年第 19 期《艺林月刊》。收录有燕陶文的刊物有：1930 年《易县燕下都故址调查报告》，载于 1930 年《国立北平研究院院务汇报》；方濬益《缀遗斋彝器考释》，1935 年涵芬楼影印；1936 年第 77 期《艺林月刊》。此外，1936 年顾廷龙出版的《古匋文香录》，是最早的古陶文字典类书，此书将当时所见的陶文资料摹录收集在一起加以考释，其中收录了诸如《德九藏陶》、周季木藏陶文拓本、潘博山藏陶文拓本、《梦庵藏陶》中含有的燕陶文。这些文字的分类汇集和考释为以后的燕陶文研究奠定了基础。1943 年，孙浔、孙鼎将周进（季木）所藏陶文辑成《季木藏陶》一书，书中所收陶文既多且精，而且含有很多燕陶文。值得一提的是，易县乡绅陈紫蓬，雅好古物收藏，以地利之便收藏有不少燕下都陶器及陶文，其斋号"燕陶馆"即由此而来。陈氏曾将其所藏燕下都陶文结集出版《燕陶馆藏陶》一书，惜未发行，其中仅存北京大学吴荣曾先生提供的摹本 12 件载录王恩田先生的《陶文图录》一书。①

中华人民共和国成立以后，燕下都遗址受到高度重视，于 1961 年被列为国家首批重点文物保护单位。自 1958 年以来的历次考古调查、勘探与发掘中，发现并出土了大量陶文，为古文字研究学者提供了丰富的研究资料。这一时期收录有燕陶文的文章和论著有：杨宗荣《燕下都半瓦当》②，中国历史博物馆考古组《燕下都遗址调查报告》③，河北省文物局文物工作队《河北易县燕下都故城勘察和试掘》④、《燕下都 22 号遗址发掘报告》⑤，徐秉琨《说"阳安"布》⑥。高明"将历年整理搜集古陶文拓片和复制的照片辑为一书，自商至秦各种陶文计二千五百种……共收拓片二千六百二十二纸"⑦，是为《古陶文汇编》。其中收录官方发掘及私人所藏河北地区陶文 176 则，明确为易县（燕下都）所出者 148 则，出土地不明者 1 则。这是燕下都陶文收录的集大成者。《燕下都》⑧ 一书，为历年对燕下都考古发掘的总结性材料，其中收录有大量燕下都发掘出土及遗址采集的陶文。陶文的发掘品一般都有详细的文字内容、图片、拓片、器形、残损程度、发掘编号以及出土地和地层关系等信息。采集品则记载器形、采集地、文字内容等信息，为我们对燕陶文的整理和断代提供了考古方面的依据。《新编全本季木藏陶》⑨ 为周绍良重新整理、李零分类考释的周季木所藏陶文拓本，书中将燕国陶文按"三级监造"类、"宫某"类、"陶工某"类、其他类分为四类收录，共计 51 则。李零在书中《齐、燕、邾、滕陶文的分类与题铭格式》一文中对燕陶文作了细致精当的考释说明。1999 年文雅堂出版了《中国古代陶文集拓》原拓本一函四册，其中第二册刊载了新见燕下都陶文 105 则，这些陶文内容类别全面，文字精美清晰，为我们研究燕陶文提供了很好的资料。其后，《中国历史博物馆藏法书大观》⑩ 第三卷为陶文、砖文、瓦文合集，收录燕陶文 122 则，且有完整器两件，印刷精美，拓片原大且清晰度极高。《陶文图录》一书共收录陶文资料 12000 余件，"按照断

---

① 王恩田：《陶文图录》，齐鲁书社，2006，自序第 22 页。
② 杨宗荣：《燕下都半瓦当》，《考古通讯》1957 年第 6 期。
③ 中国历史博物馆考古组：《燕下都遗址调查报告》，《考古》1962 年第 1 期。
④ 河北省文物局文物工作队：《河北易县燕下都故城勘察和试掘》，《考古学报》1965 年第 11 期。
⑤ 河北省文物局文物工作队：《燕下都 22 号遗址发掘报告》，《考古》1965 年第 11 期。
⑥ 徐秉琨：《说"阳安"布》，《中国钱币》1985 年第 1 期。
⑦ 高明：《古陶文汇编》，中华书局，1990，古陶文汇编序第 8 页。
⑧ 河北省文物研究所：《燕下都》，文物出版社，1996。
⑨ 周绍良整理，李零分类考释《新编全本季木藏陶》，中华书局，1998。
⑩ 史树青：《中国历史博物馆藏法书大观》，上海教育出版社，2000。

代与分国相结合的体例编排，分为十卷……第四卷为燕（附中山）"①，此卷收录陶文 933 则，除去石家庄及平山地区所出中山国陶文 11 则，其收燕陶文多达 922 则，为燕陶文汇总之冠。唐存才编著的《步黢堂藏战国陶文遗珍》② 一书中收录新见燕下都陶文 58 则，其中近完整器（口部稍残）1 件。该书不仅有精美的拓片，更有极为清晰的陶文原件照片，是陶文著作中少见的原物照片及拓片一并刊发者。徐在国著有《新出古陶文图录》③，其"新出"主要是指在王恩田《陶文图录》和袁仲一、刘钰《秦陶文新编》出版后新公布的古陶文。书中收录燕陶文共计 305 方，涵盖了除《燕下都》《新编全本季木藏陶》《古陶文汇编》《陶文图录》出版以后的绝大部分新见燕国陶文，其中还收录了现藏于日本的燕陶文 5 件，完整器 4 件，弥足珍贵。

涉及燕陶文及燕系文字研究的论述主要有：关于燕陶文的研究论述最早当为罗振玉《俑庐日札》第 255 条的《齐燕陶器之异》，④ 而对于燕陶文字的集中考释最早的则当为顾廷龙的《古匋文春录》。

20 世纪 50 年代以来，我国的古文字研究有了极大发展，关于燕陶文的论文论述主要有：李学勤的《战国题铭概述》⑤、《燕齐陶文丛论》⑥，朱德熙的《战国文字中所见有关厥的资料》⑦，曹锦炎的《释战国陶文中的"敔"字》⑧，李零的《齐、燕、邾、滕陶文的分类与题铭格式》⑨，冯胜君的《燕国陶文综述》⑩，何琳仪的《战国兵器铭文选释》⑪，董珊的《燕国陶文和玺印》⑫，邓小娟的《战国齐、燕、邾、滕四国三地异形调查与研究》⑬，（日本）尾崎苍石的《战国古陶文考》⑭，于军、吴磬军的《新见燕下都陶尊及其铭文的初步研究》⑮，等等。

---

① 王恩田：《陶文图录》，齐鲁书社，2006，自序第 4 页。
② 唐存才编著《步黢堂藏战国陶文遗珍》，上海书画出版社，2013。
③ 徐在国：《新出古陶文图录》，安徽大学出版社，2018。
④ 罗振玉撰述，萧立文编校《雪堂类稿》甲笔记汇刊，辽宁教育出版社，2003，第 397 页。
⑤ 李学勤：《战国题铭概述》，《文物》1959 年第 7～9 期。
⑥ 李学勤：《燕齐陶文丛论》，载《上海博物馆集刊》第 6 辑，上海古籍出版社，1992，第 170 页。
⑦ 朱德熙：《战国文字中所见有关厥的资料》，载《古文字学论集初编》，香港中文大学，1983。
⑧ 曹锦炎：《释战国陶文中的"敔"字》，《考古》1984 年第 1 期。
⑨ 周绍良整理，李零分类考释《新编全本季木藏陶》，中华书局，1998，第 1～18 页。
⑩ 冯胜君：《燕国陶文综述》，《北京文博》1998 年第 2 期。
⑪ 何琳仪：《战国兵器铭文选释》，《考古与文物》1999 年第 5 期。
⑫ 董珊：《燕国陶文和玺印》，载《战国题铭与工官制度》，北京大学博士学位论文，2002，第 118～132 页。
⑬ 邓小娟：《战国齐、燕、邾、滕四国三地异形调查与研究》，载《中国文字研究》第 3 辑，广西教育出版社，2002，第 97～102 页。
⑭ 〔日〕尾崎苍石：《战国古陶文考》，载《孤山证印——西泠印社国际印学峰会论文集》，西泠印社，2005，第 98～102 页。
⑮ 于军、吴磬军：《新见燕下都陶尊及其铭文的初步研究》，《文物春秋》2012 年第 2 期。

三 燕陶文的分类研究

从上述燕陶文的著述与研究中可以看出，关于燕陶文的分类研究主要有李零的《齐、燕、邾、滕陶文的分类与题铭格式》，它将燕陶文分为三类，即"三级监造"类、"宫某"类和"陶工某"类，其中对"三级监造"类陶文的研究较为详尽。王恩田《陶文图录》对燕陶文的分类研究与李零基本一致，但收录陶文数量多于前者，也收录了一些新的燕陶文品种，分为四类，即"纪年并四级署名"类、"左右宫某"类、"陶工某"类和单字与刻划类。王恩田认为前三类陶文为官营制陶业印记，第四类为民营制陶标记，并在纪年类陶文研究中首先将此类陶文与《史记》中的历史事件相结合，为燕陶文研究又增加了文献阅读法，对燕下都出土的左右宫某类陶文从器形和使用场所等方面做了细致的分析，其观点令人信服。

于军《燕陶山房过眼燕陶文概说》[1] 在二位先生研究基础上略加增益，根据所藏陶文实物，曾对燕陶文分类研究中增加了一些类别。

目前，所能见到的陶文资料又丰富了很多，新发现的陶文实物与资料，使我们能够更加直接地进行观察分析，除了对陶文内容、形式特征等方面的分析比较以外，我们还可以结合完整陶器器形、陶器实物用途、制作方法和制作工艺等多方面信息，对陶文进行综合研究，力求得到科学和准确的分类。依据目前所见实物与资料，燕陶文可分八个类别。

（一）"三级监造"类

此类陶文特征是由三枚长条形玺印钤压而成（见图2），文字内容既多且排列规整。有的文字内容带有纪年纪月，对研究其器物尤为可贵，是燕陶文中最为重要者。目前所见各类陶文著作及私人收藏的此类陶文约有百例，学界对其命名共有三种观点。

第一，三级监造类陶文。李零将此类陶文与战国时期兵器铭文格式相比较，认为燕陶文同样存在"省者、主者、造者"三级监造的情况，其中的"匋尹"即"陶尹"，为负责监督的省者；"陶俟"与"敀"同存在于一印中，且与"俟"同

---

[1] 于军：《燕陶山房过眼燕陶文概说》，《终南》第23辑，终南印社社刊，2014。

图 2　"三级监造"类陶文完整器

左右，当为"徚"的助手，同为负责主办的主者；"匋攻"即"陶工"，为负责实施具体制作的造者。

第二，李学勤认为"左、右陶尹"是燕国主管制陶的机构，下属"倕""攱""工"三级。其释"⿰"为"倕"，释"⿰"为"攱"，读为"搏"或"旚"。"倕"即《世本·作篇》中所记载的上古巧匠。

第三，四级监造。冯胜君结合何琳仪释"⿰"为"徚"读如"里"，孙敬明读"⿰"为"轨"两种观点，证明燕陶也同齐陶一样实行《国语·齐语》中的"里轨"制度，并进一步指出燕国制陶业监管与制作人员应由"陶尹""陶徚""陶攱""陶工"四级构成。

这里，我们依从李零的观点，将此类陶文沿用为"三级监造"类陶文。在对近百例陶文进行研究比较后，发现其格式可分三种。

第一种：某年某月某陶尹，（某陶）徚某攱某，（某陶）攻某①。

此种格式又可分为左、右两种。

A：某年某月左陶尹；左陶徚某攱某；（左）陶攻某（见图 3 - 1）。

---

① 燕陶"缶尹"读"陶尹"，管理陶工的职官。燕陶"缶工"读"陶工"，制陶工人。见何琳仪《战国古文字典》，中华书局，1998，第 243 页。

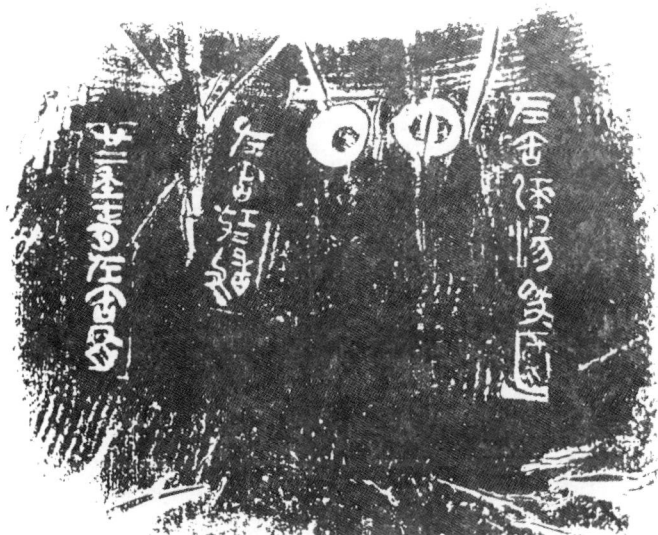

图 3 - 1　廿二年正月左缶（陶）尹陶文拓片

B：某年某月右陶尹；俫某敀某；（右）陶攻某（见图 3 - 2）。

图 3 - 2　十七年二月右缶（陶）尹陶文拓片

第二种：某陶尹■■器端；（某陶）俟某敀某；（某）陶工某。

此种格式也分为左、右两种。

A：左陶尹■■器端；左陶俟某敀某；（左）陶工某（见图 3 – 3）。

图 3 – 3　左缶（陶）尹（镭）正器端陶文拓片

B：右陶尹■■器端；俟某敀某；（右）陶工某（见图 3 – 4）。

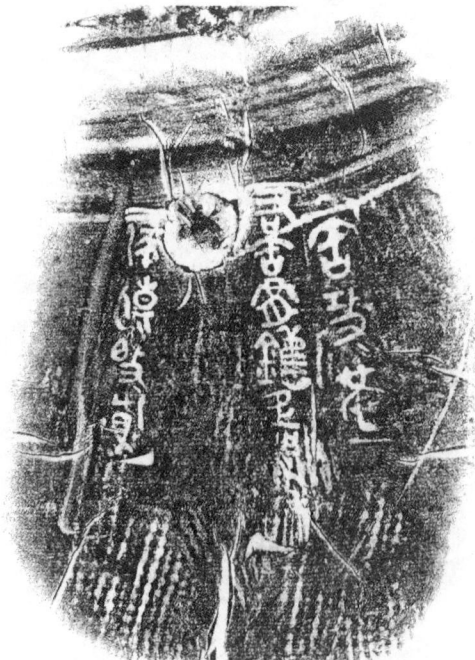

图 3 – 4　右缶（陶）尹（镭）正器端陶文拓片

第三种：廿七年右陶尹𠃌器鍴；俟某敀某；右陶攻某（见图3－5）。

图3－5　廿七年右缶（陶）尹正器鍴陶文拓片

此种格式目前只见一种"右陶"形式，且纪年均为"廿七"年。

在研究带有这类陶文的陶器时，我们发现左陶尹类陶文附带有圆圈纹标记，右陶尹类陶文带有凸出的乳钉纹标记。标记的位置不固定，有的在三长条印记的中间，也有的在三长条印记的一侧。标记的圆圈纹与乳钉纹数量与陶器大小成正比，即标记的数量越多，器形越大。目前所见，圆圈纹与乳钉纹数量从1个到10个不等。

另外，将此类陶文的陶攻（工）某印文对比后发现，"攻"字存在左右之别，即左陶的"攻"字所从之"攴"旁在左，写作"𢼸"，右陶"攻"字所从"攴"旁在右，写作"攻"。按照这一规律，我们发现所有的"陶攻（工）某"陶文其"攻"字都有左右之别，即隶属于左陶的写作"𢼸"，隶属于右陶的写作"攻"，"攻"字反写和简化的除外。

（二）"左（右）宫某""左（右）陶某""左（右）某"类（见图4－1，4－2，4－3）

此三种陶文皆钤印于宫殿建筑瓦类装饰构件上，多见于瓦当当面边轮或檐前带当筒瓦的筒背，使用功能和范围特征明确，有方形和条形两种，故归为一类研究。目前尚未在建筑构件上发现带有"陶攻（工）某"字样的陶文，故"左（右）陶某"中的"陶"不应看作"陶攻（工）某"类陶文中"陶工"的省称，当是建筑类陶工的专名。而最后一种"左（右）某"类陶文或可看作"左（右）陶某"类陶文的省称。

图 4 - 1　左宫少啟

图 4 - 2　左缶（陶）强

图 4 - 3　左□

（三）"陶工"类

此类陶文包括陶工某、陶某、士陶工某、士陶某、士攻某、陶工 + 容量单位、左攻某等（见图 5 - 1，5 - 2，5 - 3，5 - 4，5 - 5，5 - 6，5 - 7），目前所见燕下都出土极多，情况也较复杂。这类陶文器形绝大多数为容器类陶器，有罐、豆、量、盘等，也有少量陶文钤印于陶制井圈上，目前尚未在房屋建筑构件上发现。依据内容又可分为"陶工某""士陶工某""陶工某 + 容量单位"等几种情况。其中"陶工某"有时可省去后面的人名，直接称"陶工"，也可省去中间"工"字称"陶某"；"士陶工某"类有时省去"工"字，为"士陶某"，有时省去"陶"，为"士工某"；有的"陶工某"后附有容量单位表示此陶器的容量。

图 5 - 1　缶（陶）攻（工）昌

图 5 - 2　缶（陶）莫

图 5 - 3　士缶（陶）共

图 5 - 4　士攻（工）□

图 5 - 5 缶 (陶) 攻 (工) 堂二斛

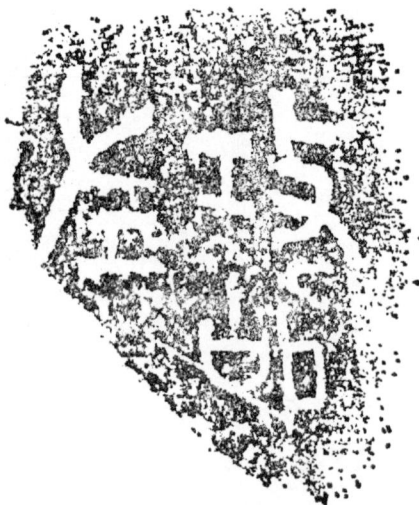

图 5 - 6 左□攻 (工) □

图 5 - 7 缶 (陶) 工

（四）"某某王卩鍴"类

此类陶文虽见于以往著录，但因其出土时间较晚且极罕见，并未引起关注（见图 6-1，6-2，6-3，6-4，6-5）。王恩田认为："辽东燕陶文不仅不再使用纪年，而且铭文格式也为之一变，作 '××都王氏？鈇（鍴）'，而这种类型的陶文在燕下都并未发现过，应是燕迁辽东后新兴起的形制……"[①]

图 6-1　日庚都卩鍴（辽宁喀左）

图 6-2　廿一年将匋固唤，唤都王卩鍴，行（天津武清）

---

① 王恩田：《陶文图录》，齐鲁书社，2006，自序第 14 页。

4·136·2 □都王卩鍴 （北京）

图 6 - 3　□都王卩鍴 （北京）

图 6 - 4　□□市王卩 （河北易县）

图 6 - 5　易安都王卩鍴 （辽宁建平）

我们发现，这类燕陶文出土不仅限于辽东地区，其他地区也偶有所见，主要见于一些考古资料和个人收藏著录中。王恩田《陶文图录》收录 10 件，徐在国《新出古陶文图录》收录 8 件，自怡斋收藏 1 件。除去引用重复的 3 件，共计 16 件。其中辽宁出土 7 件，有 3 件完整器，其印文分别为"酒城都王卩鍴""酒城都□王卩鍴""日庚都王卩鍴"。天清市武清出土残片 1 件，存 3 个印迹："廿一年将? 匋固唤都、唤都王卩鍴、行"。北京出 2 件："陶人倡、□都王卩鍴、□年? □□□""□都王卩鍴"。易县出 3 件："□□市王卩""都王卩□?、□□儿脐""易都□王卩"。出土地不详的传世品 3 件。

虽然钤印文字内容不同，但 16 例陶文中均含有"王卩"或"王卩鍴"内容，故我们将其归为一类，其用途为量器。"王卩"或"王卩鍴"前多为表示地名的"某都"或"某市"、"某都□"①。因此，这类容器当为在"某都"或"某市"、"某都□"使用的标准量器，其后的"王卩"或"王卩鍴"表明这是在燕王监督下官方所颁布的标准器。"卩"或"卩鍴"为燕玺的专称，作"符玺""节信"讲，李家浩先生曾对此二字有过详细考证可参看。②

（五）"左、右薹鍴"类

此种陶文为新见燕陶文品种，目前只见三例，均为残件，出土于燕下都遗址（见图 7 - 1，7 - 2）。通过对原物观察，可知此类陶器为两端略收缩的圆筒状陶量，其完整器形见《燕下都》一书。③ 陶文格式当为"（左、右）薹鍴 + 姓名私印"其中的"左、右"或可省略。

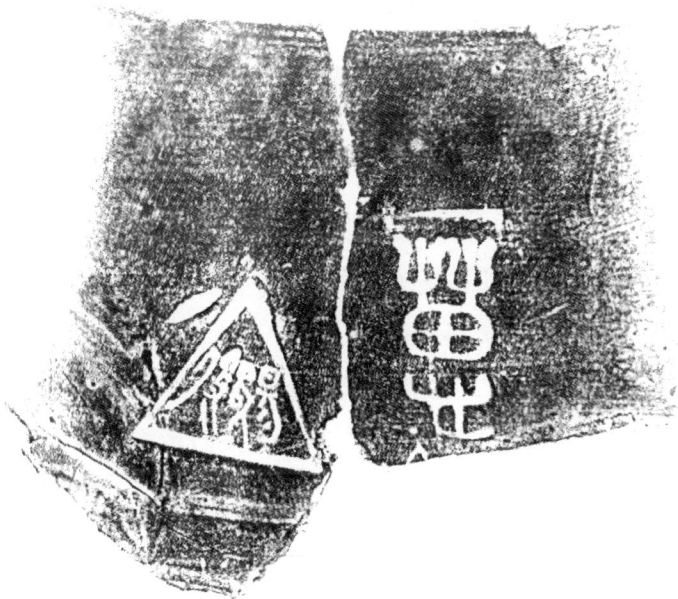

图 7 - 1　薹（鍴），猲脧

---

① 口字含义虽不清楚，但其上亦为表示地名的某都。

② 李家浩先生说法详见朱德熙《战国文字中所见有关厩的资料》，载《朱德熙古文字论集》，中华书局，1995，第 157 页；另见李家浩《燕国"洀谷山金鼎瑞"补释》，载《中国文字》新二十四期，艺文印书馆，1998，第 77 页。

③ 河北省文物研究所：《燕下都》下册，文物出版社，1996，图版二〇，6。

图 7 - 2　左蒽鍴，韩䇲

"蒽"字依其字形分析为从"艸"，"思"声，释为"蒽"。"蒽"字见于《玉篇·艸部》："蒽，畏惧也。"《论语·泰伯》："恭而无礼则劳，慎而无礼则蒽。"何晏注："蒽，畏惧之貌。""蒽"字还有"难顺"之义，如《集韵·海韵》："蒽，难顺也。"此印钤印于陶量之上，作恐惧、害怕或难顺之义均不得当。徐在国师怀疑"蒽"字读为"司"。《周礼·地官·司市》："上旌于思，次以令市。"郑注："思当为司字，声之误也。"可以为证。

"蒽鍴"，读为"司瑞"；"左蒽鍴"，读为"左司瑞"。"司瑞"当为监督制陶的官员所用之玺。从此类陶文器形为量器来看，我们推测这种职官负有监管、检查、校验量器容量是否标准的职责。其旁附带的私印当为担任此职官的人名。因为官职固定而任职之人并不固定，所以将两印分开钤印。

（六）"陶人"类（含"攻人某"一例）

此类陶文为新见燕陶文品种，极罕见，目前只见三例，原器均残，出于燕下都遗址（见图 8 - 1，8 - 2）。[①]

---

① 两例为私人所藏，一例为燕下都发掘品。见河北省文物研究所《燕下都》，文物出版社，1996，第 278 页，图一六七，10。

图 8-1 缶（陶）人任

图 8-2 缶（陶）人□

此类陶文形制与"左右宫某"类陶文相似，均为边框长 2.5 厘米左右的方形印钤压，印文格式为："缶（匋）人某"。何琳仪先生曾指出："燕陶'缶尹'读'陶尹'，管理陶工的职官。燕陶'缶工'读'陶工'，制陶工人。"[1] "人"字在燕国兵器、玺印中习见。[2] "缶人"即"陶人"，为官职名，其后所附为人名。

《周礼·冬官·考工记》载："陶人为甗，实二鬴，厚半寸，唇寸。"[3] 《礼记·丧大记》："甸人为垼于西墙下，陶人出重鬲，管人受沐……"孔颖达疏："陶人，做瓦器之官也。"[4] 由是可知"陶人"为负责瓦器制作的官职名称。此类陶文内容与文献记载相合，证明战国时期燕国设有"陶人"之职。

从其形制来看，"缶（匋）人任"陶文与燕瓦上常见的"左（右）宫某"[5] 类陶文形状相同，大小一致，均为边长 2.5 厘米左右的正方形印。推测其与"左（右）宫某"职官当属同一级别。王恩田曾判断"左（右）宫某"类陶文中的"左宫、右宫"是瓦的使用单位，其后所附人名为负责制作王宫用瓦的工官或工师。[6] 结合这种情况，推测"陶人任"也应是负责制作燕王室所用陶器之官。

---

① 何琳仪：《战国古文字典》，中华书局，1998，第 243 页。
② "郾王戎人……"铭文戈拓片及摹本见河北省文物研究所《燕下都》，文物出版社，1996，第 167～189 页。玺印可参看《古玺汇编》："甫易都封人"0194 印，"（立走）都封人"5553 印。
③ （清）阮元校刻《十三经注疏》，中华书局，1980，第 924 页。
④ （清）阮元校刻《十三经注疏》，中华书局，1980，第 1576 页。
⑤ 王恩田：《陶文图录》，齐鲁书社，2006，第 1540～1551 页。
⑥ 王恩田：《陶文图录》，齐鲁书社，2006，自序第 15 页。

（七）私玺和刻划类

此类私玺分为姓名玺、吉语玺、单字等，刻划分为纪年、姓名、单字、容量等（见图 9 - 1，9 - 2，9 - 3，9 - 4，9 - 5）。这类陶文数量很大，多钤印于陶豆、陶罐、陶鼎等器物上，刻划陶文也大致如此。内容有姓名、吉语、单字、纪年、容量等，其中颇多新见字，为我们研究燕文字提供了大量资料。

图 9 - 1 夏狩

图 9 - 2 明上

图 9 - 3 昌

图 9 - 4 廿九年刻划陶文

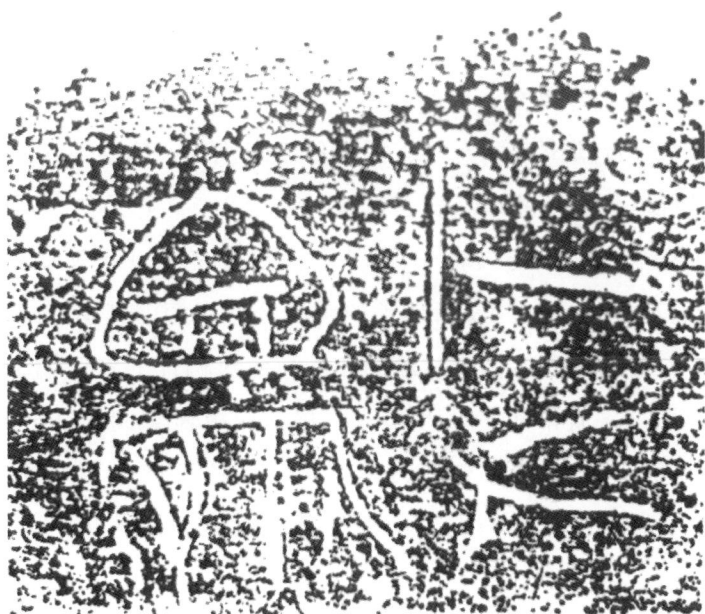

图 9 - 5 戗

（八）其他类

《中国古代陶文集拓》第二卷第一号著录一方陶文，释作"河木甫五鱼鉢"（见图10），为仅见品，其文字内容和含义尚不明确，故单列一类特以说明。

图 10　河木甫五鱼鉢

综上所述，燕国陶文大多出于官方制陶机构，最具特色的应为三级监造类陶文，最为大宗的是陶工类陶文，这些都说明燕国有着严格而完备的制陶业管理体系和制度。燕陶文还反映出燕国有左、右两种制陶机构，体现在"攻（工）"字的写法上，对其进行监督管理的最高长官应是"陶尹"，其下属有"陶俅、陶敀"和"陶攻"，从这些职官后所附的人名来看，"陶俅、陶敀"的级别和地位可能并不比"陶工"高。结合陶文内容与陶文所依附的陶器分析，燕国制陶业十分发达且分工明确、管理严格。比如有专为宫殿建筑制作陶质建筑构件的左（右）宫某类陶文，左（右）陶某类陶文。有带陶尹、陶俅敀、陶工三级监督制作的陶器，且带有纪年，其纪年甚至精确到月，说明这些钤印陶文的印章每过一个月就要熔掉重新制作，这或许可以解释为什么我们发现了大量三级监造类的陶文，却并未发现与之相对应的此类印章。燕国地处北方边陲，其文字独具特色，从结字来看，燕陶文呈现两种明显的风格。一种结体规范严谨、平正均匀，以三级监造、左（右）宫某、口口王卩鍴、陶人某、左右蒽鍴及少量陶工类文字为代表，其字形紧凑，笔道均匀，或秀劲或凝重。从中可以看出钤印这些陶文的原印为铜印，形状固定，大小一致，代表了官方制作的高标准高水平。另一种结体较随意和草率，粗犷开张，随形就势，印章的形制和大小均不固定，边框可有可无，尺寸可大可小，以大部分陶工某类陶文为代表，其结字并不十分规范，略显轻率潦草，笔道或粗或细，或硬挺恣肆，或僵硬呆板，与规范的文字相比，减笔、简化、反书、错位现象时有发生，推测钤印这类陶文的原印多为随手雕刻的木印，因木质材料易腐，故亦难发现与这些陶文相对应的印章。

最后，从文字学角度来看，由于燕文字出土数量并不丰富，尤其缺少像中山三器那样的长篇铭文，可以联系上下文进行考释。同时，燕陶文或燕文字写法带有浓郁的地域特色，很多文字写法为《说文解字》所不载，却与甲骨文中写法或有传承，这是一个非常重要的现象，为我们留下了更广阔的研究空间。解开这些文字的秘密，将使我们能够打开燕文化研究的大门，探索更多燕地古老的文化和知识。

《燕赵文化研究》第 1 辑

第 24 ~ 36 页

© SSAP, 2019

论王若虚诗学思想

李晓艳*

摘　要：王若虚《滹南诗话》三卷阐述其诗学理论，他倡导"文以意为主"的诗歌写作。诗话中讨论最多的是白居易、苏轼、黄庭坚和江西诗派。"情致曲尽，入人肝脾"和别具洞天之诗人，以白居易和苏轼为代表的王若虚所推崇的一方；"东涂西抹""有奇无妙"的以黄庭坚和江西诗派为代表的王若虚所要批判的一方。王若虚文论主张"文以意为主，言语为之役"，使他在对诗歌创作和批评鉴赏中主张"文贵自得"、"肝肺流出"、语言平实自然、浑然天成，反对雕琢太甚、有奇无妙的诗歌创作。本文将从四个方面讨论王若虚的诗学思想。

关键词：王若虚　诗学　文贵自得

一　此老心中具一天——白居易

王若虚，字从之，今河北藁城人，金代著名学者。《金史》说他"幼颖悟，夙夕在文字间者"[1]。王若虚是一位勤于学术而又天赋异禀的学者。《中州集》说他"博学强记。善持论"[2]。王若虚论诗推重白居易，原因并不单一，既有对白居易作诗的赞赏，又有对其为人的喜欢。白居易的诗歌主张和作诗特色与王若虚所倡导的有所契合。王若虚对白居易的评价并不仅仅是赞赏，遇到他认为不合理之处，也会给予批驳，真正做到"美则归之，过则正之"，以中正之眼光行批判之事。

---

* 作者简介：李晓艳，中教一级，文学硕士，主要研究中国唐宋文学。

① （元）脱脱：《金史》，中华书局，1987，第 2737 页。
② （金）元好问：《中州集》，中华书局，1959，第 286 页。

王若虚文论亦多受儒家思想影响。从儒家经典的经世致用之文学观来看，白居易"文章合为时而著，歌诗合为事而作"无疑属于其中。王若虚认为圣人之言、君子之道，都不外乎人情。白居易在《与元九书》中说，圣人可以感动人心从而使天下和平。"感人心者，莫先乎情"① 这一关于圣人感人心以动人情的说法，和王若虚的观点有相似之处。

"天生好语，不待主张""浑然天成，肝肺流出"乃王若虚之诗文主张。白居易《与元九书》说，杂律诗之作，由时物诱发，谈笑间"率然成章"②，这便是天生好语，正是王若虚所赞赏的。《滹南诗话》曰：

> 乐天之诗，情致曲尽，入人肝脾，随物赋形，所在充满，殆与元气相侔③。

王若虚说白居易作长韵大篇，纵几千言也顺适惬当，绝少争张牵强的态势。王若虚认为白居易的诗作不可用"浅易"评价。白居易的诗如"江河之行，顺下而已"。好的诗歌，能够发自肺腑、打动人心，从而在写作上也不必大为雕琢，极尽争张句律以为能事。所以"浅易"一词不足以评价白居易之诗。王若虚并不否认白居易之诗有浅易之处，他更侧重白居易之诗中"情致曲尽"的特点，时人议论白诗过分放大了"浅易"的特点，而忽视了白诗最动人最"率然成章"之处。《滹南诗话》再一条曰：

> 郊寒白俗，诗人类鄙薄之，然郑厚评诗，荆公、苏、黄辈，曾不比数，而云："乐天如柳阴春莺，东野如草根秋虫，皆造化中一妙。"何哉？哀乐之真，发乎性情，此诗之正理也④。

在此，王若虚找出他人论白居易诗时也看到了白诗"造化中一妙"的情致。提出反问，旨在突出白诗的其他特点，不应只以"浅易"鄙薄之。《滹南诗话》说张舜民以为《新乐府》多骂人之语，自己作《孤愤吟》五十篇想要抗衡，但作品没有

---

① 顾学颉校点《白居易集》，中华书局，1979，第960页。
② 顾学颉校点《白居易集》，中华书局，1979，第961页。
③ （金）王若虚：《滹南诗话》，霍松林点校，人民文学出版社，1983，第58页。
④ （金）王若虚：《滹南诗话》，霍松林点校，人民文学出版社，1983，第58页。

流传，定是因为其中无可称道之语，而白居易则不然。王说：

> 公诗虽涉浅易，要是大才，殆与元气相侔。①

此条中，王若虚不否认白诗有"浅易"之处，同时他再次申明白居易诗"与元气相侔"的内在特点。不仅在此条中不吝笔墨地阐述白居易诗自然天成之处，还对不能体味此中妙趣的论诗者给予批评。王若虚对这些人的批评毫不客气。首先认为张舜民以《孤愤吟》想要压倒白居易之作，其诗反而不传，可见是没有值得被称道之处，笑话人却不如人。同时对狂妄之徒也毫不客气地批评，再引杜甫论诗诗句称他们"尔曹"，认为白居易诗能够"不废江河万古流"，而谤伤白居易之流仅能"身与名俱灭"。

王若虚在《王子端云："近来突觉无佳思，纵有诗成似乐天"，其小乐天甚矣。予亦尝和为四绝》中，言辞犀利地批评了那些看轻白居易其人和诗作，对白居易诗做了更进一步的赞誉。这四首绝句如下：

> 功夫费尽谩穷年，病入膏肓不可镌。寄于雪溪王处士，恐君犹是管窥天。
> 东涂西抹斗新妍，时世梳妆亦可怜。人物世衰如鼠尾，后生未可议前贤。
> 妙理宜人入肺肝，麻姑搔痒岂盛鞭。世间笔墨成何事，此老胸中具一天。
> 百斛明珠一一圆，丝毫无恨彻中边。从渠屡受群儿谤，不害三光万古悬。②

王若虚首先是毫不客气、不留情面地批评了比他年长的文人王子端。《归潜志》对王子端有记载，《中州集》收录其作品。王若虚批评王子端作诗雕琢磨砺，费尽时光之态。认为他与白居易相比，也不过是"管窥天"，说王子端识见浅薄。第二首再批判"东涂西抹"争价句律辞藻而失去本真的诗歌创作，对其评语较为刻薄。第三首批评时人往往承袭宋以来苏轼"元轻白俗"的看法，陷于其中而不能自识。限于才力识见等原因，看不到白居易"此老胸中具一天"的妙绝。第四首，对白居易为人为诗大加赞誉。白居易《与元九书》"天之文，三光首之"，王若虚"不害三光万古悬"一句推崇白至极。

---

① （金）王若虚：《滹南诗话》，霍松林点校，人民文学出版社，1983，第 90 页。
② （金）元好问：《中州集》，中华书局，1959，第 292 页。

王若虚对白居易既重其诗，又赞其人。王若虚作诗，颇有白居易之风，作文数次引白居易的相关内容。《高思诚咏白唐记》中，高思诚对王若虚说："吾平生深慕乐天之为人，而尤爱其诗。"王若虚说："人物如乐天，吾复何议？"[①] 王若虚推白之心，由此再现。当然王若虚认为喜欢白居易是好的。但是"慕之者欲其学之，而学之者欲其似之也。慕焉而不学，学焉而不似，亦何取乎其人耶"[②]。王若虚强调喜欢白居易就应效法白居易，不能只是说说而没有行动，同时效法白居易，就应认真对待，到达"似"，不能单纯喜爱而没有实际行动。他还说"乐天之诗，坦白平易"[③]，他说白诗只是写自然之趣，绝不是靠奇诡之语来夺人眼球。王若虚此语，突出强调了白居易诗歌的自然浑成特点，"文贵自得"。所以学白就应当学及这种特点。相反，高思诚尽管深慕乐天，但是其创作走上了"雕镌粉饰"这条与白居易诗歌背道而驰之路。王若虚推重白居易为人为文，认为就要在实际中有所学习，对于"假学者"，不论喜不喜欢白居易之为人，不论交情，都要批评。

王若虚对白居易并不是一味地赞赏，对于他认为白居易言论不当之处，他也要明确指出。《滹南诗话》卷上之十八，对屈原所谓独醉的理解，白居易诗中有误。王认为屈原的独醉，乃比喻"孤洁不同俗"，而白居易理解为饮酒之醉是不正确的。王若虚看中白居易为人为文，是源于诗歌文论相契合，他做到了"美则归之，过则正之"。

二　风致情韵，理妙万物——苏轼

王若虚对苏轼之推崇，从《文辨》直至《滹南诗话》，其例证不胜枚举。就诗文创作主张而言，王若虚说"文贵自得"，求浑然天成，如果说白居易是此方面之代表，那么在王若虚的眼中，苏轼的诗文创作就是把这一理论引向了更为深入的境界。《滹南诗话·卷中》其二十一云：

> 东坡，文中龙也，理妙万物，气吞九州，纵横奔放，若游戏然，莫可测其端倪[④]。

① 胡传志、李定乾校注《滹南遗老集校注》，辽海出版社，2006，第524页。
② 胡传志、李定乾校注《滹南遗老集校注》，辽海出版社，2006，第524页。
③ 胡传志、李定乾校注《滹南遗老集校注》，辽海出版社，2006，第524页。
④ 胡传志、李定乾校注《滹南遗老集校注》，辽海出版社，2006，第71页。

此中崇羡之情，溢于言表。赵翼《瓯北诗话》说苏轼诗妙处在于心地空明而非以锻炼为工，"自然流出，一似全不着力，而沁人心脾"[①]。此话很适合总结王若虚诗论中最关键之处，即不事雕琢，以意为主，肝肺流出，而苏轼之诗作体现了这些要点。所以《滹南诗话》对苏轼评价如此之高，其关键原因正在于苏轼之诗文与王若虚之诗文理论主张相契合，抛去王若虚一贯重视的句法问题，苏轼之诗文是王若虚眼中近乎完美的典范。王若虚主张"文以意为主"，又倡导"文贵自得"，苏轼在他眼中是高人逸才，所作之诗如江河之顺下，更兼意味之深长，情思之旷达，这无一不是王若虚所看重的。

王若虚大赞苏轼，对评论苏轼的各种声音注意倾听。当然他的倾听的落脚点仍然在于自己的诗论主张。与他意见相近者，他便加以申明；意见不一者，便要辩解。《滹南诗话·卷中》其十九云：

> 陈后山谓子瞻以诗为词，大是妄论，而世皆信之，独茅荆产辨其不然，谓公词为古今第一……公雄文大手，乐府乃其游戏，顾岂与流俗争胜哉！盖其天资不凡，辞气迈往，故落笔皆绝尘耳[②]。

按王若虚之文体观，诗词只是一理。自从世之末等词作为投流俗所好，创作趋于纤艳柔脆。而有些高人胜士，也以此种风格争相取胜，使词的格调趋于萎靡。苏轼"以诗为词"使词境得以开拓，词格得以提高，给当时词风注入了新的血液，使词题材广泛，风格多样，艺术表现力增强，风格焕然一新，自有其成就之处。陈后山之论似无不当，王若虚不以为然，其着眼点在于：其一，苏轼雄文大手，本不特以作词为要；其二，苏轼之词体为正，流俗所好之词体实乃流弊。李清照《词论》评苏轼：

> 学际天人，作为小歌词，直如酌蠡水于大海，然皆句读不葺之诗尔，又往往不协音律[③]。

---

① 胡传志、李定乾校注《滹南遗老集校注》，辽海出版社，2006，第 57 页。
② （金）王若虚：《滹南诗话》，霍松林点校，人民文学出版社，1983，第 71 页。
③ 郭绍虞主编《中国历代文论选》，上海古籍出版社，2010，第 189 页。

苏轼之雄才逸思，诗文创作境界格调之高，自可见于其诗文之中，但是作词确实存在不协音律之弊端。但王若虚认为不必纠结于词曲之中，他虽主张"不曲美、不讳护"的批评态度，但此处不免有失。他认为苏轼乃风韵情致具胜之文人，雄文大手，于词曲之小科只是游戏之作。王说苏轼风韵之胜，其论点确实不容置疑，然其论证实有不妥，王若虚于文体中轻视四六，在此又看轻词，常带有文体优劣之倾向。当然这并不妨害他对苏轼的赞誉。《滹南诗话·卷中》其二十引用苏轼《南行唱和诗序》：

> 夫昔之为文者，非能为之为工，乃不能不为之为工也……自少闻家君之论文，以为古之圣人有所不能自己而作者。故轼与弟辙为文至多，而未尝敢有作文之意①。

苏轼弱冠之年便能有此言论，及至后日其识见他人恐望尘莫及，如此才情，怎会屑于与江西诗派之后进争句律之胜。苏轼之言不必然得出王若虚之语，王若虚一向不重视声律，所以处处看轻。苏轼之言，道出昔人至工之文，其"意"皆出于自然之旨趣，随胸臆流出，是为自得之文。其工处，正在于不以外物粉饰雕琢。王若虚的诗文理论亦同此一路。在王若虚看来，苏轼年少时便有此体悟，其为文为诗立意于至工之文。江西诸子之诗无论内容还是形式都入不得王若虚之眼，苏轼与江西诸子两者比较则高低自现。

苏轼《书黄子思诗集后》云："苏、李之天成，曹、刘之自得，陶、谢之超然，盖亦至矣。"② 苏轼说的"天成""自得""超然"正是王若虚所极力倡导的浑然天成、文贵自得的诗歌理论。而如何使诗歌写作浑然天成，自然得出最核心在于作诗者之"意"。"意"之所至，能够体现出诗最本质的特征。《滹南诗话·卷中》其十四云：

> 东坡雁词云"拣尽寒枝不肯栖"，以其不栖木故云尔，盖激诡之词，词人正贵其如此。③

① 孔凡礼点校《苏轼文集》，中华书局，1986，第10卷。
② 郭绍虞主编《中国历代文论选》，上海古籍出版社，2010，第181页。
③ （金）王若虚：《滹南诗话》，霍松林点校，人民文学出版社，1983，第69页。

王所说的"词人正贵其如此",所贵者,即苏轼词的用"意"。一向对句法甚有研究的批评家,认为一些人说苏轼该句词存有语病的说法不可与之言,也就是说其荒谬太甚。王若虚认为张吉甫以《易经》"鸿渐于木"来做分辨,还责难过去的人寡闻的做法很是可笑。用《易经》之言来为苏轼辩解的说法,太过,似牵强附会。《苕溪渔隐丛话》前集解说这首词时说:

> 盖其文章之妙,语意到处即为之,不可限以绳墨也。①

王若虚看法与此相类似。诗文之妙处,在于"意"之传达。苏轼之词,其绝妙处就是全句之意旨,而其句法或是逻辑则尽失其中之意味,如苏轼曾言"其美常在咸酸之外"。"文以意为主"的论诗主张是王若虚评价此词的根据之一。

王若虚虽对苏轼推崇备至,但偶尔也指出苏轼在用字方面的不足。还指出陶渊明之《归去来兮辞》为苏轼所喜,苏轼多因此作诗,还衍为长短句,如此反而"破碎甚矣",因为"陶文信美,亦何必尔,是亦未免近俗也"。②王若虚对苏轼此类诗作稍有微词,但是又不满他人对苏轼和陶诗的种种评价。《滹南诗话·卷中》其十云:

> 东坡和陶诗,或谓其终不近,或以为实过之,是皆非所当论也。渠亦因彼之意,以见吾意云尔,曷尝心竞而较其胜劣耶?故但观其眼目旨趣之何如,则可矣。③

王若虚对他人以为苏轼《和陶诗》或不及,或超过的说法都不赞同,以他之见,不必费心力于陶苏之间谁之作品更胜一筹,但观赏两者诗中之眼目旨趣即可。在王若虚之前,黄庭坚也有类似的见解。黄庭坚《跋子瞻和陶诗》说:"彭泽千载人,东坡百世士。此处虽不同,风味乃得似。"④王若虚所说之"眼目旨趣",与黄庭坚所言之"风味",是相近的理解,其宗旨不外乎文章之"意"。

王若虚常常将苏黄放在一起比较,如前文所言,在《滹南诗话》中,黄庭坚

---

① (宋) 胡仔:《苕溪渔隐丛话》前集,廖德明点校,人民文学出版社,1962,第 268 页。
② (金) 王若虚:《滹南诗话》,霍松林点校,人民文学出版社,1983,第 67 页。
③ (金) 王若虚:《滹南诗话》,霍松林点校,人民文学出版社,1983,第 67 页。
④ 刘尚荣校点《黄庭坚诗集注》,中华书局,2003,第 604 页。

仿佛是处处想与苏轼一较高下，而终以失败告终。王若虚做出这种结论，是因为苏黄二人之诗作，苏轼胜在"意"，而黄诗费力雕镌，便是王若虚所不认可之处。苏黄毕竟是生活在同一时期关系紧密之诗人，而王若虚之时代去苏黄稍远。二人对此诗的评价亦各抒己见而已。王若虚做出这一评价亦是立意于"文以意为主"之诗文理论。

王若虚对苏轼有如此之高的评价，一方面是苏轼之诗文创作深合王若虚之诗文理论，即如《瓯北诗话》所言"坡诗放笔快意，一泻千里，不甚锻炼"[1]。一方面也有对苏轼为人的钦慕。苏轼之诗文既有如杜甫式的现实主义精神，又有如李白式的浪漫，并且他也是一个天才俊逸之诗人，还有如陶渊明式的平和冲淡，其诗歌创作成为有宋一代之冠冕。王若虚看重苏轼的，正是苏轼在人生中的锐意进取和诗文之如"江河之行，顺下而已"。

三　有奇无妙，有斩绝无横放——黄庭坚

王若虚《滹南诗话》有近一卷的内容专门写黄庭坚，王若虚对黄庭坚的评价有扬有抑，比重则扬少抑多。尤其在与苏轼的比较之中，置黄庭坚于稍低一等之地位。《滹南诗话·卷中》其二十四云：

> 山谷之诗，有奇而无妙，有斩绝而无横放，铺张学问以为富，点化陈腐以为新，而浑然天成，如肝肺中流出者，不足也[2]。

此即为王若虚对黄庭坚之总评。声律、词语等方面的"奇"是黄诗外在的特点，而"无妙"则是对黄诗的内在特点之评。王说黄诗"无妙"，约是少了诗中之风韵，诗中之风韵的形成与诗人之"意"有直接关联，黄诗无妙，是因为其中缺乏"浑然天成"和"肝肺流出"的自得，因为黄诗重心在于铺张学问和点化陈腐这些诗歌的外部特征上，多了雕镌，少了自得，正所谓"画工虽巧，已落二义"。

唐之诗乃其一代之胜，宋居唐后，很多方面都难以企及唐诗之气象风度。从一开始宋诗的创作就面临许多问题，所以宋人要探索、尝试。王若虚在其文论中

---

① （清）赵翼：《瓯北诗话》，霍松林、胡主佑校点，人民文学出版社，2006，第62页。
② 胡传志、李定乾校注《滹南遗老集校注》，辽海出版社，2006，第463页

批评了"贵古薄今"的论诗论文态度，主张不以古今论优劣，他看重的是"文以意为主"和"文贵自得"的诗文创作，其核心在于"自然"与"真实"，尤其不喜欢形式上的刻意雕琢，对黄庭坚批评多于赞赏，乃是因二者在文论观上相左。黄庭坚在《答洪驹父书》中说：

> 自作语最难，老杜作诗，退之作文，无一字无来处。盖后人读书少，故谓韩、杜自作此语耳。古之能为文章者，真能陶冶万物，虽取古人之陈言入于翰墨，如灵丹一粒，点铁成金也[①]。

黄庭坚找到的所谓"灵丹一粒"，在于对古人陈言的修饰，也就是他说的"点铁成金"，而这种方法主要是对诗歌外部特征的拆碎再建、再修饰。王若虚《滹南诗话·卷下》其十七云：

> 山谷论诗，有夺胎换骨、点铁成金之喻，世以为名言，以予观之，特剽窃之黠者尔[②]。

王若虚接着说黄庭坚这个人太过好胜，觉得自己的诗若是从前人那里找到出处是羞耻的事情，所以才要强词夺理，然后私自巧立名目。其实，既然有学习前人的地方，自己若是加工过，并不是可贵之事。既是这样，天地万物的道理都出于自然，人们的见识也有一样的时候，说的话写的诗也不免会有一样的地方。大概是最开始的诗人们不太关注这些。只要是出于自得，也便不再计较，也不会相互谬夸，绝不必像黄庭坚这样刻意隐藏。以上即为王若虚对黄庭坚诗说的评价，一是认为此行为乃是剽窃，只是美其名曰"点铁成金"和"夺胎换骨"。二则认为，如此作诗，纵使加工得好，也不可贵，毕竟出于前人，而非自己之独创。其三，王若虚再次说明诗中之妙处，在于自得。最后，对于黄庭坚个人之评价，王若虚说黄庭坚好胜，故而强词立名，这犯了王若虚《文辨》中所说的作家"好名而不知体"的毛病。关于黄庭坚之"好胜"，王若虚还有陈述。《苕溪渔隐丛话》前集引《王直方诗话》说秦观曾经以"真"字为题，于邢敦夫扇上作绝句一首。

---

① 刘琳校点《黄庭坚全集》，四川大学出版社，2001，第 478 页。
② （金）王若虚：《滹南诗话》，霍松林点校，人民文学出版社，1983，第 86 页。

黄庭坚看见之后，便也从扇子背面亦作一绝。后来秦观看到了，说："逼我太甚。"①

对于此事，王若虚在《滹南诗话》中说，予谓黄诗语徒雕刻而殊无意味，盖不及少游之作。"少游所谓相逼者，非谓其诗也，恶其好胜而不相让耳。"② 王若虚不喜黄诗缺少意味而徒有雕琢，且批评黄之为人太过好胜。

王若虚既然与黄庭坚论诗观点不一，必然要力证其短。《滹南诗话·卷下》其十五云：

> 鲁直于诗，或得一句而终无好对，或得一联而卒不能成篇，或偶有得而未知可以赠谁，何尝见古之作者如是哉？③

王若虚此言就是为了否定黄庭坚的论诗之法。既然黄庭坚主张"点铁成金"，"夺胎换骨"，以为得到了作诗的绝好途径，奈何有时却难以将好语成篇，归其原因，其不能如苏轼般"江河之行，顺下而已"，就是作诗未能从肝肺中流出。出于自得者少，而修饰文字者多。王若虚论文时关注文体、文法等方面，尤其于文法处有诸多建树，而论诗时，却不甚喜诗的法式准绳等，经常对黄庭坚和江西诗派讲求诗歌在此方面的准绳加以批评。在他看来，诗之本乃是"以意为之"之"自得"者。而讲求句律之诗人，多是才思不足，人生境界不如苏轼之类超迈脱俗，他们没有能力写出绝妙之诗，只好退而求其他，于是才着意于句律等其他方面。然而，对诗的句律、词藻的探索也好，雕琢也罢，终于还是不及自然真实情感铸就的浑然天成之诗，所以在此方面不论如何有成效，仍然只是下一等。

王若虚对黄庭坚之评价，虽也赞赏其诗中有"奇"及"斩绝"之处，但更多的是对他认为不足之处的批判。《滹南诗话·卷下》其十六说，黄庭坚说自己得法于少陵，而在王若虚看来：

> 少陵，典谟也；东坡，《孟子》之流；山谷，则扬雄《法言》而已。④

此中可见，王不以为黄诗得法杜甫。王若虚对杜甫的评价本就很高，此又以典谟

---

① （宋）胡仔：《苕溪渔隐丛话前集》，廖德明点校，人民文学出版社，1962，第338页。
② （金）王若虚：《滹南诗话》，霍松林点校，人民文学出版社，1983，第86页。
③ （金）王若虚：《滹南诗话》，霍松林点校，人民文学出版社，1983，第85页。
④ （金）王若虚：《滹南诗话》，霍松林点校，人民文学出版社，1983，第85页。

誉之，在王若虚眼中，黄庭坚去杜甫甚远。苏轼是王若虚极力赞扬的天才俊逸之诗人，尚不能够达到如杜甫那样的高度，黄庭坚则更远远落后。在《五经辨惑》《文辨》之中，王若虚几次批判了扬雄之《法言》，甚至认为它是斯文之蠹，如此类比黄庭坚，其态度立场已经明了。

四　谁言只待南迁后，始是江西不幸时——江西诗派

王若虚对黄庭坚和江西诗派，虽多有不满，对他们的评价也是多以批评为主，但是对黄庭坚，也曾肯定其诗中值得称赞之处，而于江西诗派，几乎尽是批评。《滹南诗话·卷下》其十四说道：

> 古之诗人，虽趣尚不同，体制不一，要皆出于自得。至其词达理顺，皆足以名家，何尝有以句法绳人哉？鲁直开口论句法，此便是不及人处。①

前文也提及王若虚认为苏轼乃高人逸才，自是不与江西诸子终身争句律之长短。在此，他亦是阐明其论诗中最重视的"文贵自得"，以为诗之第一要义即在于此，如此，只要不出现语法问题，词达理顺，自然天成之诗必会是诗中之至工者，足以名家。相反，若是以雕镂词藻，以句法为准绳，便是才不如人，才不得不如此。黄鲁直之门人亲党即如江西诗派一系列人物，就是如此。

王若虚对江西诗派的批评，指出其之所以距离如苏轼等名家甚远的本质原因。同时也对他人论江西诗派之是非加以辨惑，其目的在于从多个角度挖出江西诗派之弊病给众人看，《滹南诗话·卷下》其二十：

> 朱少章论江西诗律，以为用昆体功夫，而造老杜浑全之地。予谓用昆体功夫，必不能造老杜之浑全，而至老杜之地者，亦无事乎昆体功夫，盖二者不能相兼耳。②

此中论述，几乎从根本上否定了江西诗派，后人以杜甫为江西诗派之祖，那

---

① （金）王若虚：《滹南诗话》，霍松林点校，人民文学出版社，1983，第 85 页。
② （金）王若虚：《滹南诗话》，霍松林点校，人民文学出版社，1983，第 87 页。

么以平常眼光来看，江西诗派与杜甫之诗定有着许多正面联系，其成就等各方面必有可观之处。朱少章之论，意在说明江西诗派作诗，其内在如杜甫之浑全，只是在表面之字句上，其作法与西昆体相类。王若虚一向反对词语之雕琢，他的意思是，西昆之法式全在于外，必然不能够触及杜甫诗内涵之一二。江西诗派若是脱离了与杜甫之关联，其立派之根本几乎丧失殆尽，这便是王若虚对其否定的方法，即从根源上指出其中之误。有关王若虚对江西诗派的其他评价，可见以下论诗绝句四首。

> 绝足由来不可追，汗流余子费奔驰。谁言只待南迁后，始是江西不幸时。
> 信手拈来世已惊，三江衮衮笔头倾。莫将险语夸勃窣，公自无心与物争。
> 戏论谁知出至公，蟠蜂信美恐生风。夺胎换骨何多样，都在先生一笑中。
> 文章自得方为贵，衣钵相传岂是真。已觉师祖低一等，纷纷法嗣复何人。①

在这四首论诗诗中，王若虚言简意赅地说明了他的诗论要点在于"文贵自得"，并且指出江西诗派最薄弱的几个特点，并在比较中，又将江西诗派的地位引向低端层级。第一首，苏轼《潮州韩文公庙碑》诗中有"汗流籍湜走且僵。"此诗前两句，"绝足"也作"骏步"，这是对诗文之作"以意为主"、能够使诗文如江河顺下、自然浑全类诗人诗作的比喻，"汗流"者正好相反，主意不足，如果只是费力于字语之奇险等方面，其成就是有限的，所谓萤火之光，怎能与日月争辉。"谁言"句，《诗人玉屑》引《诗话》说："余观东坡自南迁以后诗，全类子美夔州以后诗，正所谓老而严者也。"② 苏东坡自己也说过，自己平生功业，在儋州惠州。欧阳修有"诗穷而后工"之论，苏轼在南迁之后，其诗文确实又达到了另一个高峰，然而，江西诗派不及苏轼处，在其开始时已然，其弊病也由来已久，这二句是说苏东坡在南迁之前诗文之成就本就已经很高，并非黄庭坚、江西诗派所能企及，自是不必说与苏轼南迁以后之作比较，才显得江西诗派之诗远不及东坡。第二首，苏轼《次韵孔毅甫集古人句见赠》云："前生子美只君是，信手拈得俱天成。"③ 王若虚诗正是贵此自得、天成。前文中也说苏轼高人逸才，其立志远大，

---

① （金）元好问：《中州集》，中华书局，1959，第292页。
② 何文焕辑《历代诗话》，中华书局，1981。
③ 孔凡礼点校《苏轼诗集》，中华书局，1992，第1155页。

自然不与江西诸子争句律之短长。苏轼之文，如大河奔流，其气魄，其气象，其自然高妙处，黄庭坚及江西诸子于诗之词语夸多斗险上无论如何费力也是望尘莫及。第三首，《东坡题跋黄鲁直诗作》说："鲁直诗文如蝤蛑江瑶柱，格韵高绝，盘食尽废，然不可多食，多食则发风动气。"其立意与一二首同。第四首，发出了对黄庭坚及江西诗派批评的最强音，申明诗论主张，否定江西诗派之推崇的宗师黄庭坚，即是从根源上否定江西诗派。

五　结语

王若虚论诗与其论文思想一以贯之，讲求"文以意为主"。《滹南诗话》卷上多论白居易，卷中及卷下重点在于论苏轼和黄庭坚、江西诗派。他赞扬白居易、苏轼，对黄庭坚则批评大于赞赏，对江西诗派更为不满，因为他们不重诗意却雕镌词采。王若虚论诗不甚着意于句律，所以黄庭坚与江西诗派的高谈句律难入王若虚论诗要旨。王若虚以白居易、苏轼之诗为典范，主张诗歌创作如"江河之流，顺下而已"，诗歌写作以"情致曲尽，肝肺流出"为贵，强调"典实过于浮华"，反对作诗用辞藻堆砌、为奇制奇而缺少妙趣。

《燕赵文化研究》第 1 辑
第 37 ~ 50 页
© SSAP, 2019

《倾杯乐》考述

徐文武[*]

摘　要：《倾杯乐》是一支源于北周、盛行于唐宋时期的曲调，具有乐府声诗、词调、器乐曲三种形态，在其产生与发展的过程中，与盛唐舞马戏结合紧密，既体现了汉魏六朝乐府旧曲入唐后演变使用的轨迹，也体现了唐曲入宋后演为词调，并进一步向元明曲牌过渡的过程。

关键词：《倾杯乐》　北周　唐代

一　北周《倾杯曲》与唐初《倾杯乐》

《倾杯乐》最早可追溯至北周时期六言体《倾杯曲》，用于宴饮娱情、劝觞进酒。北周王褒《高句丽曲》诗述其时宴乐情形云："萧萧易水生波，燕赵佳人自多。倾杯覆碗�滟，垂手奋袖婆娑。不惜黄金散尽，只畏白日蹉跎。"[①] 杨慎《词品》称王褒此诗"与陈陆琼饮酒乐同调。盖疆场限隔，而声调元通也"[②]。即提出南北朝时期此类六言曲调实与倾杯劝酒相关。然北周《倾杯曲》今已不存，但有史料表明，迟至隋初时尚有流传。入隋以后，隋高祖杨坚命人仿照北周《倾杯曲》制清庙歌辞，用之太庙。《隋书·音乐志》载：

　＊　作者简介：徐文武，河北大学文学院教授，主要研究中国古代文学词曲学。

①　逯钦立：《先秦汉魏晋南北朝诗》卷一，中华书局 1983，第 2333 页。陆琼诗《还台乐》，题名"饮酒乐"："蒲萄四时方醇，琉璃千钟旧宾。夜饮舞迟销烛，朝醒弦促催人。春风秋月恒好，欢醉日月言新。"（见逯钦立《先秦汉魏晋南北朝诗》卷五，中华书局，1983，第 2538 页。）

②　（明）杨慎：《词品》卷一，见唐圭璋《词话丛编》，中华书局，1986，第 423 页。

先是高祖遣内史侍郎李元操、直内史省卢思道等，列清庙歌辞十二曲。令齐乐人曹妙达于太乐教习，以代周歌。其初迎神七言，象《元基曲》，献奠登歌六言，象《倾杯曲》，送神礼毕五言，象《行天曲》。[①]

可见，隋初十二支清庙歌辞均模仿前代曲调而成，体式上具备五言、六言和七言。其中之六言献奠登歌，即仿北周《倾杯曲》制作而成，令由南齐入隋乐工曹妙达于太乐署中教习。[②] 不过，隋初所仿制清庙曲辞之献奠登歌，与北周《倾杯曲》相比，不独体式完全相同，在曲辞风格上也一并模拟，不适合于雅乐祭祀所用。《隋书·音乐志》载：

> 至是弘等但改其声，合于钟律，而辞经敕定，不敢易之。至仁寿元年，炀帝初为皇太子，从飨于太庙，闻而非之。乃上言曰："清庙歌辞，文多浮丽，不足以述宣功德，请更议定。"于是制诏吏部尚书、奇章公弘，开府仪同三司、领太子洗马柳顾言，秘书丞、摄太常少卿许善心，内史舍人虞世基，礼部侍郎蔡徵等，更详故实，创制雅乐歌辞。[③]

牛弘等最初应命仿北周《倾杯曲》制作祭献登歌，为使其"合于钟律"，仅对乐调改订，曲辞因隋文帝杨坚所敕定，则未更易。至隋仁寿年间（601—604），时为皇太子的杨广提出，因北周《倾杯曲》曲辞语涉浮艳，并不适于郊庙祭祀，故奏请更改。于是再命牛弘、柳顾言及许善心等人详考此调源起与本事，对曲辞重新厘定，欲使之"趋雅"。但有史料显示，经过改订的新曲，最终却并未得到实际使用。《隋书·音乐志》载：

> 大业元年，炀帝又诏修高庙乐……有司未及陈奏，帝又以礼乐之事，总付秘书监柳顾言、少府副监何稠、著作郎诸葛颖、秘书郎袁庆隆等，增多开皇乐器，大益乐员，郊庙乐悬，并令新制。顾言等后亲，帝复难于改作，其

---

① 《隋书》卷十五，中华书局，1997，第360页。
② 《太平御览·乐部二·雅乐中》卷五百六十四载："又曰：开皇中，亡齐伎曹妙达、安马驹等以艺游三公之家，新声变曲，倾动当世，天子不能禁也。帝令妙达理郊庙乐，咸写《倾杯》、《行天》之声。"言此调为曹妙达辈所制，可备一说。中华书局，1960，第2549页。
③ 《隋书》卷十五，中华书局，1997，第360页。

议竟寝。诸郊庙歌辞，亦并依旧制，唯新造《高祖庙歌》九首。[①]

隋炀帝杨广即位后，于大业初年（605）对隋初清庙祭祀所用曲调，除增加高祖庙歌九首以外，其余一仍旧制。可见，从北周至隋，《倾杯乐》虽用于郊庙雅乐，但体式和曲辞风格均不离北周时状态。

至唐初，《倾杯乐》用于宫廷宴飨，佐酒侑欢，其性质和功能较前代均发生显著变化。唐太宗李世民曾诏命长孙无忌、魏徵、虞世南及其他宫廷乐工制作内宴用曲，《新唐书·礼乐志》载：

> 其后因内宴，诏长孙无忌制《倾杯曲》，魏徵制《乐社乐曲》，虞世南制《英雄乐曲》。帝之破窦建德也。乘马名黄骢骠，及征高丽，死于道，颇哀惜之，命乐工制《黄骢叠曲》四曲，皆宫调也。[②]

其中长孙无忌所作即为《倾杯曲》，词今不传。对这些唐初曲调，郑樵在《通志》中将之列为"祀飨别声"，以显示其与风雅正声的区别。如《通志·乐略》"乐府总序"中云："一曰汉三侯之诗，一章。二曰汉房中之乐，十七章。三曰隋房内，二曲。四曰，梁，十曲。五曰，陈，四曲。六曰北齐，二曲。七曰唐，五十五曲。凡九十一曲，系之别声，而非正乐之用也。"[③]《通志》所列自汉至唐的91支曲调，意在说明这些曲调性质与功能乃专为宫廷内宴所设，《倾杯乐》即为"唐七朝五十五曲"中太宗朝四曲之首。[④]

北周《倾杯曲》今已无传辞，但其体式为六言体且曲辞风格被目为"浮艳"。二者均能从上文所述隋清庙歌辞制作及重新厘定曲辞过程中得到体现。至唐初，《倾杯乐》体式上则出现了一定变化。许敬宗《上恩光曲歌词启》云：

> 某启：少傅元龄奉宣令旨，垂使撰《恩光曲词》六言四章章八韵。谨率愚管，宣述睿怀，自惟浅陋，深惧不允。窃寻乐府雅歌，多皆不用六字，近

---

① 《隋书》卷十五，中华书局，1997，第373页。
② 《新唐书》卷二十一，中华书局，1975，第471页。
③ （宋）郑樵：《通志》卷四十九，中华书局，1987，第625页。
④ （宋）郑樵：《通志·乐略》"祀飨别声"下列"唐七朝五十五曲"条，对唐代自太宗朝起，包括高宗、玄宗、代宗、德宗、文宗、武宗、宣宗所用宫廷内宴乐曲所开列的曲名。称七朝，有误，实包括八朝。

代有《三台》、《倾杯乐》等，艳曲之例，始用六言。今故杂以兮字，稍欲存于古体。起草适毕，未敢为定，蒙假不获面启对，封稿本上呈，可不之宜，伏听后命。谨启。①

唐初诗歌六言体式发展较为缓慢，作者与作品数量均较少。许敬宗奉敕撰六言体《恩光曲词》，仅能以北周时《三台》和《倾杯乐》为范例。而在许敬宗看来，北周《倾杯乐》虽系六言体式，但恐伤于绮艳，遂在所撰《恩光曲词》中，以加入"兮"字手法以求变通。由此可见《倾杯乐》在唐初，体式已经突破六言，同时其曲辞风格也逐渐脱却艳体，而向进酒劝觞、讽颂帝业的宫廷宴飨用曲功能转化。

二　《倾杯乐》与盛唐宫廷舞马戏

由初唐而至盛唐，《倾杯乐》曲调流传和演变渐与唐代舞马戏发生至为密切关系，并在这个过程中得到长足发展。初唐时宫廷内已逐渐盛行舞马戏，舞马又称"蹀马""戏马"②，论其起源则可推溯至商周时期。南北朝时亦有记载，程大昌《演繁录》"舞马"条："梁天监四年，禊饮华光殿。其日，河南献赤龙驹，能拜伏，善舞。"唐初诗歌中对此也不乏描述，如薛曜《舞马篇》就颇叙其时舞马表演情形，诗中句如"昔闻九代有馀名，今日百兽先来舞""紫玉鸣珂临宝镫，青丝彩络带金羁""嘴衔拉铁并权奇，被服雕章何陆离""随歌鼓而电惊，逐丸剑而飙驰"等对马匹装饰、表演姿态均做了详细描摹。至盛唐玄宗一朝，舞马戏达到鼎盛，《倾杯乐》也得到大量运用。《新唐书·礼乐志》载：

> 玄宗又尝以马百匹，盛饰分左右，施三重榻，舞《倾杯》数十曲，壮士举榻，马不动。乐工少年姿秀者十数人，衣黄衫、文玉带，立左右。每千秋节，舞于勤政楼下，后赐宴设酺，亦会勤政楼。其日未明，金吾引驾骑，北衙四军陈仗，列旗帜，被金甲、短后绣袍。太常卿引雅乐，每部数十人，间

---

① （清）董诰等：《全唐文》卷一百五十二，中华书局，1983，第 1549 页。
② （唐）杜佑：《通典·乐五》卷一百四十五载："今翔麟、凤苑厩有蹀马，俯仰腾跃，皆合曲节，朝会用乐，则兼奏之。"

以胡夷之技。内闲厩使引戏马，五坊使引象、犀，入场拜舞。[1]

备述玄宗倾杯马舞情状，舞马百匹，装饰华丽繁缛，分列左右二部，辅之以妆容姿秀十数人，随拍起舞，表演形式多样，有些甚至带有杂技表演特点，场面颇为壮观惊险。《资治通鉴》亦云："初，上皇每酺宴，先设太常雅乐坐部、立部，继以鼓吹、胡乐、教坊、府县散乐、杂戏……又教舞马百匹，衔杯上寿；又引犀、象入场，或拜，或舞。"[2] 马舞排在犀舞、象舞之前，以口衔酒杯表演为庆寿环节。玄宗舞马之所谓"倾杯"，是以受训舞马口衔酒杯，献给玄宗祝寿的表演。因马口衔杯呈倾斜姿态，故名"倾杯"。舞马倾杯的状态从出土文物中清晰可见（见1970年出土文物附图）。

与盛唐马舞配合所用乐曲，则为《倾杯乐》，为舞马所用，以数十遍反复联奏。马舞表演动作需以乐器节制，称"应节""赴节"。刘昫《旧唐书·音乐志》："日旰，即内闲厩引蹀马三十匹，为《倾杯乐曲》，奋首鼓尾，纵横应节。又施三层板床，乘马而上，抃转如飞……又五坊使引大象入场，或拜或舞，动容鼓振，中于音律，竟日而退。"[3] 提到玄宗圣寿节的动物表演需要以乐器节制，而节乐之乐器或为羯鼓。唐南卓《羯鼓录》载："羯鼓出外夷，以戎羯之鼓，故曰羯鼓。其音主太簇一均，龟兹部、高昌部、疏勒部、天竺部皆用之。"唐玄宗特爱羯鼓，《新唐书》载："帝又好羯鼓，而宁王善吹横笛，达官大臣慕之，皆喜言音律。帝常称'羯鼓，八音之领袖，诸乐不可方也。'"[4]《羯鼓录》对此记载："唐玄宗雅好羯鼓，其时诸王大臣靡不习之。""曾听弹琴，正弄未及毕，叱琴者出，曰'待诏出去。'谓内官曰'速召花奴将羯鼓来，为我解秽。'"唐玄宗亲制羯鼓曲亦甚多，"诸曲调如太簇曲《色俱腾》、《乞婆娑》、《曜日光》等九十二曲名，玄宗所制"。《羯鼓录》亦载《倾杯乐》曲，入"太簇商"。

又据唐南卓《羯鼓录》记载，唐代宗时宰相杜鸿渐亦善羯鼓，"鸿渐曰：'若某于此，稍曾致功，未臻尤妙，尚能及此。况至圣御天，贤臣考乐，飞走之类何有不感？'因言：'某有别墅，近华严阁。每遇风景晴朗，时或登阁奏此。初见群

① 《新唐书》卷二十二，中华书局，1975，第477页。
② 《资治通鉴》卷二百一十八，中华书局，1956，第6993～6994页。
③ 《旧唐书》卷二十八，中华书局，1975，第1051页。
④ 《新唐书》卷二十二，中华书局，1975，第476页。

羊牧于山下，忽数举头踯躅不已，某不谓以鼓然也。及止鼓，羊亦止。某复鼓，亦复然。遂以疾徐高下而节之，无不应之而变。旋有二犬自其家走而吠之，及群羊侧，遂渐止声，仰首，若有所听。少选即复宛颈摇尾，亦从而变态。是知率舞故不难也。'"杜鸿渐以此判断盛唐舞马表演应以羯鼓节之。

　　玄宗舞马所用曲调为《倾杯乐》，而其所配曲辞，则有唐张说所作《舞马词》。今存六言、七言两种体式。六言体式六首，每首四句，诗云[①]：

　　（一）万玉朝宗凤扆，千金率领龙媒。眄鼓凝骄躞蹀，听歌弄影徘徊。圣代升平乐

　　（二）天禄遥征卫叔，日龙上借羲和。将共两骖争舞，来随八骏齐歌。圣代升平乐

　　（三）彩旄八佾成行，时龙五色因方。屈膝衔杯赴节，倾心献寿无疆。四海和平乐

　　（四）帝皂龙驹沛艾，星兰骥子权奇。腾倚骧洋应节，繁骄接迹不移。四海和平乐

　　（五）二圣先天合德，群灵率土可封。击石骋骅紫燕，拟金顾步苍龙。四海和平乐

　　（六）圣君出震应箓，神马浮河献图。足踏天庭鼓舞，心将帝乐踌躇。四海和平乐

　　前两首缀"圣代升平乐"和声，后四首缀"四海和平乐"和声。对张说六言体舞马词与唐玄宗宫廷马舞之间关系，冒广生《倾杯考》云："按今张说之文集，有《舞马词》六首，皆六言，此即明皇之《倾杯乐》也。"明确指出盛唐时《倾杯乐》即舞马词。关于二者关系，前人曾提出质疑，如任半塘对冒广生的判断所说"容是，尚乏实证"。对此，李健正在《大唐音乐风情》中提出支持观点："笔者今之发掘之《倾杯乐》曲谱，只能配合《舞马辞》六首，而不能配合其他，便是《倾杯考》的实证。"李健正对传存于长安古乐半字谱长安白道峪教衍和尚抄本的曲式、调性进行分析和破译，指出"全曲 28 段，正符合'其曲调谓之《倾杯

---

① （清）彭定求等：《全唐诗》，中华书局，1980，第 415 页。

乐》者数十回'之说";"按原词一、二段'合声'为'圣代升平乐';三、四、五、六段'合声'为'四海和平乐',也就是说前两段和声音乐应当相同,后四段和声音乐应当相同,长安古乐传存的乐谱页恰巧如此!这就是说,本曲《倾杯乐》就是盛唐时的舞马伴奏曲,不容置疑。"①

而七言体《舞马千秋万岁乐府词》三首②,体式为七言八句,诗云:

其一

金天诞圣千秋节,玉醴还分万寿觞。试听紫骝歌乐府,何如騄骥舞华冈。
连骞势出鱼龙变,蹴蹋骄生鸟兽行。岁岁相传指树日,翩翩来伴庆云翔。

其二

圣皇至德与天齐,天马来仪自海西。腕足徐行拜两膝,繁骄不进踏千蹄。
髶髺奋鬣时蹲踏,鼓怒骧身忽上跻。更有衔杯终宴曲,垂头掉尾醉如泥。

其三

远听明君爱逸才,玉鞭金翅引龙媒。不因兹白人间有,定是飞黄天上来。
影弄日华相照耀,喷含云色且徘徊。莫言阙下桃花舞,别有河中兰叶开。

关于七言《舞马词》是否亦与盛唐马舞《倾杯乐》相配合使用的证据,虽不如六言体充分,但从创作时间与诗歌内容上看,也具备相当的条件。创作时间上,此三首作于开元十七年(729),是年八月五日,正逢唐玄宗寿诞,即所谓"千秋节",遂在勤政楼赐宴设酺,大宴群臣。而将唐玄宗生日定为"千秋节"也正是在这一年,之前并无是名。顾炎武《日知录》"圣节"条引《旧唐书》云:"太宗贞观二十年十二月癸未,上谓司徒长孙无忌等曰:'今日是朕生日,世俗皆为欢乐,在朕翻成伤感。'……因泣数行下,左右皆悲。"其时无所谓圣节也。"玄宗开元十七年八月癸亥,上以降诞日,宴百寮于花萼楼下。百寮表请以每年八月五日为千秋节,王公以下献宝镜及承露囊,天下诸州咸令宴乐,休假三日,仍编为令。从之。"③

其中谓"百寮表请以每年八月五日为千秋节",实际上,具体上表者正是当时

---

① 李健正:《大唐音乐风情》,河北大学出版社,2010,第39页。
② (清)彭定求等:《全唐诗》,中华书局,1980,第415页。
③ 严文儒、戴扬本校点《顾炎武全集(18)》《日知录(一)》卷十四,上海古籍出版社,2012,第580页。

任右丞相的张说等人。《日知录》又引《册府元龟》云："开元十七年，尚书左丞相源乾曜、右丞相张说率文武百官等上表曰：'……臣等不胜大愿，请以八月五日为千秋节，著之令甲，布于天下，咸令宴乐，休假三日……'帝手诏报曰：'凡是节日，或以天气推移，或因人事表记。八月五日当朕生辰，感先圣之庆灵，荷皇天之眷命。卿等请为令节，上献嘉名。胜地良游，清秋高兴，百谷方熟，万宝以成，自我作古，举无越礼；朝野同欢，是为美事。依卿来请，宣付所司。'"① 而张说本诗其一首句云"金天诞圣千秋节"，正为说明此事，明确表明为此年庆祝唐玄宗寿诞所作。

　　从这三首舞马词的内容上看，既有对唐玄宗功业的盛赞，又有对宫廷舞马戏表演颇为细致的描绘。其中所写舞马行进步态既有"蹀躞"徐行，也有原地快速踏步，还有伴随鼓声节奏加快忽而集体挺身起立。诗中描绘舞马戏至最高潮处，当属宴会尾声，舞马口衔酒杯向皇帝进酒的表演，并且垂头掉尾，模拟醉状。这三首七言《舞马辞》与玄宗马舞高度吻合，明显为宫廷舞马著辞，因此，张说所作七言体《舞马千秋万岁乐府词》与六言体《舞马词》一样，也应被认为用于唐玄宗宫廷舞马表演伴奏曲辞。

　　同时，作为教坊曲名，此调也被崔令钦《教坊记》作为梨园法曲列入盛唐教坊所用曲名之内。作为宫廷教坊曲子，或可播之歌儿舞女之口，姚汝能《安禄山事迹》载，"禄山喜曰：'阿法（乾真小字也）言是也。吾已绝之，奈何？'乾真曰：'但唤取慰劳之，其心必安。'因诏尚等饮燕酣乐。禄山自唱《倾杯乐》与尚送酒，待之如初"②。安禄山困于潼关，迁怒于高尚、严庄当日劝其起兵，二人忧惧，数日不敢见安禄山。田乾真为二人说情，安禄山平息怒火。为安慰高、严，置酒饮宴，并在酒席上亲自唱《倾杯乐》，送给高尚。因此，《倾杯乐》在初盛唐时期，与宫廷舞马戏结合，尤其于盛唐时其曲、辞均充分为舞马之戏所用，达到声、辞、乐、舞高度密切结合状态。

　　盛唐以后，《倾杯乐》作为教坊曲调则呈快速衰落趋势。郑处诲《明皇杂录》"唐玄宗舞马"条载：

　　　　其后上既幸蜀，舞马亦散在人间。禄山常观其舞而心爱之，自是因以数

---

① 严文儒、戴扬本校点《顾炎武全集（18）》《日知录（一）》卷十四，上海古籍出版社，2012，第581~582页。
② 《唐宋史料笔记丛刊》，（唐）姚汝能撰《安禄山事迹》卷中，中华书局，2006，第98页。

匹置于范阳。其后转为田承嗣所得，不之知也，杂之战马，置之外栈。忽一日，军中享士，乐作，马舞不能已。厮养皆谓其为妖，拥彗以击之。马谓其舞不中节，抑扬顿挫，犹存故态。厩吏遽以马怪白承嗣，命棰之甚酷。马舞甚整，而鞭挞愈加，竟毙于枥下。时人亦有知其舞马者，惧暴而终不敢言。①

安史乱后，唐玄宗奔蜀，宫廷舞马失散于民间，虽复被收拾，但因不为人所识，惜皆被棰毙。至此，《倾杯乐》曲调亦随玄宗舞马及舞马戏的衰落而不复有作。唐段安节《乐府杂录》"新倾杯乐"条云："宣宗喜吹芦管，自制此曲，内有数拍不均。上初捻管，令俳儿辛骨咄拍，不中，上瞋目瞠视之。骨咄忧惧，一夕而殒。"② 唐宣宗所制芦管曲，难度颇高。乐工不能随曲为拍，与之配合，忧惧而死。段安节《乐府杂录》"新倾杯乐"条转引《明皇杂录》云："玄宗马舞曲名《倾杯乐》，故此宣宗所制别名《新倾杯乐》也。"③ 虽冠之以"新"字，但已与唐玄宗马舞所用《倾杯乐》有区别，唐宣宗时宫廷马舞已然凋零，《新倾杯乐》是否亦曾施于马舞表演，因相关史料不足，故无由描述。

入宋以后，《倾杯乐》被用作宫廷大曲，常施于宫廷仪礼式乐，类属正乐。《宋史·乐志》载："每春秋圣节三大宴：其第一、皇帝升坐，宰相进酒，庭中吹觱栗，以众乐和之；赐群臣酒，皆就坐，宰相饮，作《倾杯乐》。"④ 又周密《武林旧事》"皇后归谒家庙条"记载皇后拜谒家庙仪礼中，"赐筵乐次"："家庙酌献三盏……第二盏，觱篥起，《圣寿永》歌曲子。琵琶起，《倾杯乐》。"⑤ 孟元老《东京梦华录》"宰执亲王宗室百官入内上寿"条载："第一盏假酒，歌板色，一名'唱中腔'，一遍讫，先笙与箫笛各一管和，又一遍，众乐齐举，独闻歌者之声。宰臣酒，乐部起《倾杯》。"⑥ 宋代每逢春秋圣节三大宴，在皇帝首轮赐酒中，宰相饮酒则奏《倾杯乐》，百官饮酒则奏《三台》，已经演变为以琵琶曲为宫廷仪礼式乐所用。

---

① 《唐宋史料笔记丛刊》，(唐) 郑处诲撰《明皇杂录》补遗，中华书局，1994，第 45 页。
② 《古典文学参考资料小丛书》，(唐) 段安节《乐府杂录》，古典文学出版社，1957，第 41 页。
③ 《古典文学参考资料小丛书》，(唐) 段安节《乐府杂录》，古典文学出版社，1957，第 41 页。《乐府杂录》所转引《明皇杂录》中并不见载，不详何据。
④ 《宋史》卷一百四十二，中华书局，1975，第 3348 页。
⑤ (宋) 孟元老等：《东京梦华录 (外四种)》，(宋) 周密《武林旧事》卷八，古典文学出版社，1956，第 487 页。
⑥ (宋) 孟元老撰《东京梦华录笺注》卷九，伊永文笺注，中华书局，2006，第 832 页。

三 唐五代杂言曲辞与词调《倾杯乐》

唐五代时期，除与盛唐马舞相配合声诗舞马词以外，《倾杯乐》尚有同题杂言曲辞，与齐言曲辞平衡发展。杂言曲辞见于敦煌歌辞《云谣集杂曲子》。其中收录《倾杯乐》两首，未著名氏。其一题名"求名宦"，词云：

> 忆昔笄年。未省离合。生长深闺院。闲凭着绣床。时拈金针。拟貌舞凤飞鸾。对妆台重整娇姿面。知身貌算料。□□岂教人见。又被良媒。苦出言词相诱諕。
>
> 每道说水际鸳鸾。惟指梁间双燕。被父母将儿匹配，便认多生宿姻眷。一旦娉得狂夫。攻书业抛妾求名宦。纵然选得。一时朝要。荣华争稳便。

其二为"又一体"，题名"五陵堪聘"，词云：

> 窈窕逶迤。体貌超群。倾国应难比。浑身挂绮罗。装束□□。未省从天得至。脸如花自然多娇媚。翠柳画娥眉。横波如同秋水。裙生石榴。血染罗衫子。
>
> 观艳质语软言轻，玉钗缀素绾乌云髻。年二八久锁香闺。爱引猧儿鹦鹉戏。十指如玉如葱。凝酥体雪透罗裳里。堪娉与公子王孙。五陵年少风流婿。①

其一"求名宦"以一个女性口吻，自道平生，回忆年少懵懂，后经媒妁之言、父母之命，嫁与专心谋取名宦的士子，丈夫远游不归，闺人空虚落寞，从而对自身情感和婚姻产生怀疑。其二也以女性口吻，自我夸饰，希求五陵少年迎娶。这两首曲辞体调不尽相同，应视为同调异体。对于这两首敦煌传辞产生年代，目前尚未有专门考证。龙沐勋曾就《云谣集杂曲子》中所收曲子表现的情

---

① 二作选自任半塘编著《敦煌歌辞总编》卷一·杂曲·《云谣集杂曲子》，上海古籍出版社，1987，第199～220页。因敦煌写卷中原辞错讹甚多，经后人整理勘校，遂有可读之篇。任半塘《敦煌歌辞总编》将前人诸多勘校成果汇总，重新厘定，将二首分别确定为上下两片，其一112字，其二113字。

绪往往与盛唐诗人之闺怨、从军行等题契合，推测其为盛唐安史之乱以前作。[①]任半塘则根据其一"求名宦"调中上片末句结尾"诱詃"（为叶韵而将"詃诱"一词倒文）二字，将此调产生时间确定为唐开元二十年前后，与龙说大致相符。[②]

从作品内容看，"求名宦"辞显然是唐代士子抛家别舍、远游求名宦时代的产物。"五陵堪聘"辞则亦有说为彼时民间对杨玉环和李隆基关系的影射，视杨为"第一游女"，而视李为"五陵魁首"，亦有关盛唐故事。因此，在唐代，《倾杯乐》之杂言曲辞与齐言曲辞并存，创制与使用年代相当，亦均属于盛唐时期曲调。二首《倾杯乐》杂言曲辞体式系属长调，在《云谣集杂曲子》中篇幅为最长。在晚唐五代的作品里，其体式也是很突出的，从这个意义上说，实开宋代词体长调慢词制作之先河。

《倾杯乐》在宋代，"依旧曲而度新声"，演入词调。宋词调中今存《倾杯乐》词调19首，作者与词作情况见下表:[③]

作者	存词数量	词作	体式与所属宫调
柳永	8	倾杯乐、古倾杯、倾杯	慢体仙吕宫、大石调（2）林钟商、黄钟羽、散水调（2）
张先	2	倾杯	慢体
吕渭老	2	倾杯令	令体
杨无咎	1	倾杯	慢体
曾觌	1	倾杯	慢体
袁去华	1	倾杯近	近体
程必	1	倾杯	慢体
林季仲	1	倾杯乐	慢体
沈蔚	1	倾杯	慢体
无名氏	1	倾杯序	序体

从表中统计内容可看出以下特点。第一，《倾杯乐》在词调制作中慢体居多，亦足以见出唐曲调对宋词的影响。而在词调不同体式上，虽然令、慢、近、序体

---

① 参见《词学季刊》创刊号，龙沐勋《词体之演进》，民智书局，1933。
② 任半塘:《敦煌歌辞总编》，上海古籍出版社，1987，第208~209页。
③ 本表依唐圭璋《全宋词》收词统计。

兼备，但独以慢体居多，这恰显示出宋词调对敦煌杂言曲辞的继承。第二，从作者看，上述词人中以柳永创作为最早，应视为词中创调之作。柳词中均为慢体，以备述羁旅行役和皇都秋景为主，已非唐五代杂言曲辞风调。第三，从所属宫调看，柳词八首分属仙吕宫、大石调、林钟商、黄钟羽和散水调。体现在上表所列十九首《倾杯乐》中，柳词数量远超其他作者。同时，以柳永《乐章集》统计，其中《倾杯乐》词牌使用频率也远高于集中其他词牌，位列第二，仅排在《少年游》之下。既足见柳永对此调的赏爱，同时也可说明柳永对《倾杯乐》在词调的演化和使用过程中，独具作用。

由唐入宋，杂言曲辞在向词调过渡阶段，还表现出体式未定之特点。柳词中之八首《倾杯乐》分属宫调既多，体式、句式与字数且各相异。不独柳词如此，其他诸家所作，句式以及字数亦有别。清代万树《词律》云：

> 或云柳集一百六字"禁漏花深"一首属仙吕宫；"皓月金风"二首属大石调；"木落"一首属双调；"楼锁""冻水""离燕"三首属林钟商；"水乡"一首属黄钟调。因调异，故曲异也。然又有同调而长短大殊者。总之世远音亡，字讹书错，只可阙疑而已。[①]

即揭出此调体式多样化的特点，《词律》以"楼锁"一首为本调正体，94 字，余七首一概列为"又一体"，字数由 94 字至 116 字不等。《词律》中因吕渭老《倾杯令》体，惟存词二首，体式完全相同，又别无宋词可校，故列为一体。《莲子居词话·卷三》云：

> 传讹舛错，惟乐章集信不易订。如浪淘沙慢一百三十三字，女冠子一百十一字，倾杯乐九十五字，[又] 一百八字，引贺行一百二十五字，望远行一百四字，秋夜月八十二字，沿仙歌一百十九字，[又] 一百二十三字，[又] 一百二十六字，长寿乐八十三字，破阵乐一百三十二字。世乏周郎，无从顾误，不能不为屯田惜已。

清人将这种现象归结于传写讹错，但实际上体现了在宋代，此调犹未定体的

---

① （清）万树：《词律》卷七，中华书局，1957，第 431 页。

事实。究其原因，唐宋燕乐曲谱传有多种，所造成的体式亦不尽相同。任半塘《敦煌歌辞总编》云：“近代外人曾有中亚探险队，探得大量之五弦谱，内有各种不同之《倾杯乐》谱，敦煌写卷内亦传《倾杯乐》之大曲谱一套。凡此诸谱，宜皆《倾杯》之声远流北宋尚未废歇者之古渊源也。”① 又说：“乐曲分片，乃乐人诉诸器乐声乐之实况而定，非文人诉诸笔墨，在书斋案头所能为力。”② 这当然与唐宋曲辞创作中“以乐定辞”有关，也与所谓“一曲而入数调”的实际创作情形有关，同时也最能体现此调在历史上创作已达到鼎盛状态。

入宋以后，自柳永从敦煌旧曲中新翻《倾杯乐》，此调已由乐府曲辞转化为词体，被广泛运用之于词牌，至沈会宗等人，词体格律越演越繁，已经彻底脱离唐代声诗阶段，演为纯粹的词体创作。

金元两代，此调鲜有人作，惟存长筌子调寄《倾杯》（物外回观）词一首，出世求仙意味浓厚，已全非唐宋体调，标志着此调的衰落。但同时，元明两代词调颇入曲牌，如明传奇《牡丹亭》，清《长生殿》《桃花扇》中都可见曲牌《倾杯序》的使用。同时还有将《倾杯乐》与其他曲牌融合生新之作法，李渔《闲情偶寄》云：“曲谱无新，曲牌名有新。盖词人好奇嗜巧，而又不得展其伎俩，无可奈何，故以二曲三曲合为一曲，熔铸成名，如《金索挂梧桐》、《倾杯赏芙蓉》、《倚马待风云》之类是也……《倾杯序》、《玉芙蓉》是两曲，串为一曲，而名曰《倾杯赏芙蓉》，倾杯酒而赏芙蓉，虽系捏成，犹口头语也。”③ 不过此种作法，已经与本调相去甚远，暂不置论。至清代，其体调与唐宋词类似，但全依词谱制作，与格律诗无异，与唐宋词调的性质与功能相较，已相去甚远。

总之，《倾杯乐》曲调自北周时，以乐府声诗，沿至隋唐，与盛唐舞马戏紧密结合，得到大量应用和传播，同时具有琵琶、笛曲、芦管曲等器乐曲形态。随着舞马戏的衰落，声辞配合的形态亦随之结束，入宋以后短暂进入过宫廷仪礼式乐，而词体独盛，且出现多样化体调，元明时期则用之于曲牌，在历史上呈现了清晰而独特的演化过程。

---

① 《敦煌歌辞总编》，上海古籍出版社，1987，第205页。
② 《敦煌歌辞总编》，上海古籍出版社，1987，第206页。
③ （清）李渔：《闲情偶寄》，杜书瀛评注，中华书局，2007，第54页。

附录:

　　唐,高 18.5 厘米,口径 2.3 厘米,1970 年陕西西安南郊何家村唐窖藏出土,陕西省博物馆藏。银壶造型仿同时期我国北方草原少数民族使用的皮囊壶,为扁圆体。壶口上有鎏金覆莲形盖,提梁呈弓形,鎏金。平底下接椭圆形圈足。腹两面各锤出舞马衔杯纹,底足连接处饰一周辫纹。纹饰全部鎏金。圈足内有墨书"十三两半"四字。据文献记载,唐玄宗时曾于宫中置舞马取乐,天宝以后取缔。这件壶上的纹样为文献记载提供了珍贵的形象材料。

《燕赵文化研究》第 1 辑
第 51~60 页
© SSAP, 2019

电影的三重美育功能[*]

胡　海　田嘉辉^{**}

摘　要：电影作为当今社会最重要的大众媒介和大众文艺之一，具有三重美育功能。首先，电影具有思想导向、社会教化、树立积极价值观念的功能。其次，电影能够满足创作者和受众的精神需求，并成为涵养心性、怡情悦意的灵魂栖居地。最后，电影可以作为一种积极、健康的娱乐方式，让大众在闲暇之余排解、疏泄心中块垒。多类型、多样化的电影创作，以及电影三重美育功能的齐头并进，对于建设美好生活、构筑中国梦具有重要意义。

关键词：美育　电影　精神满足

审美教育简称"美育"，由德国文学家、哲学家席勒在其著作《审美教育书简》中首次提出。虽说美育概念在 18 世纪才正式诞生，但并不意味着在此之前，美育思想的胚胎无法在其他民族文化中孕育、成熟。作为将美育概念引入中国的第一人，王国维就认为孔子"安而行之"的状态与席勒"乐于守道德之法则"旨趣相通，并进一步指出《论语》中"小子何莫学夫诗。诗可以兴，可以观，可以群，可以怨。迩之事父，远之事君。多识于鸟兽草木之名"，"兴于诗，立于礼，成于乐"[1] 的观念，以诗歌、音乐抒发情志、培养人格、增长见识、规范社会，无疑是中国传统美育思想的绝佳体现。其给予我们的启示是，在借助新兴艺术形式进行审美教育的过程中，不但要融汇西方的美育理论，更应从涵盖通俗文艺理论在内的中国古代文论中汲取营养。

---

* 本文系国家社科重大项目"中国当代美育话语建构"阶段性成果。

** 作者简介：胡海，河北大学文学院教授，文学博士，文艺学导师；田嘉辉，河北大学文学院比较文学与世界文学专业硕士研究生。

[1] 林文光编《王国维文选》，四川文艺出版社，2009，第 167 页。

电影作为一门独立的视听语言，发展至今不过百年，却在产业规模、受众数量、社会影响上迅速超越了小说、戏剧等传统艺术形式，成为当今社会最主要的大众媒介和大众文艺之一。由此可见，电影无疑是一种非常重要的美育手段，其美育功能有三重。首先，电影作为面向社会的大众文艺，具有确立积极价值观念、思想导向和社会教化的功能。其次，电影作为艺术家心灵的表现，可以满足创作者和受众精神需求，并成为涵养心性、怡情悦意的灵魂栖居地。最后，电影作为一种积极、健康的娱乐方式，可以为大众提供消遣、宣泄、替代、满足的功能。因此，电影的创作者和监管者都应将电影的美育维度纳入考量范畴，秉持开放、包容的积极态度，以满足人民群众多层次、多方面的精神需求，为建设美好生活、构筑中国梦助力。

一　美育的社会教化功能

审美教育与一般审美活动相比，"具有更强的主观能动性，是一种有意识的审美活动与教育活动"。美育正是借由"人对现实美与艺术美的审美观照中"[①] 所形成的心理感受，对主体产生潜移默化的影响而实现的。如王国维先生所说："庸讵知无用之用，有胜于有用之用者乎？"[②] 审美作为教化人民、改造社会的手段，其过程虽是自由的、非功利的，但最终价值归属却带有明确目的性。这一观念在中国古代文论中便有体现，如《毛诗序》中的"经夫妇，成孝敬，厚人伦，美教化，移风俗"与"上以风化下，下以风刺上"，白居易《与元九书》中的"文章合为时而著，歌诗合为事而作"。梁启超在 1902 年的《小说与群治之关系》中也将"小说"作为更新中国社会道德、宗教、政治、风俗、艺术、人心、人格的关键手段。虽说古代文论所要求的对象是文学创作，但电影作为以声画结合为表现手段的艺术作品，其核心仍旧是叙事，并且"在题材、主题、人物、情节、结构、场景、风格、样式等方面进行整体的构思和周密的安排，为导演演员以及音乐美术、摄影、剪辑等部门的创作人员提供再创造的依据"[③] 时，都需要以电影的文学剧本为基础。由此可见，电影和文学无疑有着异常密切的关联，二者仅在表现方式上

---

① 袁济喜：《传统美育与当代美学建设》，《云南大学社会科学学报》2001 年第 5 期。
② 林文光编《王国维文选》，四川文艺出版社，2009，第 168 页。
③ 《电影理论基础》编写组编《电影理论基础》，中国青年出版社，1987，第 360 页。

有所不同，而内容上却有一致性。

电影作为当今社会最重要的大众文艺形式之一，无疑应当承担起在自由审美中进行社会教化的责任，促使社会大众在观影的审美过程中形成积极、正确的价值观念。例如，上映于2016年的周星驰导演的作品《美人鱼》，故事讲述了地产大亨轩少投资的填海开发计划威胁到海岸边人鱼一族的生存，于是后者派出小美人鱼珊珊刺杀轩少，使填海项目流产进而保卫家园。结果，二人却在交手的过程中坠入爱河，珊珊在保护族人的斗争中牺牲，轩少也因为挚爱而叫停了开发项目。导演虽然选择以喜剧的方式讲述天马行空的奇幻故事，但其所反映的社会问题——商业开发和环境保护之间的矛盾，却极具现实性。影片环保的主题若想引起观众的情感共鸣就必须在艺术设计上下功夫。朱光潜先生认为"美感经验中的移情作用不但是由我及物的，同时也是由物及我的；它不仅把我的性格和情趣移注于物，同时也把物的姿态吸收于我"。① 影片主角珊珊美人鱼的形象——人与自然的融合，则为观众提供了移情的基础。在影片的后半部分，人鱼珊珊身中鱼标仍在海中奋力前行，缀在身后的黄色浮标在海面掀起了巨大的浪花，手持武器的人类在直升机上紧追不舍。周星驰选择以这样的电影语言，既让每位观众在移情的作用下对珊珊的命运投注关切之情，又对其切肤之痛和求生心切获得感同身受的体悟。这就进一步促使观众站在自然的角度，反观人类肆无忌惮的商业开发活动对生态环境造成的蹂躏和破坏，从而使其在自由的审美活动中潜移默化地形成尊重自然、保护环境的价值观念。同时，影片也并未沦为单纯的道德说教，导演在以流畅叙事为核心的前提下，又融入了炫丽的视觉特效及其一贯的无厘头喜剧成分，例如人鱼村中海洋生物和美人鱼和谐共处的场景，以及邓超向警方报案时双方啼笑皆非的问答，让人印象深刻。《美人鱼》不但做到了把故事讲好更讲得精彩，其在市场上斩获33.92亿元的票房也不足为怪，同时影片的审美教育功能也随着观影人次的攀升和作品引发的社会关注实现了最大化。

由文牧野执导、徐峥主演的《我不是药神》也是一部极为典型的承担美育职能的电影，与《美人鱼》教化大众不同，这部作品践行的是以下讽上的"美刺"功能。影片根据真实事件改编，主要反映了天价药和盗版药的社会问题。故事讲述了神油店老板程勇遭遇中年困境、经济危机，不得不铤而走险到印度贩药，因而也和几位白血病患者结下缘分。但面对政府对医药市场的严格管控，刚尝到甜

---

① 朱光潜：《朱光潜全集》卷2，安徽教育出版社，1996～1997，第22页。

头的程勇却不顾伙伴和病友们的挽留临阵退缩。直到好友吕受益因病离世的噩耗点醒了程勇，促使他完成了从贩药到送药，从敛财到救人，由市侩变英雄的精神蜕变。医药问题关乎每个人的生命健康，是一个难以回避的社会问题和极为敏感的艺术题材。整部作品最大的难点在于，导演需要在确保作品通过公映审查的前提下，一方面尽可能真实、客观地反映现实以实现其社会价值，另一方面又要用流畅、自然的方式呈现故事来迎合市场的需求，保证投资人的利益不受损失。在这一点上，文牧野做得很出色。

电影的前半部分节奏流畅、欢快，适量的轻喜剧元素既足以引起观众兴趣，又不让故事因题材的特殊性而过分沉重。例如，在展现程勇到印度进药的段落中，导演以富有异域情调的背景音乐为线索，将展现印度社会风土人情、世情百态的片段串联起来，充满了戏谑色彩，既服务于电影叙事，又满足了观众对异域文化的想象。还有程勇与牧师在教堂中对话的片段，前者为了说服神父加入团队，接连说了两句被中国本土化后的佛教用语"救人一命胜造七级浮屠"，"我不入地狱谁入地狱"。文化、宗教错位形成的反讽，一方面产生了极好的喜剧效果，另一方面也塑造了程勇急功近利的小人物形象。当然，故事中的喜剧元素并未冲淡导演创作立意的严肃性。白血病患者们对天价药难以承受，对盗版药又将信将疑，为抗击病魔几近倾家荡产，让亲人们熬干心血。其间挣扎于求生欲望、良心谴责的百感交集，都在片中得到了相对客观全面又冷静克制的反映。例如，农村孩子彭浩为了不让病体拖累家人干脆远走他乡，只把父母的照片带在身旁。购买仿制药的阿婆对追问药贩子下落的警官曹斌说的那一句"我不想死，我想活着"可以视为代表所有患者向坚持"法大于情"的执法者们发出的呼告。当然电影作为一种艺术形式，不需要也不可能为其反映的社会问题提供某种切实可行的解决方案。《我不是药神》社会价值的真正所在，是将以往囿于一隅、为人忽视的迫切问题提升至大众讨论的公共空间，从而促使医药企业、立法部门、行政单位做出实质性变革，进而在现实意义上以合理合法的方式解决社会问题。电影美育中的社会教化层面是双向的，不仅要求创作者承担起宣扬常识、匡正价值观、"厚人伦、美教化"的职责，亦要求其以巧妙的方式，深刻地揭露社会问题"为时著文，为事而歌"。

二　美育满足个体精神需求的功能

20世纪的意大利美学家克罗齐将"直觉"与"感觉"相区分，认为相较于后者，"直觉"更能够"使自身在表现中得到客观化"①。同时他认为"直觉"和"艺术"都源于心灵的主动，能"赋予形式于本无形式的情感上"②，皆为"抒情的表现"③。因此，"艺术""直觉""表现"三者就被克罗齐的"心灵哲学"密切地联系在了一起。电影作为一种艺术表现形式，自然可以呈现电影人心中的"直觉"，以此展现盘旋在其脑海的万千意象，抒泄郁积于其心间千头万绪的情感。张艺谋是中国"第五代导演"的突出代表，色彩一直是他电影美学的核心和重要的叙事方式，其新作《影》便是对萦绕其心间的"水墨梦"的最好表现。故事讲述了沛国都督子虞因败于境州杨苍长刀而抱病闭关，启用培养多年的替身"境州"代自己出入于朝堂军前。子虞则暗中运筹帷幄，秘密训练替身，好让他在与杨苍的决战中得胜从而收复失地，自己则功高盖主借机谋权篡位。最终，杀死主公的子虞却死在了替身"境州"剑下。

　　《影》围绕权利、欲望揭露人性黑暗的主题并无多少新意，也缺乏当代价值，整部影片留给观众印象最深的仍旧是张艺谋长久以来孜孜以求的视觉奇观的营造。在这部作品中，张艺谋一反以往凭高饱和度、撞色对比抓人眼球的传统风格，以黑、白、灰三色调和点染成"水墨画风"，辅之以阴山冷雨的自然环境，试图从另一维度诠释他心中的东方韵味。从形式上来说，他再一次做到了突破自我，全片不论是人物造型、布景搭建、道具制作、山水取景都未着一点斑斓。但《影》本身仍旧存在一个严重问题，即内容与形式的分离。张艺谋在采访中说："水墨画中的黑和白不代表单纯的好坏，恰是借水的晕染中间产生一些层次和变化，是水墨画的奥妙和韵味。这恰巧是人性中间的部分，也是黑和白不代表单纯的好坏最复杂的部分，不是人性的黑，也不是白，是中间部分的灰色地带，很难形容这些部分。"④中国文人画的审美精神与道家思想密不可分，无论是"彷徨乎无为其侧"的逍遥还是"致虚极，守静笃"的静观，其审美意境都是天人合一、物我皆忘的，恰与故事中的杀伐决断、鬼蜮伎俩背道而驰。片中连绵不绝的"阴雨"作为消弭善恶界限的氛围意象，也与《道德经》中的"上善若水，水善利万物而不争"难以相契。其中虽出现了"弱之胜强，柔之胜刚"的情节，但苟活之人难免又陷入更残酷的善恶、忠奸、成败的二元对立的轮回之中，其与庄子的"顺物自然，而

---

① 〔美〕门罗·C. 比厄里斯：《当代西方美学简史》，高建平译，北京大学出版社，2006，第292页。
② 朱光潜：《西方美学史》下卷，商务印书馆，2011，第696页。
③ 朱光潜：《西方美学史》下卷，商务印书馆，2011，第693页。
④ 钱翰：《它空有水墨的形却背叛了水墨的神》，《文汇报》2018年10月10日，第10版。

无容私焉"判然有别。由此可见，张艺谋在《影》中对水墨精神的阐释已经偏离
了其原初文化语境，反而更接近西方语境中的"光明和黑暗""善与恶"的对立。
如《圣经》所说："光来到世间，世人因自己的行为是恶的，不爱光倒爱黑暗，定
他们的罪就是在此。"

当然张艺谋作为《影》的主创，选择什么故事和以怎样的方式呈现故事都是
他理应享有的自由，其本身也是一种"以美自育"的方式。毕竟电影作为现代工
业文明的产物，其创作背后需要一系列完备的工业体系作为支撑，这也就决定了
导演唯有在获得投资人充分支持的前提下，才能自由自主地表达心中的"艺术世
界"。因此，注定唯有少数人能以导演的身份修葺心灵的"乌托邦"，实现满足个
体精神需求的美育，而大多数人只能以观众的身份在影院中寻求寄托心性的栖居
之所。

康德在《判断力批判》中就"美"与"目的"的关系做出如下说明："美是
一个对象符合目的性的形式，在它不具有一个目的的表象而在对象身上被知觉
时。"[1] 即人们在对美的事物进行观照时，仅从其形式获得快感，与欲念满足、概
念明晰、善的践行等其他目的无涉。换句话说，"美"本身就是目的。后世又有波
德莱尔提出"为艺术而艺术学派孩子气的乌托邦思想，排除一切道德"；戈蒂埃讽
刺不需要"供给灵魂的面包"[2] 的人；奥斯卡·王尔德甚至说："思想和语言之于
艺术家是艺术的工具，罪恶和美德之于艺术家是艺术的素材。"[3] 倘若从唯美主义
的角度回观张艺谋的《影》，其亦可被视为一部以美为目的、为艺术而艺术的美育
作品。电影满足个体精神需求的美育功能得以实现的一个关键要素，就是电影人
的创作和艺术表现的技巧。其直接关涉陶钧于创作者心中的意象能否在大银幕上
得到生动表现。《影》的水墨画风所承载的文化意蕴虽然未能与权谋之争的故事内
容完美贴合，但其作为一种纯粹影像风格的探索，又不失为向世界观众展现东方
形象的一次积极尝试。张艺谋在场面调度、镜头运动、色彩渲染上的老道经验和
丰富技巧，足以使《影》在形式上展现出别具一格的美感。例如，小艾、子虞、
境州在阴阳太极图上练功的段落。小艾、境州一双白衣在一顶黑伞下摇曳挪步，
面对手持长杆左劈右砍的黑衣子虞，二人左抵右挡、闪展腾挪轻松应对，最终凭

① 〔德〕康德：《判断力批判上卷》，宗白华译，商务印书馆，2016，第69页。
② 〔美〕门罗·C.比厄里斯：《当代西方美学简史》，高建平译，北京大学出版社，2006，第260页。
③ 〔英〕奥斯卡·王尔德：《道林格雷的画像》，李家鎏译，译林出版社，2014，第2页。

借一个轻盈飘逸的飞旋以柔化刚，借伞骨回转将长杆从子虞手中剥离。整个段落一气呵成，在升格镜头中三人的每一个动作细节都毫无保留地呈现了出来。"男女""主奴""伞刀""刚柔"一系列对立元素在画面中完美融合，写实之华美外亦有写意之韵味，使观众不由自主地被揽入超然的审美境界。除画面之外，张艺谋在场景、配音方面也铺陈了大量细节。例如，贯穿影片连下七天的雨在沛国、境州也呈现出不同形态。沛国一方下的是针芒细雨，落地绵润无声，境州一方下的是滂沱豆雨，粒粒掷地有声。同一环境意象分处两地，一刚一柔，与全片"阴阳对立"的美学风格相一致，并暗中呼应了双方的敌对关系。

影片6.24亿元的票房也足以证明一些观众并未在意其艺术形式的运用是否符合中国文化语境，而单纯被片中"黑白点染，不着斑斓"的水墨奇观所吸引。倘使能不带功利目的、道德评判或理性求知的期待去欣赏艺术作品，仅仅沉醉于巧夺天工、妙趣横生的形式美之间，在审美观照中满足个体涵养心性、怡情悦意的精神需求，未尝不是一种美育。当然并不是说唯有像张艺谋的《影》这样美学风格异常突出的作品，才能发挥电影满足个人精神需求的美育功能。但凡叙事完整流畅、情节紧凑、人物形象鲜明、整体画面协调，能为观众提供良好审美体验的作品，例如《羞羞的铁拳》《一出好戏》等，事实上都可视作具备满足个体精神需求的美育功能的作品。

三　美育的娱乐功能

上文提及，在中国古代文论中，文学艺术往往承担了更多社会教化、政治改良、思想教育的职责。发挥兴观群怨之功用的文学，在主流观念中仅仅作为载道明道的附属品。那些专门研究通俗文艺娱乐方法的理论，则被斥为"虽小道，必有可观者焉；致远恐泥，是以君子不为也"。而西方对文学艺术的研究则是两面并重，既强调文艺的社会公用，亦不忽视其娱乐、宣泄的无用之用。例如，柏拉图主张除"颂神的和赞美好人的诗歌以外，不准一切诗歌闯入国境"[①]。而亚里士多德则在其《诗学》中，大谈悲剧的组成部分、创作规律和审美效果，还提出悲剧可以"激起怜悯和恐惧，从而导致这些情绪净化"的净化说。弗洛伊德也认为人的本能欲望在现实原则的压抑下转入无意识，可以在艺术欣赏中"通过'发泄'

---

① 朱光潜：《西方美学史》上卷，商务印书馆，2011，第59页。

而摆脱自身情感"① 获得愉悦。谢灵顿把人的神经系统比作"大口朝世界小口朝动作的漏斗",世界通过大口注入"欲望呼声和刺激"但只有"其中很小的一部分得到实现"。"为了使集体和环境保持某种均衡",未能通过的部分"必须以这种或那种方式消除"。②

由此可见,文明理性、社会秩序对原始欲望、本能和情绪的压抑,在人们心中形成了"块垒"和"情结",若不将其尽快排解、疏泄,则会对人的心灵和精神造成严重损害,乃至威胁社会的正常运转。借助文艺直接诉诸人类感性认识的特点,则可以宣泄、替代的方式为负面情绪打开一条排解通道,给予欲壑难填的冲动一种替代性的满足,在"熏浸刺提"之中把原始欲望引导、升华至更高层次。这样,不但能保证个体心理的健康,更在宏观层面调节了社会心理。因此,电影作为受众面广、手法多样、话题性强的一种艺术形式,不必囿于明道经事的教化职能,或一味寻求阳春白雪的纯美境界,倘若能够提供喜闻乐见、异趣横生、积极健康的作品,帮助人们疏泄积压于心头的情感,同样能够践行美育职能。

上映于 2015 年的《夏洛特烦恼》改编自开心麻花的同名话剧。故事讲述了人到中年一事无成的夏洛与妻子在同学婚礼上发生争执,混乱中"梦回"中学时代。梦中夏洛凭借"预知未来"的能力与初恋终成眷属,借音乐名利双收。在穷奢极侈的生活中,却日渐感到内心因缺少真爱的陪伴而愈发空虚。终于,在一场刻骨铭心的幻梦后夏洛恍然大悟,更紧地抓住了身边的幸福。这个故事套用了中国传统小说中的"美梦原型"。最早见于南朝刘义庆《幽明录》中的《杨林》一篇,讲述了商贾杨林在焦湖庙的玉枕边入睡,梦中娶妻子生子度过十年岁月,正值喜乐之际忽觉如梦,醒来发现仍在枕旁。《夏洛特烦恼》作为这一原型的现代影视改编,自然有启示观众珍惜当下、安于本分的主旨,但影片主体部分"夏洛的美梦"亦可以视作帮助观众消遣、宣泄心中块垒、情结的绝佳典范。弗洛伊德认为幻想和时间有着密切关联,从"足以产生重大愿望的诱发性场合""回溯到早年经历的事情"进而"创造了一种未来的情景,代表着愿望的实现","过去、现在和未来就联系在一起了"。③ 电影人假借夏洛的美梦创造了自己的"白日梦",在其中他重返韶华岁月,回顾旧日校园生活,弥补自己青涩初恋的遗憾,并重拾音乐梦想。

---

① 〔英〕拉曼·赛尔登:《文学批评史:从柏拉图到现在》,陈永国译,北京大学出版社,2000,第 222 页。
② 〔俄〕列夫·谢苗诺维奇·维戈茨基:《艺术心理学》,周新译,百花文艺出版社,2000,第 347 页。
③ 〔美〕霍尔:《弗洛伊德心理学与西方文学》,包华富译,湖南文艺出版社,1986,第 139 页。

同时，他也在影院中将自己的"白日梦"与所有的观众一齐分享。弗洛伊德认为，读者（或观众）在欣赏"白日梦"作品时感到愉快，"是由于作家能使我们从作品中享受我们自己的白日梦，而用不着自我责备或害羞"①。片中的夏洛在课堂上口出狂言："在我梦里我还能让你把我给欺负了？"于是便公然挑衅老师、校长，强吻暗恋的女生秋雅，放火烧毁教室。他的这一系列违背常规、出格越轨的行为，任何观众仅是思索片刻都要脸红心跳。后来，他还通过抄袭"未来"的音乐作品节节攀升一举成为全国首屈一指的歌星，功成名就。这对普通观众来说更是可望而不可即，但他们却能通过观看夏洛肆无忌惮的狂欢，在这个幻中见真、以假作真的"白日梦"中获得被压抑欲望的替代性满足。在自由的审美过程中，原本压抑于无意识中的伤感、愤懑等负面情绪得以缓解，进而重新恢复至较为健康、积极的心理状态。

当然需要明确的是，电影美育中的娱乐功能决不能与庸俗、媚俗、低俗的所谓"三俗"混为一谈。具有娱乐美育功能的部分作品中虽然会出现一定程度有背常规、常理的片段，但并非整体沦陷于暴露原欲的泥沼不能自拔。娱乐片段只是阶段性的"刺"，旨在使"使感受者骤觉"，是最终阶段的"提"，凸显电影积极主旨。例如《夏洛特烦恼》里夏洛在梦中的年少轻狂，成名后的飞扬跋扈，却逐步让他发觉曾经守候在身边的妻子才是真爱。还有《西虹市首富》中王多鱼三个月纸醉金迷、锦衣玉食的生活，虽然满足了观众们对奢华生活的想象，却也让他自己认清与尊严、爱情相比，金钱是如此虚无。两部影片显现出的娱乐美育功能，只是艺术效果的一个侧面，其主旨绝非诱人堕落、骄奢，并且在结尾也都出现了主题和立意的拔高。我们发现，这就又回到了影片的教化功能。实际上教化、审美、娱乐是每部优秀文艺作品的必备要素，三者不是彼此割裂而是密切联系、相辅相成、融贯一体的。以上对电影任何一种美育功能的强调，都不能抹杀另外二者的关键作用和独立价值。

四 结语

电影是当今社会最重要的大众媒介和大众文艺，也是一种非常重要的美育手段。其在匡正价值观，教化大众，反映现实问题；满足电影创作者和观众的精神

① 〔美〕霍尔：《弗洛伊德心理学与西方文学》，包华富译，湖南文艺出版社，1986，第144页。

需求；以积极健康的方式娱乐大众，调节个人和社会心理，三个层面都发挥着重要作用。因此，相关部门在监督审查、筛选影片方面，应该在坚守原则底线的前提下，将电影的美育维度纳入考量范畴，秉持开放、包容的积极态度。鼓励多类型、多样貌的电影创作，以满足人民群众多层次、多方面的精神需求。同样，电影人在艺术创作的过程中，也应在承袭中国传统的美育思想的基础上，融会贯通西方优秀的美育理论。唯有如此，才能以光影之清泉润观众之心田，将大众培养为积极乐观的"社会人"、情操高尚的"审美人"和心态健康的"娱乐人"，为共创美好生活，实现中国梦的伟大目标助力。

《燕赵文化研究》第 1 辑
第 61 ~ 77 页
© SSAP, 2019

唐代驿路诗人的创作方式*

吴淑玲**

摘　要：唐代文人积极进取的人生态度，确定了唐代文人"人在旅途"的普遍生存状态。唐代的驿路上奔走着很多诗人，他们或在驿馆参与送别活动，或在驿路行吟抒发自我感受，或将驿馆当作酬唱交游的场所，或在驿馆独宿时书写丰富的内心世界，或在鞍马休息时游览景物，这些都成为唐代驿路诗歌产生的重要创作方式，为唐代诗歌的丰富多彩增添了重要的内容。

关键词：驿路　唐诗　创作方式

　　唐代诗人基本都是走中国文人传统的"学而优则仕"的人生道路，"人在旅途"是他们普遍的生存状态，当他们奔赴京师参加进士考试而"香车贵士，不掩龙关；缝掖书生，时通驿骑"①（卢照邻《驸马都尉乔君集序》）时，当他们榜上有名回家光宗耀祖或名落孙山回乡时，当他们行走在上任、卸任的旅途中"驰驿赴任""驰驿赴京"（官员升迁制文常用语）时，当他们被贬辽远之地"驰驿发遣"（官员被贬制文常用语）时，当他们被赦或被诏令回京时，驿站就成为他们生活的主要场所，以致唐代的馆驿文化色彩很浓，加之各地爱好文化的地方官，专注于驿馆建设，"开阖以接名流，置驿以招英彦"②，驿馆的活动也就越发具有浓郁的文化色彩了。这些馆驿文化活动中，诗歌创作是相当主要的内容。那么，这些诗歌是怎样产生的呢？

---

　*　本文为国家社科项目"驿路唐诗的边域书写研究"（项目编号：17BZW006）的阶段性成果。
　**　作者简介：吴淑玲，河北大学文学院教授，博士生导师，主要研究唐代文学。

①　（清）董诰等《全唐文》卷一六六，中华书局，1983，第 1691 页。
②　（清）陆心源《唐文拾遗》卷六二，中华书局，1983，第 1035 页。

一　上路前的宴饮聚会和吟诗送别

古代人很重视出行，唐代士人因选官、科举、入幕、从军、升迁、贬谪等原因奔走于路途的情况远远超过以往，因此送别活动很多，送别活动一般在驿馆、长亭进行，严耕望《唐代交通图考》谈及长安东郊的馆驿送别：

> 由长安都亭驿东北行，由京城东面北首第一门，曰通化门，十五里，至长乐驿，圣历元年置，在浐水西岸长乐坡下，为京师东出第一驿，故公私送迎多具筵于此。又东渡浐水十五里至滋水驿，隋开皇十六年置。驿近滋水，一名灞水，有灞桥，所谓灞桥驿者，盖滋水驿之异名。灞桥为东郊名胜，桥红色，以石为柱。出入潼关固必由之，即出入蓝田、武关者与出入同州蒲津关者亦多由此。且灞水如渭处有东渭桥，为南北交通之要，亦为东西租粟转运所聚。故史称灞桥最为交通要衢，长安祖饯亦或远至此桥驿也。①

唐代是诗的时代，送别的场面往往有诗歌，如李白《金陵白下亭留别》写于南京东门外的白下亭：

> 驿亭三杨树，正当白下门。吴烟暝长条，汉水啮古根。
> 向来送行处，回首阻笑言。别后若见之，为余一攀翻。②

杜甫广德元年（763）在四川梓州羁留时，曾陪同章彝在新亭送别很多人，写有《随章留后新亭会送诸君》：

> 新亭有高会，行子得良时。日动映江幕，风鸣排槛旗。
> 绝荤终不改，劝酒欲无词。已堕岘山泪，因题零雨诗。③

---

① 严耕望：《唐代交通图考》，上海古籍出版社，2007，第 84～85 页。
② 王琦：《李太白全集》卷十五，中华书局，2011，第 622 页。
③ （清）仇兆鳌：《杜诗详注》卷十三，中华书局，1979，第 1027 页。

盛唐后期诗人郎士元曾在石城馆写有《石城馆酬王将军》：

> 谁能绣衣客，肯驻木兰舟。连雁沙边至，孤城江上秋。
> 归帆背南浦，楚塞入西楼。何处看离思，沧波日夜流。①

欧阳詹参加泉州刺史送别秀才赴京参加科举考试的宴会，席间有人提议写诗，欧阳詹在《泉州刺史席公宴邑中赴举秀才于东湖亭序》记录此事：

> 烟景未暮，酒德俱饱，有逡巡避位而言曰："夫诗者，有以美盛德之形容。君侯因片善，附小能，回一邑之心，成一邑之行，而昭吾人恭俭于嘉享，示吾人慈惠于清宴。回人心，成人行，周孔之才也；昭恭俭，示慈惠，管晏之贤也。不有歌咏，其如六义何？"是日人有《甘棠》《頖宫》之什，客有天水姜阅、河东裴参和、颍川陈诩、邑人济阳蔡沼佐赞盛事，亦献雅章。小子公之旷，幸鼓微声，先八人者鸣。捧豆伺彻，时在公之侧，睹众君子之作，遂从卜商之后，书其旨为首序。②

由所举诗例和诗序可以看出，唐代的很多送别活动都发生在驿馆，而很多送别诗就产生于送别宴席之上。这样一来，唐代的送别就与驿传产生了密切的联系。

笔者进行过粗略的调查，《全唐诗》中，《送×××之某地》《奉送×××》《×××送别》《送别×××》《别×××》《饯别×××》《留别×××》《饯×××》《宴别×××》之类的诗题，几占 1/10，一些重要的诗人，如王勃存诗 102 首，有送别诗 17 首；杨炯存诗 33 首，有送别诗 9 首；骆宾王存诗 131 首，有送别诗 18 首；卢照邻存诗 116 首，有送别诗 8 首；李白存诗不足千首，而送别诗就有 100 多首；杜甫存诗 1400 首左右，送别诗也有 103 首；晚唐诗人杜牧存诗 600 余首，有送别诗 40 余首。

从所接触的诗人作品情况分析，没有哪位诗人没有送别诗（除张若虚之类存诗十首以下者外），可见送别诗在唐代诗歌中确乎占相当重要的比重。王勃的《送杜少府之任蜀州》、高适的《别董大》、王维的《渭城曲》、李白的《劳劳亭》等，

---

① （清）彭定求等：《全唐诗》卷二四八，中华书局，1960，第 2784 页。
② （清）董诰等：《全唐文》卷五九六，中华书局，1983，第 6027 页。

不仅是送行时产生的佳作，而且成为送别场面上众所传唱的歌曲。

二　行驿中的匆匆行程和驿路行吟

在唐代开放的文化环境中，士人找到了相对较好的发挥才能的空间，许多士人行走在寻找出路、接受任命、奔赴幕府、去向贬所的旅途，而唐代的驿传制度又不允许这些人随意耽搁，所以，唐代士人奔走于驿路上的身影总是程途忙忙，行色匆匆。但唐人在匆匆旅途中仍有很多需要表达的东西，此种情境下，短小的诗歌比散文更好操作。李德辉在《唐代交通与文学》中总结行旅生活与唐文人心态的变化时说：

> 行旅的人员是已仕还是未仕，未仕者求名是顺畅还是不顺畅，入仕者是仕途偃蹇还是春风得意，都会在行进途中敏感地反映出来，得失心特别重的唐人在这方面表现得尤为突出，并且时时刻刻将情感倾诉在诗文中。[1]

这话是不错的，唐人的感情是那样的丰富多彩，无论多么细微的变化都要表达，而在传达细微的心态变化方面尤为值得重视，尤其是在行进途中，这就是驿路行吟，王勃称之为"纪行诗"。

纪行诗写作于行进途中，有的是途中所见所感，如骆宾王《渡瓜步江》，写于诗人渡瓜步江时的船上，所描摹的内容是船上所见之景物：

> 捧檄辞幽径，鸣榔下贵洲。惊涛疑跃马，积气似连牛。
> 月迥寒沙净，风急夜江秋。不学浮云影，他乡空滞留。[2]

杜甫离开射洪通泉驿，南行十五里，从这里的山水中感受到一种令人烦闷的气息，体味到一种去国远游的人生况味，写有《通泉驿南去通泉县十五里山水作》：

---

① 李德辉：《唐代交通与文学》，湖南人民出版社，2003，第 150 页。
② （清）彭定求等：《全唐诗》卷七八，中华书局，1960，第 841 页。

溪行衣自湿，亭午气始散。冬温蚊蚋在，人远凫鸭乱。

登顿生曾阴，欹倾出高岸。驿楼衰柳侧，县郭轻烟畔。

一川何绮丽，尽目穷壮观。山色远寂寞，江光夕滋漫。

伤时愧孔父，去国同王粲。我生苦飘零，所历有嗟叹。①

而李频的《及第后还家过岘岭》则充分表现了诗人"春风得意"的心态：

魏驮山前一朵花，岭西更有几千家。

石斑鱼鲊香冲鼻，浅水沙田饭绕牙。②

在李频的诗里，完全没有杜甫无以安身的苦恼，他在"春风得意马蹄疾"的归家途程中，有心情欣赏魏驮山的山花，也能够感觉到山中人家喷香的饭食。

有的写途中遇见朋友。途程中行进，常常能够遇到相识或不相识的人，同在旅途，或捎寄书信，或转赠诗歌，略解旅途之枯寂。岑参出为安西幕府书记时，有一首《逢入京使》，是托入京使者传递口信的：

故园东望路漫漫，双袖龙钟泪不干。

马上相逢无纸笔，凭君传语报平安。③

奔赴远方的人，一步步远离自己的故乡，而所遇到的人，却恰恰是奔向故乡的方向，王维说，"君自故乡来，应知故乡事"，岑参心里在说，"你从边塞来，应知边塞事。问我平安未？传语报家知"。又如杜甫，驿路之上遇到杨少府，借杨少府之手，写给时为司勋员外郎的杨绾一首《路逢襄阳杨少府入城，戏呈杨员外绾》：

寄语杨员外，山寒少茯苓。归来稍暄暖，当为劚青冥。

翻动神仙窟，封题鸟兽形。兼将老藤杖，扶汝醉初醒。④

---

① （清）仇兆鳌：《杜诗详注》卷十一，中华书局，1979，第 956 页。
② （清）彭定求等：《全唐诗》卷七八，中华书局，1960，第 6812 页。
③ （清）彭定求等：《全唐诗》卷二〇一，中华书局，1960，第 2106 页。
④ （清）仇兆鳌：《杜诗详注》卷六，中华书局，1979，第 499 页。

诗歌的写作缘起是杜甫曾经允诺给杨绾几支茯苓，但没有办到，故此碰到杨少府回京，借他带信以解释曾经答应送给对方的茯苓为什么没有送到，表示自己将来一定会兑现诺言。幽默俏皮的语体风格显示了杜诗的另一种风范，也以此表示彼此亲近无拘之意。再如，晚唐诗人杜牧仕路坎坷，一生也是屡屡奔波于求仕的旅途。一次，在水路行驿，碰到友人，双方暂停兰棹，推杯把盏，杜牧写有《江上逢友人》：

> 故国归人酒一杯，暂停兰棹共裴回。村连三峡暮云起，
> 潮送九江寒雨来。已作相如投赋计，还凭殷浩寄书回。
> 到时若见东篱菊，为问经霜几度开。①

诗人向友人倾诉，自己已经做了司马相如献赋汉武帝的事情，希望你这个殷浩（实际是殷浩之父殷洪乔）能够帮我传递一下消息，表达了希望借助友人之力发挥才能之意，并探问对方何时才能有"花开"的好消息。

类似的途程诗歌，在唐人作品中有很多，随意再举几首，如沈佺期《夜泊越州逢北使》，元结《欸乃曲五首》，韦应物《白沙亭逢吴叟歌》《广陵遇孟九云卿》《淮上遇洛阳李主簿》《路逢崔、元二侍御避马见招，以诗见赠》《逢杨开府》，钱起《归故山路逢邻居隐者》，白居易《逢张十八员外籍》（去杭州路上），杜牧《除官赴阙商山道中绝句》《途中作》《南陵道中》《并州道中》《中途寄友人》，李商隐《桂林路中作》《江上忆严五广休》，韦庄《途中望雨怀归》《灞陵道中作》《关河道中》《中渡晚眺》《江上逢史馆李学士》，等等。这一类诗歌的创作方式是，旅途上即兴而作，一般没有经过精雕细琢，是唐人未经琢磨的诗才的真实展现。

三 馆驿中的人际交往和馆驿唱酬

行在驿路，宿在驿馆，是唐代士人生活中占有相当重要分量的生存形态。为仕途辛苦奔波，是在驿路；为赴任匆匆赶路，是在驿路；因被贬远走蛮荒，还是在驿路……唐代士人的驿路行程，动辄几百几千里，少则五日十日，多则三月五

① （清）彭定求等：《全唐诗》卷五二六，中华书局，1960，第6028页。

月，白天行在驿路，夜晚宿在驿馆，馆驿竟因此而成为士人聚会之所。李德辉《唐宋馆驿制度及其与文学之关系研究》一书总结道：

> 较之前代，唐宋文人出行的机会更多，时间更长，馆驿生活在所占比重更大。杜牧《重题绝句》诗慨叹"邮亭寄人世，人世寄邮亭"，许棠《旅怀》称"终年唯旅舍，只似已无家"，道出了馆驿与唐人的密切关系。许多文武官员都曾长期旅宿于邮驿之中，举子、进士为求功名而到处奔走，贫病无依、病终馆驿者不在少数，单《云溪友议》就记载了两位：卷上《宗心悼》中的举子腾倪病死在商於馆舍，卷下《名义士》中的无名举子病死在宝鸡西的灵龛驿，可见馆驿与唐文人生活关系之紧密。①
>
> 古代落后的交通也加长了人们的行役时间，张九龄奉使岭南，往返万馀里，历时一年多。南方举子进京应举，秋去春回，动经半年，唐人因此感叹"往来多是半年程"（刘沧《下第东归途中书事》），"半年方中路"（李频《自黔中东归旅次淮上》）。而且行进速度都比较慢，除了使客有王命在身，不能"稽程"以外，一般文人不过日行一到二驿，白居易《奉使途中戏赠张常侍》："共笑篮舆亦称使，日驰一驿向东都。"白氏又有《从陕至东京》："从陕至东京，山低路渐平。风光四百里，车马十三程。"从陕州到洛阳约四百里行程，竟花了十三天，也是日行一驿。旅行中，文人都喜欢中途逗留，登山临水，广事交游，这也延长了旅行时间。②

长时间的馆驿逗留，人在旅途的生存状态，使得这一群唐代士人的生活境况与他们曾经拥有的家居生活完全不同，而人是群居动物，需要交流和倾诉，再加之这些士人出行的目的不仅仅是出行，而是身负前程重任，这就使得这些身在驿路和驿馆的士人有驿路相逢的亲切和难得的拉近彼此关系的机会，不仅可解驿路寂寞和鞍马劳顿，还可免除刻意巴结逢迎之嫌，一切的交往都显得那么自然和真诚，故此，馆驿交往成为唐代士人活动的重要景观。

馆驿与文人活动联系如此紧密，唐代文人又特别喜欢在宴集之时赋诗作文，

---

① 李德辉：《唐宋馆驿制度及其与文学之关系研究》，人民文学出版社，2008，第211页。
② 李德辉：《唐宋馆驿制度及其与文学之关系研究》，人民文学出版社，2008，第326页。

"濯缨清歌，据梧高咏"①，"间之以博奕，申之以咏歌，陶陶然乐在其中矣"②。而爱诗的唐人，聚会必悦题赋诗，以期无忘盛集。有诗则必笔录，不肯没而不书。权德舆《韦宾客宅宴集诗序》云：

> 乃相谓（聚会者）曰：季伦金谷，实有歌诗，元亮斜川，亦疏爵里。况今贺得谢之美，赋必类之词，爱景美禄，遗簪投辖，盛集之若是者有几，安可没而不书？③

笔录聚会之诗，往往推举一人为之作序，以志纪念。否则，反为不美。宴集诗歌不能"废而不书"，因此，唐代很多馆驿宴集的诗歌也就保留了下来。如孟浩然《奉先张明府休沐还乡，海亭宴集》，岑参《喜华阴王少府使到南池宴集》《虢州西亭陪端公宴集》，钱起《陪郭常侍令公东亭宴集》，李群玉《洞庭驿楼雪夜宴集，奉赠前湘州张员外》，李商隐《南潭上亭宴集以疾后至因而抒情》，等等。

爱诗的唐代文人，不管相识与否，只要驿路相逢、馆驿相对，诗歌就会成为他们相识相知的媒介，驿馆是他们抒发情感、发挥自己才能的地方，一定会促成驿路诗歌的产生。刘禹锡在《送王司马之陕州》中说：

> 暂辍清斋出太常，空携诗卷赴甘棠。府公既有朝中旧，
> 司马应容酒后狂。案牍来时唯署字，风烟入兴便成章。
> 两京大道多游客，每遇词人战一场。④

所谓"两京大道多游客，每遇词人战一场"，自然是刘禹锡的激情，但从中也可以看出，这些才子们驿路相逢，作诗是免不了的。由此一来，馆驿竟然成为重要的诗歌生产源。究其原因，其一，是因为古代社会的馆驿文化活动功能毕竟有限，写作诗歌是最省耗费也最便宜的文化活动；其二，驿路劳顿，客馆相逢，同是远离故土，同是远离曾经熟悉的生活圈子，相同的感触一样多，驿馆宴集作诗，最容易消遣同样的寂寞；其三，士人的聚会，安能没有以风雅装点士人生活的诗歌？

---

① （清）董诰等：《全唐文》卷三二五，中华书局，1983，第 3295 页。
② （清）董诰等：《全唐文》卷一九一，中华书局，1983，第 1925～1926 页。
③ （清）董诰等：《全唐文》卷四九〇，中华书局，1983，第 5003 页。
④ （清）彭定求等：《全唐诗》卷三五九，中华书局，1960，第 4046 页。

安能不比试比试才艺？

馆驿中的文人宴集，其创作方式与非馆驿的文人宴集没有本质的区别，主要是奉作、酬唱、联句、拈韵制诗等各种方式。如永泰元年（765）杜甫在嘉州青溪驿住宿之时参加了一次馆驿文人宴集，席上奉命写有《宿青溪驿奉怀张员外十五兄之绪》；杜甫在蜀州期间，裴迪也到蜀州，二人相距不远。一次，裴迪登蜀州东亭送客，有诗寄给杜甫，杜甫便有一首唱和诗《和裴迪登蜀州东亭送客逢早梅相忆见寄》回赠。

青泥驿，是大历诗人钱起曾经驻足的地方，在他驻足清泥驿的时候，有一位官职较高的王侍御来到馆驿，钱起参加了这一次聚会，写有《青泥驿迎献王侍御》，虽有巴结逢迎之嫌，却真切地反映了士人借馆驿相聚的机会进行交结的活动：

> 候馆扫清昼，使车出明光。森森入郭树，一道引飞霜。
> 仰视骢花白，多惭绶色黄。鹪鹩无羽翼，愿假宪乌翔。①

羊栏浦，应该是扬子江畔的一个水驿，在这里曾经有过一个灯红酒绿、筹觥交错的盛宴，请看杜牧的《羊栏浦夜陪宴会》：

> 戈槛营中夜未央，雨沾云惹侍襄王。球来香袖依稀暖，
> 酒凸觥心泛滟光。红弦高紧声声急，珠唱铺圆袅袅长。
> 自比诸生最无取，不知何处亦升堂。②

宴席上，美女左拥右抱，酒杯酒水似溢，琴弦高高低低，歌声袅袅飘荡，杜牧身居其间，却突然有一种"天生我才何人用"的感慨，这是参与羊栏浦夜宴陪人吃酒的伤感。

联句往往是很多诗人一起进行的娱乐活动，兼有比拼诗艺的意味，这些联句活动，留给我们很多诗人活动的历史资料，也留给我们很多想象的空间，如刘禹锡集中有《扬州春夜，李端公益、张侍御登、段侍御平路、密县李少府、秘书张

---

① （清）彭定求等：《全唐诗》卷二三六，中华书局，1960，第2607页。
② （清）彭定求等：《全唐诗》卷五二四，中华书局，1960，第6006页。

正字复元，同会于水馆，对酒联句，追刻烛击铜钵故事，迟辄举觥以饮之。逮夜艾，群公沾醉，纷然就枕，余偶独醒，因题诗于段君枕上，以志其事》①，诗题很长，却清楚交代了曾在扬州水馆发生的一次宴集联句活动，参加的人有李益、张登、段平路、李畅、张复元，其中，李益是以边塞诗闻名的诗人。刘禹锡晚年从汝州到左冯翊，路经洛阳，和一些挚友相聚，也有一次联句，诗题《刘二十八自汝赴左冯，途经洛中相见联句》。参加这次联句的人，有著名宰相裴度，著名诗人白居易、刘禹锡、李绅，对于诗人们来说，当时著名的诗家国手和后来传名千古的诗人一起与会，可谓风云际会，盛况空前。

这种活动在《全唐诗》中留有痕迹的，往往是层级比较高的文人聚会，比如《全唐诗》卷七八八的另几次馆驿联诗聚会。《水堂送诸文士戏赠潘丞联句》参加者有著名书法家颜真卿，茶圣陆羽，诗僧、著名文学批评家皎然，另外还有并不知名的潘述、权器、李崿等人参加。《又溪馆听蝉联句》参加者有杨凭、杨凝、权器、陆羽、颜真卿、耿湋、乔（失姓）、裴幼清、伯成（失姓）、皎然等，其中也不乏文坛身份地位很高的人。

这些联句诗作，一方面反映了当时文人群贤聚会的情形，另一方面也在联句之中见出不同人的不同观念。我们以《水堂送诸文士戏赠潘丞联句》为例做一些简单分析：

> 居人未可散，上客须留著。莫唱阿鹊回，应云夜半乐。（颜真卿）
> 诗教刻烛赋，酒任连盘酌。从他白眼看，终恋青山郭。（潘述）
> 林栖非姓许，寺住那名约。会异永和年，才同建安作。（陆羽）
> 何烦问更漏，但遣催弦索。共说长句能，皆言早归恶。（权器）
> 那知殊出处，还得同笑谑。雅韵虽暂欢，禅心肯抛却。（皎然）
> 一宿同高会，几人归下若。帘开北陆风，烛焯南枝鹊。（李崿）
> 文场苦叨窃，钓渚甘漂泊。弱质幸见容，菲才诚重诺。（潘述）②

从诗中可以看出，这是一次为潘述举办的水驿联句，颜真卿劝潘述不要归隐；陆羽只说这次聚会和王羲之他们的兰亭集会不同，那一次兰亭集会，重心在对待死

---

① （清）彭定求等：《全唐诗》卷五二四，中华书局，1960，第 4115 页。
② （清）彭定求等：《全唐诗》卷七八八，中华书局，1960，第 8881 页。

生的态度上，这一次却是归隐的问题，陆羽说"林栖非姓许"，即隐居并不是许由的专利，实际上已经认同了潘述的归隐之意；权器认为不该这样早隐居；潘述则表示已经不恋世俗，要长归山林。这样的送人聚会，确实与兰亭聚会感慨"死生之大"不同，主要是表明几个归隐文人的禅心。但在陆羽看来，聚会诸人的水平一点也不差，堪比建安时期邺下文人集团的水平。权器则表示，山林之趣在于不必"朝臣待漏五更寒"，还可以日日笙歌。他所开启的下句意思是，别人都说我们这样早归隐不好，而皎然接得很妙，说真正有禅心的人是不会抛却山林的，李崿则进一步申说，我们还是喜欢"下若"那样有美酒而又冬暖夏凉的舒适之地。"下若"即"下箬"地名，在今浙江省长兴县南。《太平寰宇记·江南东道六·湖州》引南朝梁顾野王《舆地志》云："夹溪（箬溪）悉生箭箬，南岸曰上箬，北岸曰下箬；二箬皆村名。村人取下箬水酿酒，醇美胜于云阳，俗称箬下酒。"《太平御览》卷六五引《舆地志》作上若、下若。后因称该地所产美酒为"下箬"或"下若"。潘述的结句则是对送行者表白自己暂留世俗是漂泊心态，我这不才之人还是重然诺的——大概潘述曾经向什么人表白过不会长恋世俗、最终会归隐山林的。这是在馆驿交往中表明自己的人生态度。

四　馆驿中的独对孤灯和夜下长吟

馆驿中的生活，只有在驿务繁忙的驿路才会人来人往、热闹纷繁，绝不是所有的时间、所有的地点都如此。在驿务简省的地方，在驿路偏远的地方，境况会大有不同。驿务简省的较小驿馆和驿路偏远的驿馆，驿丁很少，有很多人迹罕至的驿馆邮亭，"岭头行人少，天涯北客稀"（李涉）、"汉水行人少，巴山客舍稀"（岑参）、"边地行人少，平芜尽日闲"（李端）、"雨昏郊郭行人少，苇暗汀洲宿雁多"（李中）、"共君方异路，山伴与谁同"（皎然）……这样的地方，很难遇到同类的人共话社会和人生，而且，这样的驿馆也就很难有丰富多彩的文化活动，诸如"招伎""招士""宴聚""联诗"之类。所有的文化活动恐怕只能如元稹诗中所描述的："邮亭壁上数行字，崔李题名王白诗。尽日无人共言语，不离墙下至行时。"[①]（《骆口驿二首》之一）没有相类的人一起宴饮聚会、酬唱联句、吟诗诵歌，身在旅途的士人一下子失去了生活的重心，除了"循墙绕柱觅君诗"（白居

---

① 《元稹集》卷十七，冀勤点校，中华书局，1982，第222页。

易）式的看诗、吟诗以外，就只有仰望夜空、独对孤灯了。在这样的情形下，诗人只能和自己的心灵对话，于是，夜下长吟便成为消遣旅途寂寞的唯一方式。这种情形，在唐诗中比比皆是，屡见不鲜。

著名诗人杜甫就有很多这样的客夜独吟。如写于宝应元年（762）的《客亭》，是对飘泊人生的感慨万千：

> 秋窗犹曙色，落木更天风。日出寒山外，江流宿雾中。
> 圣朝无弃物，老病已成翁。多少残生事，飘零似转蓬。[①]

圣朝连"物"都不弃，而况人乎？可诗人确实是"自谓颇挺出，立登要路津"，希望能够"致君尧舜上，再使风俗淳"的，而今却老病飘泊，江山漂流，残生如蓬，而这一切，在旅夜孤店，又能向谁诉说，唯借一诗发之而已。

大历诗人戴叔伦晚年任抚州（今属江西）刺史时期，一年除夕，寄寓石头驿（在今江西新建区赣江西岸），也即石桥馆，写有《除夜宿石头驿》，诗中说：

> 旅馆谁相问，寒灯独可亲。一年将尽夜，万里未归人。
> 寥落悲前事，支离笑此身。愁颜与衰鬓，明日又逢春。[②]

除夕夜，驿馆中的人也大都放假回家，显得格外寂静清冷，万里漂泊的诗人，在年夜将近之时，竟然还在驿馆独宿，一盏寒灯，成为驿馆中唯一能够让诗人感到温暖的东西。当人家家中都是团圆景象的时候，诗人却乡关万里，寥落愁颜。

孟郊，韩孟诗派的重要代表人物，一生科第之路坎坷，直到 46 岁才及第。进京赶考，下第归乡，孟郊无数次往返于京都长安到湖州家乡的驿路，科第失意的痛苦常常独自品尝。其《下第东南行》抒写"失意容貌改，畏途性命轻"的凄凉心态，其《商州客舍》则渲染"四望失道路，百忧攒肺肝"的痛苦：

> 商山风雪壮，游子衣裳单。四望失道路，百忧攒肺肝。
> 日短觉易老，夜长知至寒。泪流潇湘弦，调苦屈宋弹。

---

① （清）仇兆鳌：《杜诗详注》卷十一，中华书局，1979，第 932 页。
② （清）彭定求等：《全唐诗》卷二七三，中华书局，1960，第 3073 页。

> 识声今所易，识意古所难。声意今讵辨，高明鉴其端。①

这已经不是诗人第一次下第，但每一次下第，这种只有自己才能体味的月夜孤泣都会令孟郊动容，他只能自感"商山风雪壮"，自觉"游子衣裳单"。

杜牧虽然科举顺利，仕途却是一般，更多的时候是在幕府为人幕僚。奔波的人生中也有孤独和寂寞，如《早秋客舍》：

> 风吹一片叶，万物已惊秋。独夜他乡泪，年年为客愁。
> 别离何处尽，摇落几时休。不及磻溪叟，身闲长自由。②

因为是在客舍中"享受""独夜"，对"风吹一片叶"是那样敏感，独夜吟诗，正是为作客的自己感受羁留官场的不自由。

边远或驿务简省的地方，不仅人少，而且馆荒。元稹《见乐天诗》云："通州到日日平西，江馆无人虎印泥。忽向破檐残漏处，见君诗在柱心题。"③ 有馆无人，屋檐破陋，老虎出没，在这样的地方，元稹独吟的唯一乐处就是，如此边远荒蛮的地方能够见到驿馆柱子上有人题写过白居易的诗歌。这样的残败在郑巢的《泊灵溪馆》可以看得更清楚：

> 孤吟疏雨绝，荒馆乱峰前。晓鹭栖危石，秋萍满败船。
> 溜从华顶落，树与赤城连。已有求闲意，相期在暮年。④

"荒馆""乱峰""危石""败船"，这就是水驿灵溪馆留给郑巢的印象。在一个没有人烟、像乱坟岗子般的水驿，诗人这种感觉是孤独的、凄惶的，甚至因此而产生了"求闲"也即隐居的念头。

其实，驿馆的独宿是经常的，无论是繁华驿馆还是边远驿馆，独吟的作品不一定都是悲凉凄苦的诗歌，这完全与作者的心境有关。如朱庆馀的《自萧关望临洮》只关注玉门关之外的边塞风俗：

---

① （清）彭定求等：《全唐诗》卷三七四，中华书局，1960，第4204页。
② （清）彭定求等：《全唐诗》卷五二五，中华书局，1960，第6012页。
③ 《元稹集》卷二〇，冀勤点校，中华书局，1982，第224页。
④ （清）彭定求等：《全唐诗》卷五〇四，中华书局，1960，第5734页。

玉关西路出临洮，风卷边沙入马毛。寺寺院中无竹树，

家家壁上有弓刀。惟怜战士垂金甲，不尚游人着白袍。

日暮独吟秋色里，平原一望戍楼高。①

诗歌是朱庆馀出关之时所作，他在出关路上所见，与中原风光完全不同，是独吟对塞外风俗的感触。又比如韩偓的《山驿》：

参差西北数行雁，寥落东方几片云。叠石小松张水部，

暗山寒雨李将军。秋花粉黛宜无味，独鸟笙簧称静闻。

潇洒襟怀遗世虑，驿楼红叶自纷纷。②

诗歌写韩偓在山驿中独赏风景，在"独鸟笙簧"的寂静中产生了遗世独立的潇洒襟怀。

五　馆驿周边的风物古迹和对景抒情

据《唐六典》的资料，我们知道驿传的行驿速度："凡陆行之程：马日七十里，步及驴五十里，车三十里。水行之程：舟之重者，溯河日三十里，江四十里，余水四十五里，空舟溯河四十里，江五十里，余水六十里。沿流之舟则轻重同制，河日一百五十里，江一百里，余水七十里。"③ 这一行驿速度的要求，保证了唐代驿传的有序准时，也是为了保护驿驴、驿马不受折损，而这样的行驿速度，也给驿路诗人提供了一定的悠游时间。笔者是散步爱好者，每天晚上至少一小时散步时间，行程 4 公里左右，按这一速度，步行和驿驴的行驿时间一天需要 6 个小时稍多一点。这样一来，行驿之外，就有一定的时间休闲。而除了担负递送官文书和身负朝廷诏命之外的行驿人员，尤其是参加铨选、科考、漫游的人，这种约束相对要有更多松动，也就不必"匆匆何处去，车马冒风尘"（韦应物）、"此时皆

---

① （清）彭定求等：《全唐诗》卷五一四，中华书局，1960，第 5876 页。

② （清）彭定求等：《全唐诗》卷五一四，中华书局，1960，第 7816 页。

③ （唐）李林甫：《唐六典》卷三，陈仲夫点校，中华书局，1992，第 80 页。

在梦，行色独匆匆"（杨凝）、"西风吹冷透貂裘，行色匆匆不暂留"（牟融）了。他们可以在鞍马劳顿之后，借着驿马驿驴鞍马休息的时间，在驿馆及其周围活动。

驿路的设置，往往是依据驿务的需要，而驿务的需要，则依据政治位置、商业位置、军事位置的需要，这些地方的周边，拥有名山大川、繁华都市、奇异风貌。倘若时间允许，诗人们有时会在上述之类的地方逗留，驿馆周边风物就自然而然进入诗人的关注视野，从而形成以驿路和驿馆周边景物为题材的诗作。

唐朝的驿馆，在建设、维修、损毁的问题上，不同时期不同地点境况不同，它反映了唐代驿馆建设的各个方面的情况，而留给驿路诗人的观察、感受也不完全一样，敏感的唐代诗人在没有宾主宴聚的时候，往往留意这些，并将之纳入诗歌的写作，形成了观察细致、描摹入微的馆驿景物描写诗。李德辉《唐宋馆驿制度及其与文学之关系研究》总结道：

> 唐宋文人笔下既有大驿的盛丽，也有小驿的残破；既有陆路驿站的热闹喧哗，也有水驿江馆的迷人夜景，还有边馆的荒寒，山驿的冷寂，江西的鱼市，漠北的风烟……①

李白有一首《题宛溪馆》的馆驿诗，写江南水亭的清幽妩媚，读后令人神清气爽：

> 吾怜宛溪好，百尺照心明。何谢新安水，千寻见底清。
> 白沙留月色，绿竹助秋声。却笑严湍上，于今独擅名。②

据《江南通志》记载，宛溪在宁国府东，水至清澈，新安江在徽州府，水至清，深浅皆见底。李白的《题宛溪馆》前四句，就是写宛溪馆临宛溪，可见水之清澈，可见月色澄明，可见白沙绿竹交相掩映。如此优美景物，使人见之，如何不诗兴大发？杜甫的《宿白沙驿》也是写景色之美的：

---

① 李德辉：《唐宋馆驿制度及其与文学之关系研究》，人民文学出版社，2008，第244页。
② 王琦注《李太白全集》卷二五，中华书局，2011，第984页。

　　水宿仍馀照，人烟复此亭。驿边沙旧白，湖外草新青。

　　万象皆春气，孤槎自客星。随波无限月，的的近南溟。①

　　这是杜甫晚年飘泊荆湘时所写。此诗诗题下小注："初过湖南五里。"这首诗之前是《宿青草湖》，青草湖即北洞庭湖，也就是说，诗人刚刚进入湖南不久，白沙驿在今湖南省湘阴县营田镇附近，诗歌所写，正是白沙驿附近的景色。"水宿"，可见诗人并没有住进驿馆或附近的客馆，故而所感受的只是"驿边"的景物：夕照、人烟、白沙、青草、孤舟和波月，是诗人飘泊中的观察和感受。著名诗人常建，虽有王程（也即驿路行程，可见常建是衔命行驿）催促，还是在日落之时和日落之后有一番游览，其《白湖寺后溪宿云门》云：

　　落日山水清，乱流鸣淙淙。旧蒲雨抽节，新花水对窗。

　　溪中日已没，归鸟多为双。杉松引直路，出谷临前湖。

　　洲渚晚色静，又观花与蒲。入溪复登岭，草浅寒流速。

　　圆月明高峰，春山因独宿。松阴澄初夜，曙色分远目。

　　日出城南隅，青青媚川陆。乱花覆东郭，碧气销长林。

　　四郊一清影，千里归寸心。前瞻王程促，却恋云门深。

　　毕景有馀兴，到家弹玉琴。②

落日、清溪、新花、归鸟、杉松、浅草、明月、高山、乱花、玉琴，一系列的景物，把一个依山临水的水驿写得花团锦簇、美丽清幽，而诗歌明确告知我们的信息是：诗人春山独宿，"四郊一清影"，是夜下独吟美景。与笔者前文所举郑巢的《泊灵溪馆》则写破落馆驿的荒草丛生、乱石累累、驿船破败、驿馆落瓦，形成鲜明对照。

　　驿路写景的诗歌，有的是对景言景，有的则是对景言情。对景言景，虽然社会意义不大，但能够让我们看到诗人描写之时驿馆周边的景物特征，在一定程度上能够反映唐代驿传体系建设的一些情况，了解周边的环境、风俗、经济发展等方面的相关情况，具有以诗证史的价值。对景言情的诗歌，不仅仅具有上述作用，

---

① （清）仇兆鳌：《杜诗详注》卷二二，中华书局，1979，第 1954 页。

② （清）彭定求等：《全唐诗》卷一四四，中华书局，1960，第 1454～1455 页。

还具有了解行驿之人心态也就是了解唐代士人生存心态的作用，并且，好的对景言情之作情景相生，以情感人，留下了不少千古传诵的佳篇。如王勃《送杜少府之任蜀州》，李白的《渡荆门送别》《送别·斗酒渭城边》，杜甫的《奉济驿重送严公四韵》《客夜》《客亭》，等等。

《燕赵文化研究》第 1 辑
第 78~85 页
© SSAP, 2019

方东树《昭昧詹言》论杜研究

孙　微[*]

摘　要：方东树是清代桐城派的代表人物，其《昭昧詹言》论杜带有明显的桐城派特色，他对杜甫虽极度推尊，但并不独尊，而是常将桐城派文法之祖韩愈与杜甫并提，表现出一定的韩杜并尊倾向。另外，方东树还以桐城派古文之法论杜，如用"起棱""汁浆"这些古文术语评价杜诗的章法脉络，颇能发前人未窥之秘。他还强调道德学问对诗歌创作的主导作用，带有明显的理学色彩。

关键词：方东树　《昭昧詹言》　桐城派　杜诗学

方东树（1772—1851），字植之，号仪卫，别号副墨子，安徽桐城人。先后主讲廉州海门书院、韶州韶阳书院、庐州庐阳书院、亳州汭湖书院、宿松松滋书院、祁门东山书院等。与梅曾亮、管同、姚莹并称姚鼐四大弟子。吴大廷《仪卫轩文集序》称其为"惜抱后一人"[①]。著有《汉学商兑》《书林解颕》《昭昧詹言》等。其生平事迹见方宗诚《柏堂集前编》卷七《仪卫先生行状》、郑福照《方仪卫先生年谱》。

桐城派作为清代影响最大的散文流派，其诗学亦尊杜，方东树便是其中的代表人物，其对杜诗的评论，集中反映在《昭昧詹言》之中。总的来看，方东树论杜有以下几个方面值得引起关注。

---

* 作者简介：孙微，河北唐山人，山东大学儒学高等研究院研究员，博士生导师，主研唐宋文学方向。
① 吴大廷：《小酉腴山馆文集》卷二，光绪五年刊本。

一　极度尊杜与杜韩并尊

方东树在《昭昧詹言》所构建的诗学体系中，将李白、杜甫、韩愈、苏轼并尊为"四大家"。然有论者指出，从其评论的侧重来看，其他三家的比重远不及杜甫，故方东树实际上是将杜甫置于古今诗人之最的地位。[①] 方东树赞成元稹关于杜诗"集大成"的论断，认为杜甫以前的诗风流派至杜而总其成，其后之诗风流派皆源于杜，其曰："丘壑万状，惟有杜公，古今一人而已。"[②] 又曰："杜公包括宇宙，涵茹古今，全是元气，迥如江河之挟众流，以朝宗于海矣。"[③] 方氏认为，杜诗本诸六经，深得司马迁文法，其风格，于屈骚、庄子、汉魏、齐梁，皆有弃取，尤其是阮（籍）、陶（潜）、谢（灵运）、鲍（照）对杜影响至巨。至于初盛唐诸公和李（白）、韩（愈）、苏（轼）、黄（庭坚）诸大家，其风格无不兼备于杜。故其曰："杜公如佛，韩、苏是祖，欧、黄诸家五宗也。此一灯相传。""杜公乃佛祖，高、岑似应化文殊辈，韩、苏是达摩。"[④] 这就是方东树诗学谱系的基本构造，他认为诗学史上诸家大致皆由杜甫化出，杜甫俨然是蹲踞于诗学群峰之巅的祖师。继江西诗派尊杜为"祖"之后，方东树又尊杜为"佛"，其论与江西诗派可谓一脉相承。

值得指出的是，方东树对杜甫虽极度推尊，但并不独尊，而是经常将杜甫与其他诗人进行对比，特别是常常将桐城派文法之祖韩愈与杜甫并提，流露出一定的韩杜并尊倾向。如其曰："韩公纵横变化，若不及杜公，而丘壑亦多，盖是特地变，不欲似杜，非不能也。"[⑤] 又曰："杜公如造化元气，韩如六经，直书白话，皆道腴元气。"[⑥] 又曰："观《选》诗造语奇巧，已极其至，但无大气脉变化。杜公以《六经》、《史》、《汉》作用之，空前后作者，古今一人而已。韩公家法亦同此，而文体为多，气格段落章法，较杜为露圭角，然造语去陈言，独立千古。"[⑦]

① 黄振新、王少仁：《方东树〈昭昧詹言〉评杜述略》，《齐齐哈尔大学学报》2011 年第 5 期。
② （清）方东树著《昭昧詹言》卷一，汪绍楹校点，人民文学出版社，1961，第 40 页。
③ （清）方东树著《昭昧詹言》卷八，汪绍楹校点，人民文学出版社，1961，第 210 页。
④ （清）方东树著《昭昧詹言》卷十一，汪绍楹校点，人民文学出版社，1961，第 237、240 页。
⑤ （清）方东树著《昭昧詹言》卷一，汪绍楹校点，人民文学出版社，1961，第 40 页。
⑥ （清）方东树著《昭昧詹言》卷九，汪绍楹校点，人民文学出版社，1961，第 219 页。
⑦ （清）方东树著《昭昧詹言》卷八，汪绍楹校点，人民文学出版社，1961，第 211 页。

又曰："又如圣人说兴观群怨，及李习之论六经之惝与词，惟杜公、韩公诗足以当之。"①"以韩较杜、太白，则韩如象，力虽大，只是步步挨走；杜公、太白则如神龙夭矫，屈伸灭没，隐见兴云降雨，神化不测也。"②"韩公诗，文体多，而造境造言，精神兀傲，气韵沉酣，笔势驰骤，波澜老成，意象旷达，句字奇警，独步千古，与元气侔。"③又曰："韩诗虽纵横变化不逮李、杜，而规摩堂庑，弥见阔大。"④虽然方东树在其诗学体系中只是将韩愈置于第二流诗人，以韩视杜，犹以达摩视佛祖，然而通过方氏以上所论可以看出，他明显有袒佑韩愈，以并尊韩杜之意。这些看法都是出于桐城派的独特视角及趣向。

二 以桐城派古文之法论杜

方氏以为古文文法与诗法相通，故其评杜诗亦多以桐城派之义法、章法论之。如其曰："欲知插叙、逆叙、倒叙、补叙，必真解史迁脉法乃悟，以此为律令……坡、谷以，皆未及此。惟退之、太史公文如是，杜公诗如是。"⑤可见他认为杜甫与司马迁、韩愈亦精通文法，特别是杜甫的七古，"直与《史记》相埒"⑥。又曰："读阮公、陶公、杜韩诗，须求其本领，兼取其文法，盖义理与文辞合焉者也。"⑦又曰："所谓章法，大约亦不过虚实顺逆、开合大小，宾主人我情景，与古文之法相似，有一定之律，而无一定之死法。"⑧方氏评《李潮八分小篆歌》曰："盖其章法之妙，直与史迁之文相抗矣。"⑨评《古柏行》曰："此似左氏、公羊、太史公文法。"⑩清代虽不乏以八股文法论杜者，但方东树几乎消泯了诗文之界限，步子无疑迈得更大，态度也更为坚决彻底。究其原因，蒋寅认为，方东树以文法论诗是基于一种"打通"的意识，他坚信在不同艺术门类之间，有着共同的原理，

---

① （清）方东树著《昭昧詹言》卷八，汪绍楹校点，人民文学出版社，1961，第 210 页。
② （清）方东树著《昭昧詹言》卷十二，汪绍楹校点，人民文学出版社，1961，第 285 页。
③ （清）方东树著《昭昧詹言》卷九，汪绍楹校点，人民文学出版社，1961，第 219 页。
④ （清）方东树著《昭昧詹言》卷十二，汪绍楹校点，人民文学出版社，1961，第 269 页。
⑤ （清）方东树著《昭昧詹言》卷十七，汪绍楹校点，人民文学出版社，1961，第 233 页。
⑥ （清）方东树著《昭昧詹言》卷十一，汪绍楹校点，人民文学出版社，1961，第 232 页。
⑦ （清）方东树著《昭昧詹言》卷四，汪绍楹校点，人民文学出版社，1961，第 98 页。
⑧ （清）方东树著《昭昧詹言》卷十四，汪绍楹校点，人民文学出版社，1961，第 382 页。
⑨ （清）方东树著《昭昧詹言》卷十二，汪绍楹校点，人民文学出版社，1961，第 268 页。
⑩ （清）方东树著《昭昧詹言》卷十二，汪绍楹校点，人民文学出版社，1961，第 265 页。

所以有关诗、古文、书、画的批评概念也是可通用的。^① 方东树曰："大约古文及书、画、诗，四者之理一也，其用法取境亦一。气骨间架体势之外，别有不可思议之妙。凡古人所为品藻此四者之语，可聚观而通证之也。"^② 他甚至还说："诗与古文一也，不解文事，必不能当诗家著录。"^③ 因此方东树将桐城派始祖方苞结合《春秋》笔意与太史公文法而创立的"义法"说往往直接运用到对杜诗评点中来，形成了一套独特的诗学理论批评体系。如其曰："欲学杜、韩，须先知义法粗胚，今列其统例于左：如创意、造言、选字、章法、起法、转接、气脉、笔力截止、不经意助语闲字、倒截逆挽不测、豫吞、离合、伸缩、事外曲致、意象大小远近，皆令逼真。"^④ 又曰："叙事能叙得磊落跌宕中又插入闲情，文外致远，此惟杜公有之。"^⑤ 又曰："杜公所以冠绝古今诸家，只是沉郁顿挫，奇横恣肆，起结承转，曲折变化，穷极笔势，迥不由人，山谷专于此苦用心。"^⑥ 方东树认为只有司马迁和杜、韩精熟古文之"顿挫之法"，故《昭昧詹言》中反复将杜、韩之诗作为其阐释文法的范例，如其曰："'云笔所未到气已吞'，高屋建瓴，悬河浅海，此苏氏所擅场。但嫌太尽，一往无余，故当济以顿挫之法，如所云有往必收，无垂不缩，'将军欲以巧服人，盘马弯弓惜不发'。此惟杜、韩最绝，太史公之文如此，《六经》、周、秦皆如此。"^⑦ "以诗言之，东坡则是气势紧健，锋刃快利，但失之流易不厚重，以此不及杜、韩。"^⑧ 在《昭昧詹言》所论五古、七古、七律这三种体式中，七古无疑最适合套用桐城派古文的颠倒顺逆之法，故方东树对杜甫七古的解析用力最多。如其评杜甫《天育骠骑歌》曰：

起二句，故意曲入，以避平叙，突起奇纵。此诗写老马，分明为老将写照。"是何"六句先写，"伊昔"八句始实叙。而"当时"四句，提笔跌宕，以补叙述为棱汁，即借此逆入。"年多"二句转入议。"如今"二句入议，叹今之不遇，以结骠骑之遇，知不独为马叹也。以真为画，以画为真。忽从真

① 蒋寅：《诗学、文章学话语的沟通与桐城派诗歌理论的系统化——方东树诗学的历史贡献》，《复旦学报》2016年第6期。
② （清）方东树著《昭昧詹言》卷一，汪绍楹校点，人民文学出版社，1961，第30页。
③ （清）方东树著《昭昧詹言》卷十四，汪绍楹校点，人民文学出版社，1961，第376页。
④ （清）方东树著《昭昧詹言》卷八，汪绍楹校点，人民文学出版社，1961，第213页。
⑤ （清）方东树著《昭昧詹言》卷十一，汪绍楹校点，人民文学出版社，1961，第237页。
⑥ （清）方东树著《昭昧詹言》卷十四，汪绍楹校点，人民文学出版社，1961，第379页。
⑦ （清）方东树著《昭昧詹言》卷一，汪绍楹校点，人民文学出版社，1961，第24页。
⑧ （清）方东树著《昭昧詹言》卷一，汪绍楹校点，人民文学出版社，1961，第24页。

说到画，忽从画说到真。真马画马，交互言之，令人迷离莫辨。此亦是衬起曲入，以避直叙平叙。"是何"以下接写，"伊昔"以下叙题。又将真马一衬，作势拍题感叹，以真马与人作收。①

    方氏重点剖析了此诗之突起、实叙、补叙、衬起、收结，他以杜甫七古的章法变化为例，具体解释了古文的叙、议、写三法如何做到颠倒顺逆、迷离变化，目的是通过解析杜诗章法来验证桐城派古文理论的适用性，并向学诗者指示方法和门径。

    在对杜诗进行具体评析时，方东树经常使用古文评点中的一些专门术语，如"起棱""汁浆"等即是如此。方氏曰："汁浆起棱，不止一处，愈多愈妙，段段有之乃妙，题后垫衬出汁起棱更妙。此千余年不传之秘，尽于此矣。乃太史公、退之文法也，惟杜公诗有之。"② 他认为"起棱""汁浆"是古文统绪中千年不传之秘，杜甫在其诗中便大量使用此法。如其评《丹青引赠曹将军霸》曰："'褒公'二句与下'斯须'句、'至尊'句皆是起棱，皆是汁浆。于他人极忙之处，却偏能闲雅从容，真大手笔也。"③ 评《观打鱼歌》曰："前段打鱼，后段食鱼。每段有汁棱，托想雄阔远大。'潜龙'句汁浆。"④ 评《奉先刘少府新画山水障画》曰："'耳边'句，随手于议写中起棱，'反思'句棱汁。"⑤ 评《韦讽录事宅观曹将军画马图》曰："'借问'二句起棱，收束点题。"⑥ 那么方氏所谓"起棱""汁浆"到底有何含义呢？蒋寅以为，起棱具有阻断语势的功能，它一方面起到避直、避平、避顺的作用，同时还达到涂抹汁浆的效果。"汁浆"是指阻断语势后，要留出一个悠游不迫、生发感想的空间。⑦ 总的来看，方东树用"起棱""汁浆"这些古文术语，主要是用于评价杜甫七古的章法脉络，由于其以独特的古文章法视角审视杜诗，因而便注意到为前人所忽略的杜诗某些章法特点，并予以特别拈出，而这正形成了桐城派论杜区别于其他流派的最为独特之处。然方氏独立于诗学理

① （清）方东树著《昭昧詹言》卷十一，汪绍楹校点，人民文学出版社，1961，第 234 页。
② （清）方东树著《昭昧詹言》卷十一，汪绍楹校点，人民文学出版社，1961，第 234 页。
③ （清）方东树著《昭昧詹言》卷十二，汪绍楹校点，人民文学出版社，1961，第 264 页。
④ （清）方东树著《昭昧詹言》卷十二，汪绍楹校点，人民文学出版社，1961，第 261 页。
⑤ （清）方东树著《昭昧詹言》卷十二，汪绍楹校点，人民文学出版社，1961，第 261 页。
⑥ （清）方东树著《昭昧詹言》卷十二，汪绍楹校点，人民文学出版社，1961，第 302 页。
⑦ 蒋寅：《诗学、文章学话语的沟通与桐城派诗歌理论的系统化——方东树诗学的历史贡献》，《复旦学报》2016 年第 6 期。

论体系之外，以古文文法论杜诗，其论往往与杜诗本身存在一定距离与隔膜，并不能完全契合诗意本身，这也是桐城派文章家论杜的最大缺陷。

除了对杜诗章法的关注和阐发之外，方东树对杜诗技法亦有一些评论，主要集中在诗歌的用典、炼字等方面。他对杜甫与韩愈诗歌炼字之功力颇为推服，其曰："谢、鲍、杜、韩，其于闲字语助，看似不经意，实则无不坚确、老重成炼者，无一懦字、率字便文漫下者。此虽一小事，而最为一大法门。苟不悟此，终不成作家。然却非雕饰细巧，只是稳重老辣耳。"[1] 又曰："好用虚字承递，此宋后时文体，最易软弱。须横空盘硬，中间摆落断剪多少软弱词意，自然高古。此惟杜、韩二公为然，其用虚字，必用之于逆折倒找，令人莫测。须于《三百篇》及杜、韩用虚字处，加意研揣。"[2] 又曰："字句文法，虽诗文末事，而欲求精其学，非先于此实下功夫不得。"[3] 当然，相对字法、句法而言，他对文法的关注程度无疑要更高一些。此外，他也很欣赏杜甫用典的精妙，其曰："初、盛诸公及杜公，隶事用字，无一不典不确，细按无不精巧稳妙，所以衣被千古。"[4]

三 涵养本源：强调道德学问对诗歌创作的主导作用

方东树认为，学问、胸襟、品德是决定诗文高下的根本要素，其曰："古人皆是胸中道理充足，随在流露，出于不觉，如水满自然触着便溢，乃为佳耳。若立意要以诗说道理，便不自然，反觉竭力，无意味也。故学当知涵养本原。"[5] "至于意境高古雄深，则存乎其人之学问道义胸襟，所谓本领，不徒向文字上求也。"[6] 故其又曰："有德者必有言，诗虽吟咏短章，足当著书，可以觇其人之德性、学识、操持之本末，古今不数人而已，阮公、陶公、杜、韩也。"[7] 可见在方氏心目中，杜甫与阮籍、陶渊明、韩愈正是古今有德者之代表。其曰："杜公立志，许身稷、契，全与屈子同，读《离骚》久，自见之。"[8] 因此在解析杜诗时，方东树经

① （清）方东树著《昭昧詹言》卷一，汪绍楹校点，人民文学出版社，1961，第20页。
② （清）方东树著《昭昧詹言》卷一，汪绍楹校点，人民文学出版社，1961，第19页。
③ （清）方东树著《昭昧詹言》卷一，汪绍楹校点，人民文学出版社，1961，第15页。
④ （清）方东树著《昭昧詹言》卷十四，汪绍楹校点，人民文学出版社，1961，第381页。
⑤ （清）方东树：《大意尊闻》附录，《四库未收书辑刊》第六辑第十二册，北京出版社，2000，第361页。
⑥ （清）方东树著《昭昧詹言》卷八，汪绍楹校点，人民文学出版社，1961，第214页。
⑦ （清）方东树著《昭昧詹言》卷四，汪绍楹校点，人民文学出版社，1961，第97页。
⑧ （清）方东树著《昭昧詹言》卷八，汪绍楹校点，人民文学出版社，1961，第217页。

常能够脱出凡俗视角，站在较高层面上阐释杜甫之思想境界，如其曰："世人徒慕公诗，无一求通公志，故不但不能及之，并求真知而解之亦罕见。如公在潭州入湖南时《咏怀》二首，此公将没时，迫以衰病，心志沈惋，语言陷滞，诚若不可人意。然苟求其志，则风调清深，豪气自在，虽次第无端由，要见一种感慨叹惜之情，终非他人所及。盖公一生怀忠国济时之志，至是老而将死，决知不能行所为矣，故作此二诗……杜集、韩集皆可当一部经书读。而僻儒以一孔之见，未窥底蕴，浮情浅识，妄肆肤谈，互相纠评，以为能事，遂奋笔而著之说，亦乌足为有亡哉！"① 他强调解此二诗者首先要了解杜甫心志之高远、胸襟之广阔，这才是关键所在。至于杜甫能够如此的原因，方氏将其归结为"学道格物"之主体修养。其曰："杜、韩之真气脉作用，在读圣贤古人书、义理志气胸襟源头本领上。今以猥鄙不学浅士，徒向纸上求之，曰'吾学杜，吾学韩'，是奚足辨其涂辙、窥其深际！"② 又曰："杜、韩尽读万卷书，其志气以稷、契、周、孔为心，又于古诗人变态万方，无不融会于胸中，而以其不世出之笔力变化出之，此岂寻常龌龊之士所能辨哉！"③ 当然方氏并不片面强调道德胸襟的决定意义，他承认将才、学、识三者统一才能创作出优秀作品。其曰："叙在法，存乎学；写在才气，存乎才；议在胸襟识见，存乎识：一诗必兼才、学、识三者。起棱在神气，存乎能解太史公之文；汁浆存乎读书多、材料富。凡以上诸法，无如杜公。"④ 可见他虽然强调读书学道、涵养本源，却并非一味偏执，对诗歌的特质亦有一定认识，如其曰："屈子、杜公时出见道语、经济语，然惟于旁见侧出，忽然露出乃妙；若实用于正面，则似传注语录而腐矣。"⑤ 这种认识虽然在方氏诗学思想中所占比重较小，但亦属难能可贵。应该指出的是，将诗品归结为人品之说并非方东树首创，沈德潜在《说诗晬语》中即已提出"有第一等襟抱，第一等学识，斯有第一等真诗"之说，⑥ 不过方东树又将传统诗论中的人品决定论染上了一些桐城派色彩，从某种程度而言，其对道德学问的强调与重视，旨在捍卫古文道统，同时亦为诗文之"义理"进行积蕴和储备。然其过分注重道德胸襟对诗文的决定作用，明显带有迂腐

---

① （清）方东树著《昭昧詹言》卷八，汪绍楹校点，人民文学出版社，1961，第 215~216 页。
② （清）方东树著《昭昧詹言》卷八，汪绍楹校点，人民文学出版社，1961，第 211 页。
③ （清）方东树著《昭昧詹言》卷八，汪绍楹校点，人民文学出版社，1961，第 212 页。
④ （清）方东树著《昭昧詹言》卷十一，汪绍楹校点，人民文学出版社，1961，第 235 页。
⑤ （清）方东树著《昭昧詹言》卷一，汪绍楹校点，人民文学出版社，1961，第 12~13 页。
⑥ （清）沈德潜：《说诗晬语》卷上，人民文学出版社，1979，第 187 页。

与保守的理学色彩。已有论者指出，方东树的诗学有着家学与师门两方面渊源①，而家学因素对其诗学思想的形成无疑有着至关重要的作用。其祖父方泽《左茧斋诗叙》曰：

> 诗艺，末也，而有其本。循本及末，不求工而自工；务末遗本，论愈高而愈失。……徒以陈事律切高于研揣声音，抑犹末而非本。本者何也？所谓志也，持也，言以声志，志贞于持，感物而动，职是道哉！②

其意在强调作者的道德涵养对诗意的决定与影响。另外，方东树之父方绩《论诗示儿树》曰："作诗如作人，颜曾不易跻。忠信以为质，韩苏岂非梯。"③ 其父、祖诗论中关于德与言、诗品与人品关系的这些类似看法，对方东树重视学问胸襟的理论倾向的形成无疑有着直接的影响。

总之，方东树《昭昧詹言》论杜带有明显的桐城派特色，他非常关注杜诗的义理和章法，将杜诗纳入桐城派的文法体系中加以推尊，又以桐城派古文特有之批解方法对杜诗的章法脉络进行解析，有些地方颇能发前人未窥之秘。然而由于过分株守桐城派古文之藩篱，只关注杜诗章法意脉的起伏照应、开阖顺逆，对杜诗其他方面的艺术特色表现出选择性忽视，显得单幅窘迫、视野狭窄，故并不能完全透辟地阐发杜诗艺术之真正妙处。另外，受到家族及师承关系的影响，方东树的某些诗论带有迂腐保守的理学成分，亦需进行辩证对待。

---

① 龚敏：《论方东树的诗学渊源》，《中国韵文学刊》2006 年第 1 期。

② （清）方泽：《待庐遗集》，见《方东树全集》，清光绪十五至十七年刻本。

③ （清）方绩：《鹤鸣集》，见《方东树全集》，清光绪十五至十七年刻本。

《燕赵文化研究》第 1 辑
第 86 ~ 93 页
© SSAP，2019

从专力颂美到褒贬杂居

——论《诗经》三颂后颂体的转变

张志勇[*]

摘　要：颂作为一种文体，美盛德述形容，告成功于神明一直是其主要的内容和功能指向。但汉代扬雄《剧秦美新》、西晋陆机《汉高祖功臣颂》等颂却出现仅述形容，或褒贬杂居的情况。在尊重"诗经三颂"以来所形成的历史传统的基础上，可以将"述形容而美盛德"的作品称为"颂"体文学中的"正体"，而将"仅述形容而无意美盛德"或"兼具褒贬"的作品，称为"别体"。据此，后世颂体文学辄为一种以"述形容"为根本，以"美盛德"为主流内容取向的文体形式。

关键词：颂　颂美　正体　别体

《诗经》中的《周颂》《鲁颂》《商颂》合称三颂，共 40 篇，其中多为贵族祭祀、祈福之乐章，主要用于敬神祀祖和赞美帝王功德。从产生时间上看，《周颂》当产生在西周初期，《鲁颂》《商颂》当产生于春秋时期。由于其语言典雅庄重，韵律比较和谐，功能指向集中，后来渐变为一种以颂扬为目的感情激昂言辞精炼结构体式较为固定的文体。

对于颂这种文体的功能，《毛诗序》认为："颂者，美盛德之形容，以其成功告于神明者也。"[①] 汉代刘熙的《释名·释言语》有："颂，容也，叙说其成功之形容也。"[②] 刘勰的《文心雕龙·颂赞》也基本承袭这种观点："四始之至，颂居

---

* 作者简介：张志勇，文学博士，河北大学文学院副教授，主要从事古代文体研究。

① （唐）孔颖达：《疏毛诗正义》，见（清）阮元校刻《十三经注疏》，中华书局，1980，第 272 页。

② （东汉）刘熙：《释名疏证补》，中华书局，2008，第 113 页。

其极。颂者，容也，所以美盛德而述形容也。"① 在以汉儒为代表的儒者眼中，"颂"体最初的主要功能就在于描述天子之德泽被四海的形容状貌，并且在祭祀时将以营造之功、稼穑丰登之功、军事胜利之武功为代表的王者之功绩昭告于祖先神明，以期通过娱神而获得福佑。那么后世的颂有没有发生过变化呢？据目前文献资料，与诗经三颂较为接近的有周代刻石和秦代石鼓文，内容与功能确实与诗经三颂一脉相承，而且秦政之后，颂君之作亦代有其篇章。此类颂文多以《×帝颂》《×宗颂》《皇德颂》《圣德颂》等名目出现。如仅两汉时代就有西汉刘向的《高祖颂》、东汉班固的《高祖颂》、傅毅的《显宗颂》、崔骃的《明帝颂》、蔡邕的《祖德颂并序》、王粲的《太庙颂》等，但是，我们还发现除颂皇德、圣德、告神明的作品外，还有颂能臣、颂能人的作品，如扬雄《赵充国颂》，班固、傅毅《窦将军北征颂》，蔡邕《胡广黄琼颂》《京兆樊惠渠颂》，无名氏《汉成阳令唐扶颂》，王升《故司隶校尉犍为杨君颂》，等等；也有"覃及细物"② 的咏物颂，如战国时屈原《橘颂》、东汉马融《广成颂》，王褒《碧鸡颂》《灵寿杖颂》，班固《神雀颂》，崔骃《杖颂》，繁钦《砚颂》，薛琮《麟颂》《凤颂》，张浚《白兔颂》，沈演之《嘉禾颂》，曹植《宜男花颂》《柳颂》，左棻《郁金颂》《菊花颂》，以及明代刘基《瑞麦颂》，等等；也有慕及仙佛，由"告神"到"赞神"的颂，如陆云《登遐颂》、谢灵运《和从弟惠连无量寿颂》等；还有"涉及月旦"③、"褒贬杂居"④，突破了"诗经三颂"以来"美盛德"的观念束缚的月旦颂，如扬雄《剧秦美新》、陆机《汉高祖功臣颂》等。对于人物颂、咏物颂和赞神颂我们有另文讨论，这里仅讨论褒贬杂居的月旦颂。

一　褒贬互见之颂

我们知道，在上古时期，许多"颂"体作品并不具备明确的褒贬倾向。比如"卜颂""国颂"这样具有特定功能的散体颂以及大量的"野颂"都不具有明确的褒贬倾向。

---

① 范文澜：《文心雕龙注》，人民文学出版社，1958，第156页。
② 覃及细物，语出刘勰《文心雕龙·颂赞》。
③ 月旦，典出东汉许劭。许劭汝南平舆人，与从兄靖俱有高名，共好品评人物，每月辄更其品题，故汝南俗有"月旦评"。本文借用"月旦"的评论之意。
④ 褒贬杂居，语出刘勰《文心雕龙·颂赞》。

　　而从"诗经三颂"开始，颂赞文学就基本上树立了一个"美盛德""述形容"的创作传统。而且，"述形容"的本质也是为了"美盛德"。从此，颂体文学专力褒美，似乎就成为后代文人头脑中的一个思维定式了。然而，在后代的颂文中，也有一些并非专力赞美，而是采用了"褒贬互见"或"褒贬杂居"的评论式写法，这使得颂文更趋向于"月旦之评"了。较早体现这种倾向的，是汉末扬雄的《剧秦美新》。这是一篇并未署名为"颂"的颂文。既然题目叫作《剧秦美新》。顾名思义，其作意在于贬斥暴秦，以此来反衬并美化王莽建立的"新朝"。故而，也就注定了这篇颂文是带有"褒贬杂居"的"月旦评论"之作。其中，"贬抑之语"主要都集中在"剧秦"部分：

> 　　盛从鞅、仪、韦、斯之邪政，驰骛起翦、恬、贲之用兵，划灭古文，刮语烧书，弛礼崩乐，涂民耳目，遂欲流唐漂虞，涤殷荡周，黜除仲尼之篇籍，自勒功业，改制度轨量，咸稽之于秦纪。是以耆儒硕老，抱其书而远逊。礼官博士，卷其舌而不谈。来仪之鸟，肉角之兽，狙犷而不臻。甘露嘉醴，景曜浸潭之瑞潜，大菲经霄，巨狄鬼信之妖发。神歇灵绎，海水群飞，二世而亡，何其剧与？帝王之道，兢兢乎不可离已。夫能贞而明之者穷祥瑞，回而昧之者极妖忌。上览古在昔，有凭应而尚缺，焉坏彻而能全。故若古者称尧舜，咸侮者陷桀纣，况尽泛扫前圣数千载功业，专用己之私，而能享祜者哉。①

　　在这里，扬雄备述秦政之残酷苛猛，猛烈抨击其"用己之私"、阻塞言路、"划灭古文，刮语烧书，弛礼崩乐"之暴行。

　　然而，如此"剧秦"还不是目的所在，"剧秦"最终是为了"剧汉"。王莽的"新朝"是篡汉而建立的，因为从表面来看，汉朝还是尊奉了上古尧舜时期的"禅让"遗制而让位于新莽的。故而，直接贬斥汉朝自然是不合时宜的，这基本上就等于消灭了新莽政权建立的合法性。所以，扬雄颇费周折地运用大量篇幅来"剧秦"，接下来以"秦余制度，项氏爵号。虽违古而犹袭之"来点到为止地贬抑西汉王朝，在一定程度上将其视为对"秦政"改革不力的"先行者"与"失败者"，进而从反面强化新莽政权建立的合理性。故而，虽然《剧秦美新》的"贬抑之语"主要都集中在"剧秦"部分，但接下来小段的"剧汉"之辞才是目标所在：

---

　　① （汉）扬雄：《扬雄集校注》，上海古籍出版社，1993，第 211 页。

　　会汉祖龙腾丰沛，奋迅宛叶，自武关与项羽勠力咸阳，创业蜀汉，发迹三秦，克项山东，而帝天下。摘秦政惨酷尤烦者，应时而蠲。如儒林刑辟历纪图典之用稍增焉。秦余制度，项氏爵号。虽违古而犹袭之，是以帝典阙而不补，王纲弛而未张。道极数殫，阗忽不还。①

他不仅鞭挞秦朝礼崩乐坏，导致二世而亡，还对汉朝于礼制也持阙而不补的态度进行了批判。作品是作者思想、情感的载体，有理由相信，扬雄上呈这篇封事确是想表达内心对于改革的渴望以及看到改革实施时的激动心情。《剧秦美新》创作于王莽改革进行正酣时，面对触手可及的理想，由衷赞叹和欢欣雀跃都是自然的情感流露。以至于此段而后，则是专力褒美的大段"美新之辞"：

　　逮至大新受命，上帝还资，后土顾怀，玄符灵契，黄瑞涌出。浑浑沕潏，川流海渟，云动风偃，雾集雨散，诞弥八圻，上陈天庭。震声日景，炎光飞响。盈塞天渊之间，必有不可辞让云尔。于是乃奉若天命，穷宠极崇，与天剖神符，地合灵契，创亿兆，规万世，奇伟倜傥诡谲，天祭地事。其异物殊怪，存乎五威将帅，班乎天下者，四十有八章。登假皇穹，铺衍下土。非新家其畴离之，卓哉煌煌，真天子之表也。若夫白鸠丹乌，素鱼断蛇，方斯蔑矣。受命甚易，格来甚勤。昔帝缋皇，王缋帝，随前蹛古，或无为而治，或损益而亡，岂知新室委心积意，储思垂务，旁作穆穆，明旦不寐，勤勤恳恳者，非秦之为与？夫不勤勤则前人不当，不恳恳则觉德不恺。是以发秘府，览书林，遥集乎文雅之囿，翱翔乎礼乐之场。胤殷周之失业，绍唐虞之绝风。懿律嘉量，金科玉条，神卦灵兆，古文毕发。焕炳照曜，靡不宣臻。式轮轩旍旗以示之，扬和鸾肆，夏以节之，施黼黻衮衣以昭之，正嫁娶送，终以尊之。亲九族淑贤以穆之。夫改定神祇，上仪也，钦修百祀，咸秩也。明堂雍台，壮观也。九庙长寿，极孝也。制成六经，洪业也。北怀单于，广德也。若复五爵，度三壤，经井田，免人役方甫刑，匡马法，恢崇祇庸烁德懿和之风，广彼搢绅讲习言谏箴诵之途。振鹭之声充庭，鸿鸾之党渐阶。俜前圣之绪，布濩流衍而不韫韥，郁郁乎焕哉。天人之事盛矣。鬼神之望允塞，群公

_____

① （汉）扬雄：《扬雄集校注》，上海古籍出版社，1993，第216页。

先正，莫不夷仪。奸宄寇贼，罔不振威。绍少典之苗，着黄虞之裔。帝典阙者已补，王纲弛者已张。炳炳麟麟，岂不懿哉。[①]

从这段的陈述来看，扬雄对于改革的渴望以及看到改革实施时的激动心情以这样一种热烈而不失礼度、简易而不失高古的形式表达，且在行文中极力敷陈溢美之词，运思细密，语辞贯通，这就同专力褒美之颂文已无二致了。

从前述的分析来看，扬雄的《剧秦美新》，"剧秦"是为了隐在地"剧汉"，而"剧秦""剧汉"则是为了反衬新莽政权建立的合理性，从而为大段"美新"做好铺垫。通观全篇，可以说正是"褒贬互见"，非常类似于"月旦之评"，与专力褒美的普通颂文是有明显区别的。

然而，这篇《剧秦美新》虽然"褒贬互见"，但二者的分野仍然是清晰的。而且，从两部分的功能与地位来看，"贬抑之语"是为引出并反衬、烘托"褒美之辞"，"贬"是服务于"褒"的。

二 褒贬杂居之颂

除了像《剧秦美新》这样并非针对同一个主体"褒贬互见"的颂体作品，还有针对同一个主体"褒贬杂居"之作，代表者即《文心雕龙·颂赞》所点名批评的"陆机积篇，惟《功臣》最显"。陆机的《汉高祖功臣颂》，是将对三十一位历史人物的颂文纂集为一体，而形成的一篇体量庞大之"集成性"颂文。在这篇《功臣颂》中，褒美的成分仍然占据了绝大部分篇幅，比如颂张良的段落："文成作师，通幽洞冥。永言配命，因心则灵。穷神观化，望影揣情。鬼无隐谋，物无遁形。武关是辟，鸿门是宁。随难荥阳，即谋下邑。销印甚废，推齐劝立。运筹固陵，定策东袭。三王从风，五侯允集。霸楚实丧，皇汉凯入。怡颜高览，弥翼凤戢。托迹黄、老，辞世却粒。"[②] 这段颂文，不仅用诸如"穷神观化，望影揣情。鬼无隐谋，物无遁形"之类精炼的概括性语句褒美张良的文韬武略，而且点出了张良军事参谋生涯中的光辉篇章，比如"随难荥阳，即谋下邑"，即是指公元前 205 年刘邦直捣彭城几乎全军覆没之后，张良仍追随其逃至下邑，并在此地献上依

---

① （汉）扬雄：《扬雄集校注》，上海古籍出版社，1993，第 218～222 页。
② 金涛声点校《陆机集》，中华书局，1982，第 107 页。

靠韩信、彭越和英布三支力量合击楚军的宏伟战略计划，这就是著名的"下邑之谋"；而"销印綦废，推齐劝立"一句中，"销印綦废"是指在荥阳围城期间，张良力阻郦食其"分封六国之后，以德而王天下"的陈腐主张，促使刘邦销毁已铸好的六国诸侯王印玺，除去了汉王朝一统天下之路上不必要的障碍；"推齐劝立"则是指张良劝刘邦册立韩信为齐王，换取其合兵攻击项羽的奇策。张良所献的上述这些计谋，实际上都构成了楚汉战争中一些重要的转捩点。故而可以说，上述的这些计谋，足可称为张良军事参谋生涯中的辉煌篇章。这段颂文援引这些奇计妙策为据，也就为"穷神观化，望影揣情。鬼无隐谋，物无遁形"这样的概括性论点提供了有力的论据支持，使得这段颂文理据相成，名实相副。

其他诸如对萧何、曹参、陈平、周勃、王陵、韩信、彭越、樊哙、夏侯婴等人的颂文，也像张良颂文一样，极尽褒美之能事。

但也有部分人物的颂文属于"贬抑之语"，主要集中在谈及英布、韩王信、卢绾这三人的段落之中。比如英布的颂文段落："烈烈黥布，眈眈其盱。名冠强楚，锋犹骇电。睹几蝉蜕，悟主革面。肇彼枭风，翻为我扇。天命方辑，王在东夏。矫矫三雄，至于垓下。元凶既夷，宠禄来假。保大全祚，非德孰可。谋之不臧，舍福取祸。"这段颂文是"褒贬杂居"的。首先，"烈烈黥布，眈眈其盱。名冠强楚，锋犹骇电。睹几蝉蜕，悟主革面。肇彼枭风，翻为我扇。天命方辑，王在东夏。矫矫三雄，至于垓下。元凶既夷，宠禄来假"一段，是以褒美为主。称扬了英布的勇猛，赞许他能够听从随何的游说而背楚归汉的英明之举；然而，即使在褒美中也暗寓贬低之意，即"肇彼枭风，翻为我扇"。"枭"固然有"勇猛强健"的意思，但按《说文解字》："枭，不孝鸟也。日至，捕枭磔之。"[1]可见，这里的"枭风"，实际在表述英布勇猛的同时，也暗暗贬低其心怀二志、凶悍寡义的人格品质。至于"保大全祚，非德孰可。谋之不臧，舍福取祸"则是纯粹的"贬抑之语"了。

至于韩王信和卢绾的段落，也都属于"贬抑之语"："王信韩孽，宅土开疆。我图尔才，越迁晋阳。卢绾自微，婉娈我皇。跨功逾德，祚尔辉章。人之贪祸，宁为乱亡。"韩王信本为韩襄王孙，为刘邦平定韩国故地，并从征项羽，被封为"韩王"。刘邦正式称帝后，因韩王信封地属于战略要冲，故而将其迁徙到晋阳，令其防御匈奴。后韩王信因惧怕受到疑忌而投降匈奴，引兵攻汉，被汉将斩杀；

---

① （清）段玉裁：《说文解字注》，上海古籍出版社，1981，第272页。

而卢绾，则基本在楚汉战争中未建立尺寸之功。只因为他是刘邦的同乡，在刘邦"微"时曾全力追随并侍奉后者，深得其信任，得以"出入卧内"，亲近程度超越萧曹。公元前 202 年，燕王臧荼谋反被诛，卢绾得以继任为燕王。但他在任期间亦同匈奴及汉朝叛入匈奴之将领私相交通，挟寇自重。终于被汉朝廷所疑忌，不得不遁入匈奴。故而，陆机《汉高祖功臣颂》贬抑二人为"跨功逾德，祚尔辉章。人之贪祸，宁为乱亡"①。

　　整篇《汉高祖功臣颂》中，只有三个人的颂文段落出现"贬抑之语"，约占所颂总人数的 9.68％；而"贬抑之语"仅有 80 字，占全篇字数比例约为 4.08％。然而，仅仅是这样微小的比例，仍然是不为《文心雕龙·颂赞》所见容的："陆机积篇，惟《功臣》最显：其褒贬杂居，固末代之讹体也。"可见，在刘勰的心目中，颂体文学应以专力褒美为己任，容不得有丝毫的贬抑之辞，否则便会流于"讹体"了。刘勰持此论点，显然是恪守"诗经三颂"在内容及功能方面的范式作为标准，有意否定了后世颂体文学在当时所呈现的一些新的发展动向。

三　"述形容"的回归——别体称谓

　　然而，从文体发展的角度来看，《文心雕龙·颂赞》的这种观点代表当时一种主流认识，而并不能完全概括现实情况，故有一定的偏颇之处。因为问题就在于，"颂"作为一种特定的文体，其最本质的任务乃在于"述形容"。根据前文所述，先秦时期类似"国颂"这样的散体颂以及各种"卜颂""野颂"，它们的本质任务难道不是在于"述形容"吗？只是到了"诗经三颂"当中，在"述形容"的基础上着意强化了"美盛德"的内涵和功能，使得"颂"文体的内容及功用在一定程度上受到了限制。而上文援引的《剧秦美新》《汉高祖功臣颂》等，或"褒贬互见"，或"褒贬杂居"，实际上突破了"诗经三颂"以来"美盛德"的观念束缚，从而能够从更为多元、更为广阔的视角来"述形容"。从这个意义上说，像《剧秦美新》《汉高祖功臣颂》等兼具褒贬的颂文，虽然是对"诗经三颂"以来"美盛德"观念的一种"反拨"，但也可以视为对先秦颂体文学单纯"述形容"这一功能的回归。当然，这也是文体发展的一种必然选择——当作家希望"颂"体文学承担起更多的表情达意之功能时，自然就要在一定程度上突破"义必纯美"的界

---

　　①　金涛声点校《陆机集》，中华书局，1982，第 108 页。

限，从而与"诗经三颂"以来"美盛德"的正统观念产生抵牾。因此，虽然这种兼具褒贬的颂体作品不符合"诗经三颂"以来"义必纯美"的正统观念，但由于它能够从更为多元、更为广阔的视角来"述形容"，故而仍然应该被视为"颂"体文学当中的一种"别体"。

从文体演变的角度来看，由于各个时代的文学政治风习的不同，以及文体之间的相互渗透，带有议论成分的褒贬杂居这种现象使颂的文学性得到了某种程度的加强。从这里，也就引出了一个更深层次的问题，那就是："颂"体文学的"述形容"与"美盛德"这两种功能当中，究竟应以何者为重？究竟应以何者为标准来判断一部作品是否属于"颂"体文学？这个问题是不易回答的。因为从根本上来说，述形容、美盛德是颂文体在不同发展阶段的不同重点，两者在本质上不矛盾，只是在实际创作中有所偏重，这是类似"返祖"现象的某种回归。基于以上分析，是不是可以这样来看：在尊重"诗经三颂"以来所形成之历史传统的基础上，不妨将那些"述形容而美盛德"的作品称为"颂"体文学中的"正体"；而将那些"仅述形容而无意美盛德"或"兼具褒贬"的作品，称为"别体"。这样一来，后世的颂体文学渐变为一种以"述形容"为根本，以"美盛德"为主流内容取向的文体形式。

《燕赵文化研究》第 1 辑
第 94～103 页
© SSAP，2019

刘宋"文笔之臣"傅亮交游考略

孙耀庆*

摘　要：傅亮作为刘宋之重要权臣，平生之所交多为政治人物，有帝王、同僚及释氏等，其中帝王、宗王有刘裕、刘义符、刘义真、刘义隆四位，同僚有徐羡之、谢晦、檀道济、刘穆之、沈林子、蔡廓、谢灵运、颜延之等九位，释氏有道渊、慧琳两位。

关键词：傅亮　交游　刘宋

傅亮（374—426），字季友，北地灵州人，文才卓著，"博涉经史，尤善文词"①。武帝刘裕建宋，表册文诰，皆出于傅亮之手。梁萧统《文选》收其文四篇。明张溥《汉魏六朝百三家集》收其文五篇，并在题词中谓"晋宋禅代，成于傅季友，表策文诰，诵言满堂，潘元茂册魏公，不如其多也"，"九锡诸篇，固傅氏之丹书带砺也"，"庙墓二教，并录《文选》，怀旧崇德，意近《甘棠》"②。可见傅亮在晋宋文坛地位甚高，其文于后世影响甚远。

目前学界关于傅亮之研究，主要侧重于其章表书诏等文上，对其人研究较少。安朝辉《汉晋北地傅氏家族与文学》、任欢《傅亮研究》二文虽有涉及，但主要是将其置于北地傅氏家族中进行考察，略显粗浅。下面，笔者将对傅亮之交游情况做一考论，期以补阙。

傅亮平生之所交大致有三类：一为帝王、宗王，二为同朝僚属，三为释氏沙门。

---

* 作者简介：孙耀庆，河北大学 2015 级博士研究生，河北工程大学讲师，中国古代文学专业，主攻方向为魏晋南北朝隋唐文学。

① （南朝梁）沈约：《宋书》，中华书局，1974，第 1336 页。
② （明）张溥：《汉魏六朝百三家集题辞注》，殷孟伦注，人民文学出版社，1963，第 166 页。

一 傅亮与帝王、宗王

傅亮所交之帝王、宗王有刘裕、刘义符、刘义真、刘义隆四位。

（一）傅亮与刘裕

傅亮博经史，擅文辞。本传载："义熙元年（405），除员外散骑侍郎，值西省，典掌诏命。"① "义熙七年（411），迁散骑侍郎，复代（滕）演值西省。仍转中书、黄门侍郎，值西省如故。"② 散骑侍郎、黄门侍郎，掌管诏诰，在职者常居内殿，随侍左右，傅亮能任此职，可见其深得刘裕之信任。本传载："高祖以其久直勤劳，欲以为东阳郡，先以语（傅）迪，迪大喜告亮。亮不答，即驰见高祖曰：'伏闻恩旨，赐拟东阳，家贫忝禄，私计为幸。但凭荫之愿，实结本心，乞归天宇，不乐外出。'高祖笑曰：'谓卿之须禄耳，若能如此，甚协所望。'会西讨司马休之，以为太尉从事中郎，掌记室。"③ 刘裕体恤傅亮久直勤劳，欲以为东阳郡，傅亮以 "不乐外出" 为由婉拒，刘裕笑曰 "甚协所望"，转任为太尉从事中郎，可见二人关系甚为协恰，感情较深。

义熙十二年（416），刘裕北伐，傅亮从征，其间作《为宋公至洛阳谒五陵表》。《宋书·武帝本纪》："（义熙十二年）十月，众军至洛阳，围金墉。泓弟伪平南将军洸请降，送于京师，修复晋五陵，置守卫。"④ 义熙十四年（418），刘裕进封 "宋公"，备九锡之礼，傅亮为其作《封刘裕为宋公诏》《策加宋公九锡文》。九锡文曰："公精贯朝日，气凌霄汉，奋其灵武，大歼群慝，克复皇邑，奉帝歆神……公乘辕南济，义形于色，巍然内湛，视险若夷，摅略运奇，英谟不世，狡寇穷衄，丧旗宵遁，俾我畿甸，拯於将坠……公有康宇内之勋，重之以明德……公纪网礼度，万国是式，乘介蹈方，罔有迁志。"⑤ 盛赞刘裕之功绩。赵翼《廿二史扎记》云："每朝禅代之前，必先有九锡文，总叙其人之功绩，进爵封国，赐以殊礼，亦自曹操始。其后晋、宋、齐、梁、北齐、陈、隋皆用之。"⑥ 这是刘裕称帝、

---

① （南朝梁）沈约：《宋书》，中华书局，1974，第 1336 页。
② （南朝梁）沈约：《宋书》，中华书局，1974，第 1336 页。
③ （南朝梁）沈约：《宋书》，中华书局，1974，第 1336 页。
④ （南朝梁）沈约：《宋书》，中华书局，1974，第 36 页。
⑤ （南朝梁）沈约：《宋书》，中华书局，1974，第 245～247 页。
⑥ （清）赵翼：《廿二史扎记校证》，王树民校证，中华书局，1984，第 101 页。

晋宋禅代的前奏，傅亮撰文之意义非同寻常。事实上，刘裕也在此之后更加倚重傅亮，"宋国初建，令书除侍中，领世子中庶子。徙中书令，领中庶子如故"①。

元熙元年（419），刘裕欲称帝，乃集朝臣宴饮，曰："桓玄暴篡，鼎命已移，我首唱大义，复兴皇室，南征北伐，平定四海，功成业著，遂荷九锡。今年将衰暮，崇极如此，物戒盛满，非可久安。今欲奉还爵位，归老京师。"② 在其他朝臣"唯盛称功德，莫晓此意"的情况下，傅亮却领悟了刘裕旨意，"叩扉请见……人便曰：'臣暂宜还都。'高祖达解此意，无复他言，直云：'须几人自送？'亮曰：'须数十人便足。'于是即便奉辞"。傅亮入都，即"讽帝禅位，草诏，请帝书之"③。其中"请帝书之"颇具威胁意味，晋恭帝身处傀儡之位，只好欣然答应，刘裕称帝之愿遂得以实现。可见，在刘裕代晋的过程中，傅亮成为其最忠诚的追随者，为其解决了诸多自身不便解决的问题。

作为刘裕之亲信，宋建后，傅亮之地位迅速得以提高。《宋书·傅亮传》载："永初元年，迁太子詹事，封建城县公。入直中书省，专典诏命。以亮任总国权，听于省见客。神兽门外，每旦车常数百两。武帝登庸之始，文笔皆是参军滕演，北征广固，悉委长史王诞，自此之后至于受命，表策文诰，皆亮辞也。"④ 加官晋爵，掌管诏命，总任国权，荣宠无比。次年，再获提升，"转尚书仆射，中书令、詹事如故"⑤。永初三年，刘裕病危，傅亮与徐羡之、谢晦并受顾命之任，成为刘裕临终托孤之重臣。

由上可见，傅亮作为刘裕的僚佐、大臣，深受倚重，屡获提升，而刘裕也依靠傅亮富赡的才学与过人的见识而顺利掌权、称帝，二人关系笃厚。

（二）傅亮与刘义符、刘义真

刘义符（406—424），刘裕长子，"武帝晚无男，及帝生，甚悦"⑥，十岁拜豫章公世子，十三岁拜宋世子，十四岁进为宋太子，十五岁时，刘裕受禅，立为皇太子。永初三年（422）五月癸亥，刘裕驾崩，刘义符即皇帝位，六月壬申，以尚书仆射傅亮为中书监，司空徐羡之、领军将军谢晦及傅亮辅政。

---

① （南朝梁）沈约：《宋书》，中华书局，1974，第 1336 页。
② （南朝梁）沈约：《宋书》，中华书局，1974，第 1336 页。
③ （南朝梁）沈约：《宋书》，中华书局，1974，第 1336～1337 页。
④ （南朝梁）沈约：《宋书》，中华书局，1974，第 1336～1337 页。
⑤ （南朝梁）沈约：《宋书》，中华书局，1974，第 1336～1337 页。
⑥ （南朝梁）沈约：《宋书》，中华书局，1974，第 63 页。

刘义真（407—424），刘裕次子。十二岁时，从北征大军进长安，除员外散骑侍郎，不拜。永初元年（420），封庐陵王。

刘义符徒有勇力，而非治国之才，且"居处所为多过失"①，亲近群小，沉溺游乐。刘义真"聪明爱文义，而轻动无德业"②。二人均为昏庸、轻浮之辈。史书载，"初，少帝之居东宫，多狎群小，谢晦尝言于武帝曰：'陛下春秋既高，宜思存万代。神器至重，不可使负荷非才。'帝曰：'庐陵何如？'晦曰：'臣请观焉。'晦造义真，义真盛欲与谈，晦不甚答，还曰：'德轻于才，非人主也。'由是出居于外。"③ 可见，谢晦等顾命大臣也早就意识到二人终非人主之才，难当大任。

景平二年（424）六月，傅亮、徐羡之等密谋废立。刘义真为次子，若刘义符废，则次第应在刘义真，于是傅亮等先将刘义真贬为庶人，徙新安郡。又废帝，将其扶出东晡，就收玺绂，幽于吴郡。癸未，傅亮、徐羡之等遣使杀义真于徙所。癸丑，又令中书舍人邢安泰弑帝于金昌亭。时蔡廓向傅亮进言，不可弑主，傅亮乃驰信止之，信至，已不及。由此，傅亮也为自己埋下了祸患。

傅亮与刘义符、刘义真是君臣、主仆，是辅佐与被辅佐之关系。作为顾命大臣，傅亮等废黜刘义符、刘义真，是出于江山社稷考虑，本不必过分苛责，然最终未能保全二人之性命，却有违伦理纲常，并落人以不忠不义之口实。

（三）傅亮与刘义隆

刘义隆（407—453），刘裕第三子，博涉经史，颇爱文义。

元嘉元年（424），傅亮等拥立刘义隆，率众臣至江陵奉迎，威仪礼容甚盛。"太祖将下，引见亮，哭恸甚，哀动左右。既而问义真及少帝薨废本末，悲号呜咽，侍侧者莫能仰视。亮流汗沾背，不能答。"④ 刘义隆之所问，令傅亮颤栗难安。至都后，徐羡之问帝可方谁？傅亮答曰："晋文、景以上人。"徐羡之曰："必能明我赤心。"傅亮曰："不然。"⑤ 刘义隆即位后，傅亮加散骑常侍，左光禄大夫，开府仪同三司，进封始兴公。虽获加官晋爵之荣宠，然傅亮自知处境危险，次年，便与徐羡之上表归政，但未获应允。

---

① （南朝梁）沈约：《宋书》，中华书局，1974，第 66 页。
② （南朝梁）沈约：《宋书》，中华书局，1974，第 1635 页。
③ （唐）李延寿：《南史》，中华书局，1975，第 363 页。
④ （南朝梁）沈约：《宋书》，中华书局，1974，第 1336 页。
⑤ （唐）李延寿：《南史》，中华书局，1975，第 443 页。

元嘉三年（426），刘义隆开始诛杀傅亮等顾命老臣，在诛傅亮前，刘义隆诏曰："以公江陵之诚，当使诸子无恙。"傅亮读诏讫曰："亮受先帝布衣之眷，遂蒙顾托。黜昏立明，社稷之计。欲加之罪，其无辞乎。"① 而后伏诛。所谓"江陵之诚"是指傅亮拥立之功，刘义隆以此为由保全傅亮妻子，似在宣示自己之仁德，然傅亮并未领情，"黜昏立明，社稷之计。欲加之罪，其无辞乎"，指明了王华、王昙首等人对自己的谗害，表达了对刘义隆"卸磨杀驴"的怨愤。

傅亮于刘义隆有拥立之功，然当刘义隆即位后，"功"演变成了"过"。尽管其在拥立时已意识到了自身的危险性，并采取了诸如"布腹心于到彦之、王华等，深自结纳"②、"上表归政"③ 等措施，然终究未逃脱被杀之厄运。

二　傅亮与同僚

傅亮所结交之同僚有徐羡之、谢晦、檀道济、刘穆之、沈林子、蔡廓、谢灵运、颜延之等九位。

（一）傅亮与徐羡之、谢晦、檀道济

傅亮、徐羡之、谢晦、檀道济均为刘裕的股肱大臣。徐羡之（365—426），字宗文，东海郯人。桓玄篡位，刘裕起义，徐羡之追随之。谢晦（390—426），字宣明，陈郡阳夏人。起初追随孟昶，义熙六年（410），孟昶死，刘穆之举荐给太尉刘裕为太尉参军。檀道济（？—436），高平金乡人。刘裕起义，其从入京城，任建武军事。他们一同随着刘裕南征北战，彼此之间互相援助、支持，形成同盟关系。

刘裕即位后，四人均以佐命之功而获封，徐羡之为南昌县公、傅亮为建城县公、谢晦为武昌县公、檀道济为永修县公。永初三年（422）三月，刘裕不豫，"司空徐羡之、尚书仆射傅亮、领军将军谢晦、护军将军檀道济并入侍医药"④。五月，刘裕临终托孤，召太子诫之曰："檀道济虽有干略，而无远志，非如兄韶有难御之气也。徐羡之、傅亮当无异图。谢晦数从征伐，颇识机变，若有同异，必此

---

① （唐）李延寿：《南史》，中华书局，1975，第 443 页。
② （南朝梁）沈约：《宋书》，中华书局，1974，第 1335 页。
③ （南朝梁）沈约：《宋书》，中华书局，1974，第 1337 页。
④ （南朝梁）沈约：《宋书》，中华书局，1974，第 59 页。

人也。小却,可以会稽、江州处之。"① 少帝即位,傅亮、徐羡之、谢晦共同辅政。

景平中,魏师攻取河南,（刘义隆等）欲诛徐羡之并讨谢晦,傅亮与晦书,言"薄伐河朔,事犹未已,朝野之虑,忧惧者多"。又言"当遣外监万幼宗往",谢晦不以为然,谓何承天曰:"计幼宗一二日必至,傅公虑我好事,故先遣此书。"② 他们同为辅政集团,有着相同的政治立场与相似的政治主张,故而彼此信任,互相保全。《谢晦传》载:"乐冏又遣使告晦:'徐、傅二公及曕等并已诛。'晦先举羡之、亮哀,次发子弟凶问。"③ 在得知徐羡之、傅亮已被诛杀之消息时,谢晦第一反应并非率军逃命,而是"先举羡之、亮哀",可见三人之感情甚为笃厚,相交甚深。

值得注意的是,檀道济与另外三人略有不同,他并不同意废少帝。史书载:"徐羡之将废庐陵王义真,以告道济,道济意不同,屡陈不可,不见纳。羡之等谋欲废立,讽道济入朝;既至,以谋告之。将废之夜,道济入领军府就谢晦宿。晦其夕竦动不得眠,道济就寝便熟,晦以此服之。"④ 而且,在刘义隆剿杀其他三人时,檀道济是坚定的追随者,史书载:"晦本谓道济与羡之等同诛,忽闻来上,人情凶惧,遂不战自溃。"⑤ 谢晦也万万没有想到,檀道济会叛变辅政集团,助刘义隆诛杀其他成员。然与傅亮、谢晦、徐羡之并无不同的是,他也终因功勋显赫、威名甚重,在元嘉十三年（436）为文帝、彭城王等所诛杀。

（二）傅亮与刘穆之

刘穆之（360—417）,字道和,小字道民,东莞莒人,世居京口。元兴三年（404）,刘裕攻克京城,辟为主簿。刘穆之少好书传,博览多通,才能卓著,刘裕对其颇为信赖,史书载,"从平京邑,高祖始至,诸大处分,皆仓卒立定,并穆之所建也。遂委以腹心之任,动止咨焉;穆之亦竭节尽诚,无所遗隐"⑥。"（刘穆之）从征广固,还拒卢循,常居幕中画策,决断众事。刘毅等疾穆之见亲,每从容言其权重,高祖愈信仗之。"⑦ 傅亮与刘穆之皆为干才（傅擅于文书,刘长于军

---

① （南朝梁）沈约:《宋书》,中华书局,1974,第59页。
② （南朝梁）沈约:《宋书》,中华书局,1974,第1349页。
③ （南朝梁）沈约:《宋书》,中华书局,1974,第1350页。
④ （南朝梁）沈约:《宋书》,中华书局,1974,第1342页。
⑤ （南朝梁）沈约:《宋书》,中华书局,1974,第1343页。
⑥ （南朝梁）沈约:《宋书》,中华书局,1974,第1304页。
⑦ （南朝梁）沈约:《宋书》,中华书局,1974,第1305页。

吏），又同为刘裕之僚属，共为刘裕所信任、倚重，定相交匪浅。

义熙十二年（416），刘裕北伐，傅亮从征，刘穆之留守，以内总朝政，外供军旅。义熙十三年（417），刘穆之抱病而卒，刘裕哀婉惊恸，放弃攻打关中，驰还彭城，傅亮随之，并代刘裕作《为宋公求加赠刘前军表》。表曰："故尚书左仆射前军将军臣穆之，爰自布衣，协佐义始，内竭谋猷，外勤庶政，密勿军国，心力俱尽……自义熙草创，艰患未弭，外虞既殷，内难亦荐……臣以寡劣，负荷国重，实赖穆之匡翼之勋……臣契阔屯夷，旋观终始，金兰之分，义深情感。"① 虽以刘裕之口吻撰写，但亦可看出傅亮对刘穆之了解甚深，为其死而痛心不已。后傅亮又为刘穆之撰写碑文，文曰："公灵武独运，奇谟内湛，鞠旅陈众，视险若夷。飞云西溯，则水截鲸鲵；乘辕东指，则陆殪长蛇。迥累期之危，成维山之固。丰功茂勋，大造于王室，淳风懿化，永结于荆南。"② 笔墨之间流露出对刘穆之个人才能及政治贡献的欣赏。

（三）傅亮与沈林子

沈林子（387—422），字敬士，吴兴武康人，沈约之祖父。十三岁时，家遭横祸，为报家仇，投奔刘裕，举家迁至京口。义熙五年（409），从刘裕伐鲜卑，行参军镇军军事。义熙十一年（415），复从刘裕征讨司马休之。义熙十二年（416），刘裕领平北将军，沈林子为太尉参军，复参平北军事。同年东，刘裕伐羌，傅亮从征，沈林子参征西军事，二人相交。

刘裕即位，沈林子以佐命功，封汉寿县伯，食邑六百户，沈林子固让，傅亮与书曰："班爵畴勋，历代常典，封赏之发，简自帝心。主上委寄之怀，实参休否，诚心所期，同国荣戚，政复是卿诸人共弘建内外尔。足下虽存挹退，岂得独为君子邪！"③ 谓加官授爵是历代之常例，沈林子功勋卓著，理应获赏，不必谦让。傅亮此书字里行间流露出对挚友的劝勉，可以看出其甚为敬重沈林子之为人。

（四）傅亮与蔡廓

蔡廓（380—425），字子度，济阳考城人。与傅亮相同，蔡廓亦为文官，刘裕

---

① （清）严可均：《全宋文》，商务印书馆，1999，第 248～249 页。
② （清）严可均：《全宋文》，商务印书馆，1999，第 252 页。
③ （清）严可均：《全宋文》，商务印书馆，1999，第 250 页。

禅位前，曾任太尉参军，司徒属，中书、黄门郎。宋台建，二人同任侍中。

因职务相近，二人常常就相关政事进行交流与商榷。《蔡廓传》载："时中书令傅亮任寄隆重，学冠当时，朝廷仪典，皆取定于亮。亮每事谘廓然后行，亮意若有不同，廓终不为屈。"① 蔡廓性格耿介，其与傅亮意见不同时，常坚持己见，并未因傅亮身份荣贵而听凭之。二人曾就扬州刺史庐陵王刘义真朝堂班次问题有过探讨。傅亮认为："扬州自应着刺史服耳。然谓坐起班次，应在朝堂诸官上，不应依官次坐下。"蔡廓则认为："扬州位居卿君之下，常亦惟疑……今护军总方伯，而位次故在持节都督下。"② 傅亮以庐陵王刘义真为皇子，班次应在诸官上，而蔡廓则认为庐陵王刘义真官居扬州刺史，应在卿君之下。二人一以皇室亲疏为凭，一以官职高低为据，争执不下。

蔡廓迁司徒左长史，出为豫章太守，征为吏部尚书。因北地傅隆（傅亮之族兄）问亮曰："选事若悉以见付，不论；不然，不能拜也。"③ 蔡廓要求拥有决断政事之权力，否则不受官职。傅亮以其言传于徐羡之，徐羡之答曰："共参同异。"蔡廓则曰："我不能为徐干木（徐羡之）署纸尾（共同署名）也。"④ 遂未拜。蔡廓之率直，傅亮可容，徐羡之却不能容，以其不宜居权要，徙为吏部尚书。

傅亮等迎奉文帝，蔡廓亦同前往，途中讽谏傅亮，不可弑帝，傅亮听之，驰信止之，然信至已迟。倘若傅亮早听得蔡廓之意见，保全少帝及庐陵王，便不会给王华、王昙首、刘义隆等留以口实，亦不会早早丧命。

（五）傅亮与谢灵运、颜延之

谢灵运（385—433），陈郡阳夏人。义熙八年（412），刘裕诛刘毅，谢灵运改依刘裕，任太尉参军。义熙十四年（418），刘裕受相国、宋国、九锡之命，谢灵运应诏，任宋国黄门侍郎，迁相国从事中郎，时傅亮除侍中，领世子中庶子，徙中书令。刘裕即位，降先朝封爵，谢灵运降公为侯，任散骑常侍。

颜延之（384—456），字延年，琅琊临沂人。义熙十二年（416），刘裕北伐，有宋公之授，府遣一使庆殊命，参起居。"（颜）延之与同府王参军俱奉使至洛阳，

---

① （南朝梁）沈约：《宋书》，中华书局，1974，第1570页。
② （南朝梁）沈约：《宋书》，中华书局，1974，第1570～1572页。
③ （南朝梁）沈约：《宋书》，中华书局，1974，第1572页。
④ （南朝梁）沈约：《宋书》，中华书局，1974，第1572页。

道中作诗二首，文辞藻丽，为谢晦、傅亮所赏。"① 刘裕禅位前，颜延之奉命任辅僚，途中作诗，为傅亮所赏。

永初年间，傅亮曾与颜延之就文义而互争高低。史书载："时尚书令傅亮自以文义一时莫及，（颜）延之负其才，不为之下，亮甚疾焉。"② 二人皆以文名，又颇自负，故互不相让。

谢灵运、颜延之等与刘义真甚为亲昵。史书载："（刘义真）与陈郡谢灵运、琅邪颜延之、慧琳道人并周旋异常，云得志之日，以灵运、延之为宰相，慧琳为西豫州都督。"③ 许是刘义真之狂言为傅亮等所知，傅亮等辅政大臣对颜、谢视为异己，心存敌意。史书载："庐陵王义真待之甚厚，徐羡之等疑（颜）延之为同异，意甚不悦。"④ 永初末，刘裕病笃，傅亮、徐羡之等将几人逐一外放、贬任。刘义真为南豫州刺史，出镇历阳，谢灵运出守永嘉郡，颜延之出守始安郡，慧琳遣往虎丘。

可见，在刘宋尚未建时，颜延之尝以文义而为傅亮所赏。刘宋建后，颜延之、谢灵运因与义真周旋异常，而为傅亮、徐羡之等辅政集团所排挤、外黜。

三　傅亮与释氏

傅亮所结交之释氏有释道渊、慧琳两位。

释道渊，姓寇。《高僧传》载："出家止京师东安寺。少持律捡，长习义宗，众经数论，靡不通达。而潜光隐德，世莫之知。后于东安寺开讲，剖析玄微，洞尽幽赜，使终古积滞，涣然冰解。于是学徒改观，翕然附德。后移止彭城寺。宋文帝以渊行为物轨。敕居寺住。后卒于所住。春秋七十有八。"⑤

慧琳，道渊之弟子，本姓刘，秦郡人。《高僧传》载："善诸经及庄老，排谐好语笑，长于制作，故集有十卷。而为性傲诞，颇自矜伐。"⑥ 如上文所述，其因与刘义真亲昵，被徐羡之、傅亮等遣往虎丘。

《高僧传》载："渊尝诣傅亮，琳先在坐，及渊至，琳不为致礼，渊怒之彰色，

---

① （南朝梁）沈约：《宋书》，中华书局，1974，第 1891 页。
② （南朝梁）沈约：《宋书》，中华书局，1974，第 1892 页。
③ （南朝梁）沈约：《宋书》，中华书局，1974，第 1635 页。
④ （唐）李延寿：《南史》，中华书局，1975，第 877 页。
⑤ （南朝梁）慧皎撰《高僧传》，汤用彤校注，中华书局，1992，第 268 页。
⑥ （南朝梁）慧皎撰《高僧传》，汤用彤校注，中华书局，1992，第 268 页。

亮遂罚琳杖二十。"① 道渊持律甚谨,又通达众经数论,所授之徒,以德而附,傅亮雅重之。慧琳素来轻薄,又为性傲诞,颇自矜伐,不向其师施礼,傅亮杖罚之。

整体来看,傅亮作为刘宋之重要权臣,平生之所交多为政治人物,其中帝王、宗王有刘裕、刘义符、刘义真、刘义隆四位,同僚有徐羡之、谢晦、檀道济、刘穆之、沈林子、蔡廓、谢灵运、颜延之等九位,释氏有释道渊、慧琳两位。

---

① (南朝梁)慧皎撰《高僧传》,汤用彤校注,中华书局,1992,第268页。

《燕赵文化研究》第 1 辑
第 104~111 页
© SSAP, 2019

查慎行"唐宋互参"体系中的元好问诗歌评点

王新芳[*]

摘　要： 元好问在查慎行"唐宋互参"诗歌理论体系中占据重要地位，这是因为元好问学杜、学苏的诗学路径与查氏有着较高的契合度，正好可以作为查慎行取径唐宋的参照系。查慎行《初白庵诗评》对元好问诗歌的评点，除了揭示其诗歌之渊源，激赏其诗风，揣摩其诗歌技巧之外，他还特别反对元好问直接袭用前人成句的作法，这是查慎行求新求变、追求"熟处求生"理论倾向的反映。

关键词： 查慎行　元好问　诗歌评点　唐宋互参

查慎行"唐宋互参"理论的前提是转益多师、兼容并包的思想。这个理论体系除了学习和继承唐宋诗歌这两大优秀传统之外，还有兼顾元明诗学的内容。张载华《初白庵诗评纂例》曰："初白先生博览载籍，自汉魏六朝，迄唐宋元明诸家诗集，尤为融贯，每阅一编，必著评点，真所谓一字不肯放过也。"① 可见查慎行评点的眼光并不局限在唐宋这一时段之内，而是取径广阔。在《初白庵诗评》中，查慎行对金元之交的元好问和元代虞集的诗歌都予以详细的评点。其中对元好问诗歌评点的分量排在全部诗人的第三位，可见查慎行对元好问的重视程度。因此可以通过分析查慎行对元好问诗歌的评点，来解析其对金、元诗歌的态度，作为其"唐宋互参"的重要补充与佐证。张静指出，查慎行《初白庵诗评》中选评校注元好问诗，为清人评点元好问诗开了先河，奠定了元好问诗批注的基础，对清

　＊　作者简介：王新芳，河北大学文学院副教授、文学博士，主研中国文学批评史。
　①　（清）查慎行著，张载华辑《初白庵诗评十二种》卷首，民国间上海六艺书局石印本。

代元好问诗歌的接受产生了深远的影响。①

　　查慎行对元好问独具青眼的原因，是由于元好问诗歌旨趣与诗学路径与查氏有着高度的契合之处。元好问作为金元一代成就最高的诗人，广泛地学习和继承了杜甫和苏轼的诗歌风格及技巧。元好问曾编选《杜诗学》一书，该书已经散佚，但其所作《杜诗学引》却保留了下来。元好问还曾删选苏诗，编成《东坡诗雅目录》，又编有《东坡乐府集选》，因此元好问经常被看作金代的苏轼。如李庭《云甫以斫云公耳之七首》其四曰："遗山落笔坐生风，惟许儋州秃鬓翁。"② 元好问友人杜仁杰曰："敢以东坡之后请元子继，其可乎？"③ 其门人郝经《遗山先生墓铭》亦曰："直配苏黄氏。"④ 又《元遗山真赞》曰："与坡谷为邻。"⑤ 清代翁方纲《苏门山涌金亭苏书石本》曰："吾斋宝苏拜苏像，想应元子配食乎。"⑥ 《斋中与友论诗五首》其三曰："苏学盛于北，景行遗山仰。谁于苏黄后，却作陶韦想。"⑦ 《读元遗山诗四首》其三曰："遗山接眉山，浩乎海波翻。效忠苏门后，此意岂易言。"⑧ 可见由元至清，人们多将元好问作为学苏最为成功的诗人看待。而查慎行亦将苏轼作为主要的师法对象，故其对元好问学苏的经验最为关注，所以《初白庵诗评》中对元好问的关注度较高，其评点的分量位于杜甫、苏轼之后，占据了第三的位置，从中可见其重视程度。查慎行原有《题元裕之集后》之诗，然而检《敬业堂诗集》却不见此诗的踪影，揣其原因，当与纳兰揆叙有关。纳兰揆叙（1675—1717），字恺功，号惟实居士，大学士明珠二子。康熙间由二等侍卫授侍读，累官至左都御史，谥文端，著有《益戒堂诗集》。雍正二年，发揆叙及阿灵阿罪状，追夺其官并削谥，墓碑改镌"不忠不孝柔佞阴险揆叙之墓"。或因此诗系与揆叙赓和之故，查慎行后来编定《敬业堂诗集》时便将此诗删去了。不过我们从揆叙的和诗中还是能大致揣想查慎行对元好问的赞赏态度。揆叙《和他山师题元裕之集后二首》曰：

---

① 张静：《元好问诗歌接受史》，中国社会出版社，2010，第 143 页。
② （元）李庭：《寓庵集》卷三，《续修四库全书》第 1322 册，影印清宣统二年刻《藕香零拾》本，第 319 页。
③ （金）元好问：《遗山先生文集》卷末附杜仁杰《遗山先生文集后序》，《四部丛刊初编》第 222 册，影印明弘治十一年刊本。
④ （清）胡聘之：《山右石刻丛编》卷二十九，清光绪刻本。
⑤ （元）郝经：《陵川集》卷二十二，《景印文渊阁四库全书》第 1192 册，第 242 页。
⑥ （清）翁方纲：《复初斋诗集》卷十五，《续修四库全书》第 1454 册，第 497 页。
⑦ （清）翁方纲：《复初斋诗集》卷六十二，《续修四库全书》第 1455 册，第 251 页。
⑧ （清）翁方纲：《复初斋诗集》卷六十六，《续修四库全书》第 1455 册，第 299 页。

幽兰一烬战尘飞，城郭萧条事已非。野史亭空野老在，别裁伪体出天机。
桑田沧海阅前朝，掇拾丛残未寂寥。耶律遗风犹未泯，金才岂必尽胜辽。

揆叙诗中"别裁伪体"、金才胜辽之语，当与查慎行对元好问的评价有关，可惜的
是查诗原作已不可复见，不过其对元好问之诗的推尊态度，则是可以肯定的。总
的来看，查慎行在《初白庵诗评》对元好问诗歌的评点有以下几个方面的内容。

一 揭示元好问诗歌之渊源

对于元好问的诗歌渊源，郝经《遗山先生墓铭》评曰："上薄风雅，中规李
杜，粹然一出于正，直配苏黄氏。"[①] 元好问诗歌能够兼宗众美，转益多师，查慎
行在评点中对此多有揭示。如其评元好问《饮酒五首》其三"三更风露下，巾袖
警微湿"二句云："却是渊明未经道。"《后饮酒五首》其一"但愧生理废"四句，
评曰："情挚语，神似陶公。"又如《种松》"惘然一太息"至末，评曰："意象从
渊明'种桑长江边'一首来。"指出元好问诗歌与陶渊明诗多有神似之处，对陶诗
的语言风格和诗歌意象多有模仿借鉴。评《晓发石门渡湍水道中》云："以拟颜
谢，仿佛似之。"指出此诗具有南朝山水诗的风格。查慎行对元好问如何学杜最为
关注，所评篇幅亦多。如评元好问《新野先主庙》"再世中兴事可常"句云："即
少陵'运移汉祚终难复'之意，而词特翻新。"评《赠写真田生三章》其三"张
颠草圣雄千古，却在孙娘剑器中"二句云："用旧事如新，只是笔妙。"评《灅
水》曰："沉雄处不减《八哀》。"评《龙潭》云："摹杜之作。"评《画马为邢将
军赋》云："真得杜之神髓，他手为之，仅得皮骨耳。"评《赤壁图》"事殊兴极
忧思集""凡今谁是出群雄"二句云："杜句。"指出元好问诗不但化用杜诗语句
和典故甚多，而且在写作手法和表现技巧方面也颇得杜诗神韵。

此外，查慎行对元好问学习李白、白居易、刘禹锡、李贺、苏轼之处也多有
评点。评元好问《南湖先生雪景乘骡图》云："气格在太白、坡翁二仙之间。"评
《读书山雪中》"先生醉袖挽春回，万落千村满花柳"二句云："笔挟仙气。"评
《愚轩为赵宜之赋》曰："全篇俱学苏，用事亦恰合。"评《鹳雀崖北龙潭》"藏珠
骊龙颔，百斛快一吐。油油人无底，细散不濡缕"四句云："学苏。"元好问《颍

---

① 曾永义编《元代文学批评资料汇编》上集，台湾成文出版社有限公司，1977，第 109 页。

谷封人庙》"人言君善谏，微意得郑子。特于悔悟时，一语发天理"四句，查慎行评曰："人情难强回，天性可微感，二语已为东坡道尽。"指出元诗对苏诗诗意的化用。评《闻歌怀京师旧游》云："全学香山。"评《感兴四首》其二云："俨然广大教化主后一人，风雅代兴，亦关五百年运数，良非偶然。"评《蜀昭烈庙》云："可与刘宾客五律并峙千古。"评《戏赠白发二首》其一曰："'贵人'句刘梦得成语。"评《南冠行》曰："'郎食'二句本李长吉。"从查慎行对元好问诗歌渊源的揭示，可以看出元好问兼宗众美的诗学取向，而这也正是查慎行将其纳入自己诗学体系的原因所在。

二　对元好问诗风的激赏及诗歌技巧的揣摩

就诗风而言，查慎行既欣赏杜甫"碧海掣鲸"式雄浑豪壮的风格，也对陶渊明平淡有味的诗风颇为心仪，同时他还对模拟剽窃之风一直保持着充分的警惕。其《十叠前韵答寒中二首》其二便曾自道其审美倾向与论诗宗旨："曾思大海掣鲸鱼，牙后谁甘拾唾馀。"[1] 如元好问《论诗三首》其二 "不信骊珠不难得，试看金翅擘沧溟"，查氏评曰："具大海掣鲸之力。"又《放言》"有来且当避，未至吾何求"，评曰："转折如意，由于力大。"《外家南寺》"眼中高岸移深谷，愁里残阳更乱蝉"，评曰："萧瑟峥嵘。"评《范宽秦川图》"全秦天地一大物，雷雨颒洞龙头轩。因山分势合水力，眼底廓廓无齐燕"四句曰："大手笔作大开合，全秦形势在我目中矣。"评《后饮酒五首》其五 "饮人不饮酒"四句曰："波澜动荡，章法不拘。"评《箕山》"至今阳城山，衡华两邱垤"二句曰："豪健。"《萧仲植长史斋》"天星无数不知名，色正芒寒才七个"，评曰："老健。"而对元好问诗中平淡自然、含蓄蕴藉的风格，查慎行也颇为赞赏。如元诗《黄金行》"儿贫女富母两心，何论同袍不同梦"，查评曰："如此方不蹈袭唾馀，亦觉淡而有味。"《济南杂诗十首》其三"六月行人汗如雨，西城桥下见游鱼"，评曰："平淡中越显神味。"评《杂诗四首》其三曰："言简而意长。"评《怀州子城晚望少室》"十年旧隐抛何处，一片伤心画不成"二句曰："对此茫茫，百端交集，亡国感慨意，言外别有含蓄。"评《送高信卿》结句"中原麟凤今如此，莫道皇家结网疏"，曰："感慨之音出以酝藉。"查慎行对元好问意蕴深厚而语言平淡自然的诗歌表现出特别的好

---

[1] （清）查慎行著《敬业堂诗集》卷二十八《翻经集》，周劭标点，上海古籍出版社，1986，第775页。

感，这与他提倡白描的诗学理论是一致的，平淡而有韵味，含蓄而富有深意，这是他对诗歌艺术效果的至高追求。

除了艺术风格之外，查慎行对元好问诗歌的章法、句法、字法等艺术技巧亦能细心揣摩，真可谓"一字不肯放过"。如评《同梅溪赋秋日海棠二章》其一"琼枝不逐秋风老，自是人间日易斜"二句云："笔有化工。"评《同儿辈赋未开海棠二首》其一"殷勤留着花梢露，滴下生红可惜春"二句云："赋物诗难得细腻如许。"评《送王亚夫举家归许昌》"出门疾走勿反顾，正恐五鬼从之西"二句云："趣极韵极。"评《过威州镐厉王故居》"抱蔓无人更可怜"句曰："一语抵得黍离麦秀多少感伤。"评《王黄华墨竹》"雪溪仙人诗骨清，画笔尚馀诗典刑。月中看竹写秋影，清镜平明白发生"四句云："入题取径自别。"指出元好问写画竹却不从画入题，而是从画家的诗写起，入题别出心裁。评《虞坂行》云："分作四层，愈转愈紧，直到末路方出正意，章法最灵。"指出元好问诗歌构思上善于不断蓄势，于结尾处水到渠成地托出主旨。评《游龙山》云："篇中入路出路，前后井然，只是写得错综变化，不可端倪，使迷者观之，如堕云雾，正须明眼抉破，直作指掌图看。"指出元好问诗结构安排井然有序，然思路错综变化、不可端倪的特点。评《南湖先生雪景乘骡图》"看翁《弃瓢诗》，调戏鸱夷老子如儿童。雄吞已觉云梦小，寒缩宁作书生穷"四句云："馀波未穷。结出图意，手法轻便。"指出此四句将画中南湖先生的文才武略、倜傥旷达自然而然地拈出，具画龙点睛之妙。又如评《观浙江涨》"纳污非无处，流恶聊自快"二句曰："通篇只是形容铺排，不可少此斤两语。"指出此二句在全篇中的统率作用。评《北邙》"焉知原上冢，不有当年吾"云："奇想中有妙理。"元诗由眼前所见之景，生发联想，由现在而将来，由人及己。查慎行认为元诗的设想虽然离奇，但合乎情理，具有深意。

三 反对元好问直接袭用前人成句

在《初白庵诗评》中，同评点王安石诗歌一样，查慎行对元好问诗歌中直接袭用前人成句之处关注颇多。对于元好问化用变化前人之处，查慎行表示了充分肯定。如元好问《水帘记异》"世外果无物，邂逅乃一逢"，查慎行评曰："'世外无物'，亦用东坡《海市》语，却无痕迹。"按，苏轼《登州海市》云："人间所得容力取，世外无物谁为雄。"元好问借用苏诗，化为己有，确实做到了毫无痕迹，故对这样的化用，查慎行是颇为欣赏的。又评《戏题新居二十韵》云："回环合拍，化尽用古之痕，七古中唯髯苏一人，得先生而两，宜其高自位置也。"又如《岐阳三首》其二"岐阳西望无来信"二句，评曰："用杜恰合。"按，杜甫《自京窜至凤翔喜达行在所三首》其一："西忆岐阳信，无人遂却回。"元好问将两句五言的杜诗合并为一句七言诗，化用得巧妙而不生硬。又如《赠写真田生三章》其三"张颠草圣雄千古，却在孙娘剑器中"，查慎行评曰："用旧事如新，只是笔妙。"元好问此诗所用之事，见杜甫《观公孙大娘弟子舞剑器行并序》："往者吴人张旭，善草书书帖，数常于邺县见公孙大娘舞《西河剑器》，自此草书长进，豪荡感激，即公孙可知矣。"元诗虽用此典，却并未为典故所拘，而是能化为己用，故查慎行对此类用典颇为称赏。对于元好问在一些特殊情况下使用古人成句的情形，查慎行亦表现出较为宽容的态度，如《送弋唐佐还平阳》"苏州韦郎交分深，香山白傅金玉音，借渠两诗写我心"以下，查氏评曰："如此用古人成句却不害，固自道破了也。"

然而由于查慎行反对机械模拟和公然剽窃，故对元好问诗歌中直接袭用前人之处，都毫不客气地指出，认为这是作者的"不检点"之处。由于元好问诗歌以学杜见长，故查慎行对元好问诗歌袭用杜诗之处指摘也最多。如元好问《去岁君远游，送仲梁出山》"华岳峰尖见秋隼，金眸玉爪不凡材"，查慎行评曰："'华岳'二句，皆少陵语。"按，上句出自杜甫《魏将军歌》："魏侯骨耸精爽紧，华岳峰尖见秋隼。"下句出自杜甫《见王监兵马使说，近山有白黑二鹰二首》其二："万里寒空只一日，金眸玉爪不凡材。"又《送高信卿》"无衣思南州"，评曰："杜句。"按，此句出自杜甫《发秦州》。又《啸台感赋》"浩歌弥激烈"，评曰："杜句。"按，此句出自杜甫《自京赴奉先县咏怀五百字》。《啸台感赋》又有"子规夜啼山竹裂，老鹤乱踏枯松折"句，查慎行评曰："'子规'句亦杜语。"按，"子规夜啼山竹裂"出自杜甫《玄都坛歌寄元逸人》。又《醉中送陈季渊》"爱君只欲苦死留""眼高四海空无人"，评曰："'爱君'句，杜诗成语。'眼高'句，东坡成语。"按，"爱君只欲苦死留"，系化自杜甫《送孔巢父谢病归游江东兼呈李白》"惜君只欲苦死留"。"眼高四海空无人"，出自苏轼《书元丹子所示李太白真》。《闻希贤得英府记室》"徒怀贡公喜"，评曰："杜句。"按，此句化自杜甫《奉赠韦左丞丈二十二韵》"窃效贡公喜"。《壬子月夕》"遥怜小儿女，把酒望东州"，评曰："'遥怜'句，杜成语。"按，此句出自《月夜》"遥怜小儿女，未解忆长安"。《桐川与仁卿饮》"风流岂落正始后，诗卷长留天地间"，评曰："'诗卷'句，杜成语。"按，此句出自杜甫《送孔巢父谢病归游江东兼呈李白》。《晨起》"多病所须唯药物"，评曰："'多病'句，杜成语。"按，此句出自杜甫《江村》。《寄杨弟正卿》"东阁观梅动诗兴"，评曰："'观'字讹，当作'官'，少陵成句。"按，此句出自杜甫《和裴迪登蜀州东亭送客逢早梅相忆见寄》。《题石裕卿郎中所居四咏·寓乐堂》"五陵衣马自轻肥"，评曰："五陵，杜句。"此句出自杜甫《秋兴八首》其三。《留赠丹阳王炼师三章》其二"桃花一簇开无主"，评曰："'桃花'句，少陵成语。"此句出自杜甫《江畔独步寻花七绝句》其五。《怀益之兄》"三年浪走空皮骨"，评曰："'三年'句，用杜，唯'浪'字不同。"按，此句出自杜甫《将赴成都草堂途中有作先寄严郑公五首》其四"三年奔走空皮骨"。查慎行评《赤壁图》曰："先生好用古人现成句子，不一而足，即如此章后半，两犯少陵，毕竟是诗病，读者辨之。"在这里，查慎行表明了自己对这种做法的态度，即严格要求作者不能去古人集中做贼，否则便是"诗病"，不必为之讳言。

元好问诗歌除了学杜之外，亦学宋代苏、黄等大家，查慎行在评点中同样对其袭用苏、黄的诗句也予以指出。如元好问《赠休粮张炼师》"金砂雾散风雨疾，一点黄金铸秋橘"，查氏评曰："'一点'句，东坡成语也。"按，此句出自苏轼《送杨杰》。又评《此日不足惜》曰："四十句东坡成语。"又《赠张润之》"人物尤难到衰世"，评曰："'人物'句，坡公成语。"按，此句系化用苏轼《子由新修汝州龙兴寺吴画壁》"人物尤难到今世"。《许道宁寒溪古木图》"留待他日不匆匆"，评曰："'留待'句，亦苏成语。"按，此句系化用苏轼《题王逸少帖》"待我他日不匆匆"。又如《同漕司诸人赋红梨花二首》其一"淡妆浓抹总相宜"，评曰："结句坡公成语。"此句出自苏轼《饮湖上初晴后雨》。《游天坛杂诗十三首》其二，评曰："结句东坡成语。"《赠司天王子正二首》其二"天容海色本澄清"，评曰："'天容'句，东坡成语。"按，此句见苏轼《六月二十日夜渡海》。又如《范宽秦川图》："爱君恨不识君早，乃今得子胸中秦，作诗一笑君应闻。"查氏评曰："末句乃东坡成语，想作者兴到，不暇检点耳。"按，"作诗一笑君应闻"句，见苏轼《书元丹子所示李太白真》。又如《世宗御书田不伐望月婆罗门引先得楚字韵》"两都秋色皆乔木"，评曰："'两都'句，山谷成语。"《赠答乐大舜咨》，评曰："'两都'句，山谷成语，先生诗中凡再犯。"《存殁》，评曰："'两都'，用山谷句，集中凡再见。"元好问在三首诗中都使用过山谷"两都秋色皆乔木"之句，可见其对这句诗的喜爱，不过查慎行均予指出，颇以为病犯。

此外，查慎行对元好问诗歌中对其他诗人成句的袭用之处也都一一指出。如元好问《杂著五首》，查慎行评曰："五首皆陶句，题下应增'集陶'二字。"《寄答仰山谦长老》"一鸟不鸣山更幽"，查氏评曰："'一鸟'句，王半山成语。"按，此句见王安石《钟山绝句》。《玄都观桃花》"人世难逢开口笑"，评曰："'人世'句，杜牧之成语。"按，此句见杜牧《九日齐山登高》。《和白枢判李定斋》"白日放歌须纵酒，清朝有味是无能"，评曰："五六联，出句是老杜，对句是小杜。"《同严公子大用东园赏梅》"翰林风月三千首"，评曰："'翰林'句，本欧阳公。"按，此句见欧阳雪《赠王介甫》。《杏花杂诗十三首》其八"错教人恨五更风"，评曰："'错教'句，王建《宫词》。"《秋江晓发图》末句"万里清江万里天"，评曰："结唐人成句。"按，此句见韩偓《醉著》。

应该指出的是，宋元之世，集句之风颇为盛行，集句者以唐人诗句或本朝名家诗句为材料，加以重新排列组合，集为百衲之衣，借以表达新的意思；又由于江西诗风盛行，以前人诗句为诗料，稍加变化，夺胎换骨的创作方法也极为普遍；更有甚者，径直将古人诗句纳入自己诗作之中，亦并不以为忤。元好问诗歌中这种袭用古人的倾向尤其明显，诗人对此好像并不以为意，往往信手拈来，不加检点。然而在查慎行看来，这都属于严谨的作家应尽力避免的，因为这样的做法必将导致"滑熟"之弊，甚或有剽窃之嫌，这对秉持"熟处求生"、求新求变诗学观的查慎行来说是不能容忍的。

元好问诗歌能继承唐宋诸大家，自成一家，诗论家甚或有"集大成"之誉，他确实称得上金代诗歌成就最高的诗人，这与元好问转益多师、取法杜、苏是分不开的。故而查慎行对他的诗歌特别关注，重点参考和借鉴元好问师法唐宋诗的一些经验和教训。因此元好问虽不在唐宋诗人之列，却正好作为查慎行取径唐宋的参照系，成为其诗学批评体系中重要的一环。

《燕赵文化研究》第 1 辑
第 112 ~ 122 页
© SSAP, 2019

论康熙帝的宋诗观及其影响[*]

李　靓^{**}

摘　要：《御选宋诗》是由以康熙帝为中心的文人集团编纂的，其中所包含的诗学观亦可称为康熙帝之宋诗观。选本总结了宋诗的优点与不足，分析了其与唐诗的关系，并对宋诗的流变以及各代诗歌兴衰的原因进行了探讨。对清初诗学的发展而言，这一观念在一定程度上促使了唐宋之争转为唐宋兼采，推动了清代宋诗派的发展以及宋诗选本的编选。

关键词： 诗歌本质　唐宋兼采　宋诗选本

法国学者丹纳曾言："要了解一件艺术品，一个艺术家，一群艺术家，必须正确地设想他们所属的时代的精神和风俗概况。这是艺术品最后的解释，也是决定一切的基本原因。"他一再强调"作品的产生取决于时代精神和周围的风俗"①。《御选宋诗》编纂于清康熙年间，如严迪昌所言："（清统治者）要稳固入主中原后的政权，必须在以'武功'起家平天下的同时，迅速辅以'文治'，来收拾民心，钳制民心。"② 不得不说，《御选宋诗》承担了此时"文治"之功能，以康熙帝为中心的文人团体借此来宣示其宋诗观。也可以说，在清初这时期，宋诗的发展是进一步被皇权政治所规范的，康熙帝试图通过选本完成对文士的熏染，并进一步引导和规约文学的发展。因此，《御选宋诗》于清初诗坛有着不可忽视的重要作用。基于此点，本文拟以《御选宋诗》为中心，探讨康熙帝的宋诗观及其影响。

---

　* 本文为杭州市哲学社会科学规划基地项目"清代御选宋诗研究"（项目编号：2015JD12）研究成果，杭州师范大学人才引进启动项目研究成果。

** 作者简介：李靓，博士，杭州师范大学人文学院讲师，主要研究领域为古代文论。

① 〔法〕丹纳著《艺术哲学》，傅雷译，人民文学出版社，1988，第 7、32 页。

② 严迪昌：《清诗史》，人民文学出版社，2011，第 16 ~ 17 页。

诚然，康熙帝并未参与具体的编纂工作，但他亲撰序言，言明编书动机："近得《全唐诗》，已命儒臣校订刊布海内。由唐以来千余年之久，流传自昔未见之书，亦可谓斯文至厚幸矣。"① 显然，他对《全唐诗》的编订甚为满意。然出于对诗歌的喜爱以及文治政绩的需要，"遂又命博采宋金元明之诗，每代分体各编"②，于是有了《御选宋金元明四朝诗》。此书卷帙浩繁，搜集面广，编者"自名篇钜集以及断简残章"中，"稍择而录之"，向读者展示了四朝诗歌的概貌及源流正变，"用以标诗人之极致，扩后进之见闻"。在康熙帝看来，这套书点面结合，既有精心挑选的传世之作，又极为广博，展示了宋、金、元、明诗歌的整体风貌，利于增广士子之见闻。据书中所载，参与编书者多达 38 人，包含了当朝为官的各名士。选本中涉及的诗人亦多，仅《御选宋诗》就有七十八卷，诗人 800 余人，收录诗作多达 11400 余首。

《御选宋诗》所收诗人诗作统计

类别	四言古诗	乐府歌行	五言古诗	七言古诗	五言律诗	七言律诗
诗人	27	129	282	205	338	415
诗作	138	685	1735	797	2089	1749
类别	五言长律	七言长律	五言绝句	七言绝句	六言诗	杂体诗
诗人	101	34	185	473	57	52
诗作	241	53	840	2678	214	252

选本涉及了宋诗发展的各个阶段，从所存诗人与诗作中便可看出编者的宋诗观。而作为官方的诗歌选集，其读者群限定在了统治阶级的文人群体，表面看来并未直接在民间产生巨大影响，但选本体现的诗学观与其特殊的读者群体决定了其在诗坛上所起的引导作用。从这一方面来看，诗集于清初诗坛有着不可忽视的作用。

一 诗学思想

如钟惺所言："虽选古人诗，实自著一书。"③《御选宋诗》实则代表了以康熙

---

① （清）康熙：《御选宋金元明四朝诗·序》，见（清）纪昀、永瑢等纂《景印文渊阁四库全书》第 1473 册，台湾商务印书馆，1982。
② 本文中选自《御选宋诗·序》中的材料均出自（清）康熙《御选宋金元明四朝诗·序》，见（清）纪昀、永瑢等纂《景印文渊阁四库全书》第 1473 册，台湾商务印书馆，1982。
③ （明）钟惺：《与蔡敬夫》，载《隐秀轩集》卷 28，上海古籍出版社，1992，第 469 页。

帝为中心的文人集团的诗学观。

（一）诗歌的本质与流变

康熙帝在亲撰的序言中赞同《诗大序》所言的"在心为志，发言为诗"，并做了进一步的阐述：

> 诗者心之声也，原于性而发于情，触于境而宣于言。凡山川之流峙，天地之显晦，风物之变迁，以及君臣父子夫妇兄弟朋友之间，古今治乱兴亡之迹，无不可见之于诗。①
>
> 古者六艺之事，皆所以涵养性情，而为道德之助也。而从容讽咏、感人最深者，莫近于诗。故虞廷典乐，依永和声，帝亲命焉。成周时，六义领在乐官，而为教学之先务。②

诗歌本于性情，为内心情志的外化。故诗歌中有山川、天地、风物之变化，亦有人情之变化、古今之治乱。基于此，诗歌承担着非常重要的社会作用——"涵养性情""为道德之助"。换言之，康熙帝认为诗歌乃诗教观实施的重要利器。这既是对诗歌本质的进一步说明，同时也表明了其编选总集的原因。

同时康熙帝又进一步阐述了诗歌与时代发展之关系，所谓"人心之灵，日出而不穷，盖时运推移，质文屡变，其言之所发虽殊，而心之所存无异"。诗歌内容虽根据时运的推移而不断变化，但其本质不变。而诗歌发展在历代之所以呈现出不同的态势，其主要原因在于：

> 唐以诗赋取士，故唐之诗为独盛。夫唐之诗诚盛矣，若夫宋之取士，始以诗赋，熙宁专主经义而罢诗赋，元祐初复诗赋，至绍圣而又罢之，其后又复与经义并行。③

---

① （清）康熙：《诗说》，《圣祖仁皇帝御制文集》卷二十一，见（清）纪昀、永瑢等纂《景印文渊阁四库全书》，台湾商务印书馆，1982。

② （清）康熙：《御选唐诗·序》，见（清）纪昀、永瑢等纂《景印文渊阁四库全书》第 1473 册，台湾商务印书馆，1982。

③ 《御选宋金元明四朝诗·序》。

显然，在康熙帝看来，唐诗之所以"独盛"，其根本原因在于"以诗赋取士"。而宋代虽以诗赋取士，但统治者摇摆于诗赋、经义之间，因此其诗歌的地位出现起伏。至金朝亦大致如此，元朝"存赋以罢诗"，明朝"诗赋皆罢之"，施行八股取士，因此元、明两朝诗歌不再兴盛。由此可见，康熙帝认为统治者的提倡是影响诗歌发展的重要原因。实际上，他也是在强调政治在文艺发展中的重要作用。

（二）唐宋兼采的诗学观

不得不说，康熙帝有着明显的宗唐倾向，因此其在《御选全唐诗·序》中言："诗至唐而众体悉备，亦诸法备该。故称诗者必视唐人为标准，如射之就彀率，治器之就规矩焉。"唐诗等同于作诗之标准，同时也是他评价宋诗的准绳，其言："（宋诗）大率宗师杜甫……虽后人览之，觉言理之意居多，言情之趣居寡，然反复涵咏，自具舒畅道德之致。"显然其对于宋诗有着较为客观的认识：第一，宋诗以唐诗为宗，以杜甫为典范；第二，相对于唐诗的情致盎然，宋诗长于言理；第三，宋诗亦具有"舒畅道德之致"，皆为社会道德的有利补充。

而从编纂动机上来看，《御选唐诗》与《御选宋诗》的先后编纂，也体现了其唐宋兼采的诗学观。这不仅体现了其兼容并蓄的学术态度，也对当时的唐宋之争起到了一定的引导作用，提醒后世论者应客观评价两代诗歌。虽不能说此后关乎唐、宋的诗学批评都是在康熙帝的影响下产生的，但作为最高统治者，接连编选唐、宋乃至各朝诗歌，并撰文表明诗学态度，这一举动显然表明了自己唐宋兼采的诗学观，同时充分发挥了诗歌的社会教育功能。康熙帝希望以诗教精神铸就清代士子，故而在各朝诗歌中选择雅正之音，力求平和通达，公允对待。

（三）温柔敦厚的诗教观

作为御选诗歌总集，《御选宋诗》不可避免地渗透了康熙帝温柔敦厚的诗教观。这一点在对诗人诗作的选取上表现得尤为明显。

相对于同时期的其他选本，《御选宋诗》中较多关注理学家的诗作。清初学者从明末的空谈心性中总结经验，把程朱理学作为救世之学，认为一切学术都应以理学为尊。其言："朱子之学，孔孟之门户也。学孔孟而不由朱子，是入室而不由户也。"[1]"继孔子而明六艺者，朱子也。非孔子之道者皆当绝，则非朱子之道者皆

---

① （清）陆陇其：《答嘉善李子乔书》，见《陆稼书先生文集》（卷之一），中华书局，1985。

当绝。"①理学对于拯救明末的空谈之风确实有着重要作用，然理学家视诗为道之载体，为教化之具，为明德之言。其诗作大多以言理为主，诗中即便有山水花鸟，也是理的表征。将理学家诗作作为宋代诗歌的一种类型入选，用以体现宋诗全貌，这是无可厚非的，但《御选宋诗》中将其作为重要部分录入。仅就朱熹而言，诗集所录便多达 580 余首，占其现存诗歌的近一半之多，比例大大高于其他诗人。诗集中除"七言长律"外，其余每卷皆选有他的诗作。如卷二十中存诗人 2 位，诗作 142 首，其中 138 首为朱熹之作；再如卷四十中，存 19 人共 208 首诗作，其中朱熹的有 90 首，其数量之多令人咂舌。从康熙帝对于理学家诗作的推崇，可见其希望在宋诗领域为理学家争取一席之地，一方面用以体现宋诗的特点，另一方面是利用理学宣传其文治武功，以达到文治之功效。这一做法对后来的《宋诗别裁集》有一定影响，张景星等人对理学家极为推崇，入选朱熹诗作 20 首，程颢 2 首，周敦颐 1 首，占入选诗作的近 4%，还尊称他们为"朱子""程伯子""周子"。

在诗歌的删选上，也体现了康熙帝温柔敦厚的要求。诗集中多为歌咏太平、无关社稷的"和平"之声，而最具宋诗风格的议论时政、关注现实类诗作则被弃之不选。如南宋后期诗人刘克庄，颇多爱国之作，其在《冶城》中痛心国土的沦陷，在《扬州作》中悼惜大好河山遭受践踏破坏，在《书事二首》中体现同情遗民的悲伤。这些感情强烈的诗作皆未见入选。诗集虽有如《寄衣曲》之类抒发兵役之苦的作品，但感情明显没有《冶城》等强烈。再如对文天祥作品的选取：诗集存诗 75 首，大多为悠游山水、酬赠之作。如卷六十三的《赠罗雪崖樵青》《赠周东乡画鱼》，卷七十四的《赠鉴湖相士》《送赵王宾》《八月十六日见梅》，等等，而其最具时代精神的《过零丁洋》《指南录后序》《正气歌》等皆未入选。另外，如梅尧臣反映人民贫苦生活的《田家语》《汝坟贫女》《陶者》，苏轼之《吴中田妇叹》《荔枝叹》，欧阳修反应边疆风土的《边户》，曹勋之《入塞》与《出塞》等亦未入选。正如康熙帝在《御选唐诗·序》中所言：

孔子曰：温柔敦厚，诗教也。是编所取，虽风格不一，而皆以温柔敦厚为宗。其忧思感愤、倩丽纤巧之作，虽工不录，使览者得宣志达情，以范于和平，盖亦用古人以正声感人之义。《记》有之：君子在车则闻鸾和之音，行

---

① （清）陆陇其：《四书集义序》，见《陆稼书先生文集》（卷之二），中华书局，1985。

则鸣佩玉，是以非辟之心，无自而入也。①

应该说，其编纂选本的主要目的即实现"温柔敦厚"的诗教观，企图通过选本使"览者得宣志达情"，并借古人之"正声"感化士人。所以在诗集中，我们看不到饱尝家国之痛的有志之士和不甘屈服的文人士子，也看不到深受迫害的劳苦大众和满目疮痍的边塞之地，我们看到的只有山水诗中粉饰太平的吟咏，送别诗、思乡诗中感情真挚却远离现实的呻吟，咏物诗中言之无物的辞藻，以及不知所云的宫体诗与酬赠之作。

二 对清代诗学思潮的影响

纵观清代的诗学发展，宗宋意识萌生于清初遗民诗人高举的经世大旗中。至康熙年间，国家日趋稳定，遗民的反抗情绪渐渐消逝，以此为支撑的宋诗派处于与唐诗争夺一席之地的尴尬局面。此时"御选"作为一项由帝王主持的国家工程，代表的是这个朝代的主流思想，也是从统治者的角度对于文学发展进行的干预。因此《御选宋诗》的出现代表着以康熙为首的统治者对宋诗的重视，在一定程度上引导了唐宋之争的发展，对于宋诗重登诗学舞台也起到了重要的导向作用。

（一）对唐宋之争的调停

清代建立之初，文人士子为寻求诗学的出路，投入了对明代诗学的反思与清代诗学的重建之中。此时，崇唐还是宗宋成为诗坛主要的争论点之一。早在明清之际，虞山派内部就有学宋、元与宗晚唐两种诗学倾向。这两种倾向在钱谦益一派主真重变的诗学中兼而融之，但相互间却有论争。主宋的钱陆灿一派对宗晚唐的冯班一派不满，批评冯班兄弟取法徐陵的《玉台新咏》与韦縠的《才调集》，钱陆灿序钱玉友诗云："学于宗伯之门者，以妖冶为温柔，以堆砌为敦厚。"② 批评了宗晚唐者堆砌辞藻、崇尚艳丽。而冯班则对虞山派中尊崇宋、元的谈诗者表示不满，甚至将汉魏、盛唐诗比作骏马、美女，把宋、元诗比作凡马、俗女，大大贬

---

① （清）康熙：《御选唐诗》，见（清）纪昀、永瑢等纂《景印文渊阁四库全书》第1473册，台湾商务印书馆，1982。
② （清）王应奎：《柳南随笔》（卷五），中华书局，1983。

低宋诗的文学地位。可见唐宋之争在清初诗坛已初显端倪。此后王岱在其《张螺浮晨光诗序》中亦言："宋诗亡于理。"① 他的这一观点可代表当时反宋诗的文人之观点。在他们看来，宋诗之所以没有唐诗的地位是因为其太过理智，在咏理与议论间丧失了诗歌的意蕴。康熙十年，吴之振大力宣传宋诗，扩大了宋诗的影响。康熙十八年因博学鸿词科，汪琬、孙枝蔚、邵长蘅等宗宋诗人聚集北京，同时毛奇龄、朱彝尊、邓汉仪、李念慈等宗唐诗人亦至，两派间展开了激烈的论争。张维屏在《国朝诗人征略》中云："（汪懋麟）尝大会名士于都城之祝氏园，酒半，言欲尽桃开元、大历诸家，独尊少陵为鼻祖，而昌黎、眉山、剑南而下，以次昭穆。徐健庵独抗论与争，谓宋诗颓放，无蕴藉，不足学，学之必损风格。辨难喧呶，林鸟拍拍而起。"② 汪懋麟认为杜甫为诗学鼻祖，韩愈、苏轼与陆游则紧接其后，是为诗学大将；而徐乾学则认为宋诗缺少蕴藉，诗风颓放，根本就不值得学习。

在这一背景之下，作为最高统治者的康熙帝召集文臣主持编纂各朝诗集，便是对唐宋之争的平复。如前所述，诗集总序中辨析了唐宋诗歌的不同之处，在尊崇唐诗的基础上肯定了宋诗的独特成就。虽不能说其后关乎唐、宋的诗学批评都是在他的影响下产生的，但作为最高统治者，接连选编唐、宋乃至各朝诗歌，其意图无非是想从官方的角度对当时诗坛进行指导，打破时代的拘囿，平复诗坛纠纷，从各朝中选取温厚雅正之作，用以陶冶与引导士人。其后亦有乾隆帝效仿此举编选《御选唐宋诗醇》，取唐宋六大家，意欲调和当时宗唐主宋各执一偏的诗学思潮。虽为御选诗集，并未广泛流传于民间，但诗集的编纂者都是当权文臣或文坛领袖，两代帝王正是通过此种途径对唐宋之争进行干预的。其后，虽仍有不少争论，但整体趋势变为吸收两者之长。如王士禛言："二十年来，海内贤知之流，矫枉过正，或乃欲祖宋而桃唐，至于汉、魏乐府、古选之遗音，荡然无复存者，江河日下，滔滔不返。"③ 言下之意，二十年间，所有宗宋诗的主张不免矫枉过正，遗弃了汉魏、唐诗的传统。换言之，其提倡重视汉魏、唐宋的诗学主张，兼而学之。而对于主唐者来说，也逐渐从辨唐宋之异转变到言唐宋之同，以及对宋诗的肯定上来。如毛奇龄，本为坚定的主唐者，但其在《王舍人选刻宋元诗序》中亦言："夫唐之必为宋金元者，水之为冰也，然而犹为唐，则冰之仍可为水也；宋金

---

① （清）王岱：《了葊文集》卷一，《四库全书存目丛书》集部，第 199 册，齐鲁书社，1995，第 22 页。
② （清）张维屏：《国朝诗人征略初编》（一），见顾廷龙主编《续修四库全书》第 1713 册，上海古籍出版社，1995。
③ （清）王士禛：《鬲津草堂诗集序》，见《王士禛全集·蚕尾集》卷一，齐鲁书社，2007。

元之大异于唐者，铅之为丹也，然而不必为唐音，丹即不为铅，而亦未尝非铅也。"① 在他看来，就唐诗与宋、元诗相通的一面而言，是水与冰、丹与铅之关系，冰之于水，丹之于铅，虽形态各异，而本质相同。

从另一个方面来看，《御选宋诗》的出现也代表了清代官方对于宋诗的总结，一定程度上带动了宋诗之风，使得诗人在创作中更加注意融合宋诗之长。《御选宋诗》编于康熙四十八年，这一时期，学宋之风愈发兴盛。如以厉鹗为代表的浙派诗人汲取了宋诗创作的手法，于诗坛提倡以学养济诗，"一则更多地让心灵徜徉于自然景观中去，两浙原就是山水窟，让峰壑林溪的清幽之气载浮、淘洗不宁的心。二则是济之以学养，主要的为史学，而且以稗乘、笔记为重要'诗料'，即典故和字面的取用库藏"②。他们提倡用自然景观和学养来填充诗歌内容。在厉鹗看来，学养是诗歌创作的基础之一，他在《绿杉野屋集序》中言："有读书而不能诗，未有能诗而不读书。……夫黏，屋材也；书，诗才也。屋材富而宗庙桴桷，施之无所不宜；诗材富而意以为匠，神以为斤，则大篇短章，均擅其胜。"③ 书即学问，学问即诗材，厉鹗认为学问之于诗歌，犹如"黏"之于房屋，是必不可少的构成部分。此时的翁方纲亦吸收了宋诗的创作经验，他于诗歌创作上提出了"肌理"说，"理"的释义为："言者，心之声也。文辞之于言，又其精者。诗之于文辞，又其谐之声律者。然则在心为志，发言为诗，一衷诸理而已。理者，民之秉也，物之则也，事境之归也，声音律度之矩也。是故渊泉时出，察诸文理焉；金玉声振，集诸条理焉；畅于四支，发于事业，美诸通理焉。义理之理，即文理之理，即肌理之理也。"④ 其在"义理"方面要求以"六经"为本源，合乎儒家道德规范，在"文理"方面则要求讲究"诗法"，"穷形尽变"而又要合乎规矩，强调性情、学问与格律的合一。这一理论的重点在于诗人本身的学术修养，甚至直接用诗歌来体现其个人修养及学问。另一诗人边连宝亦为取法宋诗的文人之一，其论诗文主学力，认为学力才是诗文写作的重点，其言："故古文之辨道，今之艺炫文，文章不根柢六经，斟酌群史，纵极雕绘，徒饰虚车耳。"⑤ 而储秘书虽主性情，

---

① （清）毛奇龄：《王舍人选刻宋元诗序》，见毛奇龄《西河文集·序》卷二十二，商务印书馆，1937。
② 严迪昌：《清诗史》，人民文学出版社，2002，第787~788页。
③ （清）厉鹗：《绿杉野屋集序》，《樊榭山房集·文集》卷三，上海古籍出版社，1992，第742页。
④ （清）翁方纲：《志言集序》，《复初斋文集》卷四，《续修四库全书》第1455册，上海古籍出版社，1995，第391页。
⑤ （清）边连宝：《艺文志》，《迦陵文集》之《〈任丘县志〉小序十二首》，见（清）边连宝著，刘崇德主编《边随园集》第三册，中华书局，2007，第783页。

以为"情寄为上，学问次之。不本之情寄，而但求问学，此律门之戒子守死威仪者也"，但也认为"不深于问学而祗言情寄，此村醪之新熟，不能醉人也"。① 这都是从才性、学力在创作中所起的作用着眼的，虽所主各别，但都强调必须才学相济，不可偏废。不管是对清幽意境的创造，抑或是提倡以学问、修养来填充诗作，都说明了清代诗人在诗坛风尚与统治者的提倡下开始取法宋诗。这一诗学动态延续至嘉庆后，亦引发了学习宋诗的风尚，如程恩泽认为诗自性情出，而"性情又自学问中出"，"学问浅则性情焉得厚"②，其比较明确地推崇以黄庭坚为代表的宋诗，并由黄推及唐之韩愈，开了"远俗""清介"的诗风。当时与他相呼应的是祁寯藻，他主张通经训诂，以杜甫、韩愈、苏轼、黄庭坚为尊。程、祁两人身居高位，显赫于世，彼此唱和，使宋诗运动得以有力的开展。继承这种思想的还有曾国藩，他将宋诗、经世之学与程朱理学合成一体，致使崇尚宋诗的风气愈演愈炽，钱基博的《现代中国文学史》亦因曾国藩诗学韩愈与黄庭坚而将其视为诗学界新局面的开创之臣，引领了这一时期宋诗的发展，如同胡适所说的，"这个时代之中，大多数人都属于'宋诗运动'"③。

不得不说，康熙帝从帝王的角度编选宋诗对平复唐宋之争、引导诗坛风尚都起到了不可替代的作用。

（二）对清代宋诗选集的影响

如厉鹗所言："前明诸公剽拟唐人太甚，凡遇宋人集，概置不问，迄今流传者，仅数百家。即名公钜手，亦多散逸无存，江湖林薮之士，谁复发其幽光者，良可叹也！"④ 明人未能认识到宋诗的独特价值，致使许多宋诗散佚。至清初诗人开始诗法于宋，《御选宋诗》的出现更表明了统治者对宋诗的肯定与提倡。因此，宋诗的编撰也日益繁盛，如张景星等人编纂的《宋诗别裁集》，如同《御选宋诗》的精简版，体现了宋诗的特色；再如《宋诗纪事》，融诗选、诗话与纪事于一体，发扬了《御选唐宋诗醇》评选结合的风格，又如同《御选宋诗》一样收录广博，力求体现宋诗全貌。康熙、乾隆两位帝王的诗集编选无疑为宋诗选集树立了典范。

仅据《四库全书总目》、《清史稿·艺文志》及其补编等书目统计，清人编撰

---

① （清）史承谦：《青梅轩诗话》引，《史位存杂著六种》，乾隆六十年刊本。
② （清）程恩泽《金石题咏汇编序》，见《程侍郎遗集》，商务印书馆，1935，第 142 页。
③ 胡适：《五十年来中国之文学》，见《胡适古典文学研究论集》，上海古籍出版社，1988，第 122 页。
④ （清）厉鹗：《宋诗纪事》，上海古籍出版社，1983，第 1 页。

的宋诗总集有近七十种。

清代编选宋诗选本一览（不包括通代选本及地方诗歌汇编）

书名及卷数	作者	书名及卷数	作者	书名及卷数	作者
《宋诗纪事》一百卷	厉鹗	《宋元诗会》一百卷	陈焯	《南宋杂事诗》七卷	沈家辙等
《宋人近体分韵诗钞》	卢世㴶	《宋诗英华》四卷	丁耀亢	《宋诗钞》一百零六卷	吴之振、吕留良、吴自牧
《宋诗选》二十卷	吴曹直、储右文	《宋四名家诗》二十七卷	周永麟、柴升	《宋十五家诗选》十六卷	陈訏
《宋诗删》二十五卷	顾贞观	《御选宋金元明四朝诗》	康熙帝	《宋诗善鸣集》两卷	陆次云
《宋诗啜醨集》四卷	潘问奇、祖应世	《宋诗类选》二十四卷	王史鉴	《宋诗》一卷	李国宋
《南宋群贤诗选》十二卷	陆钟辉	《宋四家诗律》五卷	彭元瑞	《宋百家诗存》二十八卷	曹庭栋
《宋诗选》四十九卷	曹学佺	《永嘉四灵诗》八卷	孙诒让跋	《唐宋贤诗》	孔昭
《宋名家诗选》九卷	张景星	《宋人绝句》一卷	王士禛	《宋人绝句四十首》	王士禛
《宋诗课本》七卷	陈雪田抄本	《南宋群贤诗六十家》	清抄本，吴湖帆跋	《宋·陈起》九十九卷	吴湖帆跋
《宋人绝句选》两卷，《补遗》一卷	佚名	《南宋二高诗》	高士奇	《宋诗选》	马维翰
《宋诗别裁集》八卷	张景星、姚培谦等	《宋诗略》十八卷	汪景龙、姚壎	《千首宋人绝句》十卷	严长明
《宋八家诗钞》十六卷	清雍正五年（1727）遂安堂重刻	《宋诗选》三十三卷	郑铖	《宋诗选粹》十五卷	候廷铨
《宋诗三百首》一卷	许耀	《宋诗钞》一卷	邱曾	《宋诗选》一卷	顾廷伦
《宋诗选本》	陈玉绳	《宋诗钞精选》	佚名	《全宋诗》九卷	佚名
《宋诗抄》	佚名	《分韵近体宋诗》四十册	佚名	《宋人小集三种》六卷	汤淦
《宋代五十六家诗集》	坐春书塾	《江西诗派韩饶二集》	沈曾植	《宋诗钞补》八十六卷	管庭芬、蒋光煦

续表

书名及卷数	作者	书名及卷数	作者	书名及卷数	作者
《宋人诗稿》七种	会稽徐氏铸学斋藏书	《宋七言律诗注略》三卷	赵彦傅	《宋元四家诗选》四卷	戴熙
《宋金元诗选》八卷	吴翌凤	《宋四家诗》四卷	编者不详	《十八家诗钞》二十卷	曾国藩
《宋元诗会》一百卷	陈焯	《宋金元诗永》二十卷	吴绮	《补遗》二卷	吴绮

由上表可见，宋诗在经历了明代的低潮以后，正在帝王的倡导下，重新走向诗坛，清代文人亦在帝王身体力行的指导下，编纂了大量的宋诗选本。它们的出现丰富了清代宋诗学的内容，同时也标志着宋诗学经由于帝王的提倡在清代繁盛的局面。

三　结语

不得不说，《御选宋诗》是康熙帝宋诗观的集中体现。选本认为唐、宋之诗为同源，皆由人"心"而生，而诗歌经历兴衰的主要原因在于统治者的提倡与否。在诗集中，编者表现出唐宋兼采的包容态度，对作品的取舍秉持了温柔敦厚的诗教原则。其中虽蕴含了浓郁的政治色彩，但也不能成为贬低《御选宋诗》的理由。在对宋诗的倡导，推动清代诗人将目光转向宋诗，促进宋诗派的崛起，从而掀起古典诗歌最后一个高潮上，《御选宋诗》有着不可替代的作用。

《燕赵文化研究》第 1 辑
第 123 ~ 135 页
© SSAP，2019

论中国文论"气"范畴的生成[*]

陈玉强[**]

摘　要："气"是化生万物的本源，它在中古时期由哲学范畴转化为文论范畴，形成了多层次的含义：从文学发生论而言，气指触发作家感物而动、形诸舞咏的天地之气（包括元气、节气等）；从文学创作主体论而言，气指作家的生命元质（包括个性、气质等）；从文学作品论而言，气指作品的生命力（包括文学的风格、气势等）。其中的逻辑顺序是：天地之气决定了作家的生命元质，而作家的生命元质在与天地之气所化的万物的共鸣中产生了文学创作的动机，并最终决定着作品的生命力。曹丕《典论·论文》提出"文以气为主"，摆脱了汉代以来"文以德为主"的思想束缚，正是魏晋文学自觉的重要表征。其后，刘勰、钟嵘等人皆重点探讨文学之"气"，遂使之成为重要的文论范畴。

关键词：文论　气　生成

一　气化万物

许慎《说文解字》解释"气"为："云气也。象形。"[①] 从"气"的本义来看，它并没有抽象的含义，指的就是物理之气。人的生存离不开呼吸之气，人体也充

---

[*] 本文为国家社科基金项目"观念史视野下的中古新兴文艺美学范畴研究"（项目编号：15BZW027）的阶段性成果。

[**] 作者简介：陈玉强，河北大学文学院教授，博士生导师，从事中国古代文论研究。

[①] （东汉）许慎《说文解字》"气""氣"是两字，他释"氣"为"馈客刍米也。从米气声"。甲骨文、金文"气"字的探讨以及训诂中出现的涉及"气"的资料，可参见小野泽精一等编《气的思想：中国自然观与人的观念的发展》，李庆译，上海人民出版社，2007。

满物理之气。故而"气"对于人而言，是极为亲近而又不可察觉的对象。"气"由物理之气抽象为万物本源之气，其依据在于气的物理特性。气可以由无形而化为有形，比如云气凝结而成雨露；又可以由有形而变为无形，比如万物消亡复归于气。气的这种特点，正是其获得形而上内涵的根本原因。

老子认为"道"产生天地，天地产生阴阳二气，阴阳二气相交产生万物。《老子·四十二章》云："道生一，一生二，二生三，三生万物。万物负阴而抱阳，冲气以为和。"[1] 老子所谓的"冲气"指阴阳两气相激荡；冲，即交冲，激荡。[2]《庄子·田子方》也说："至阴肃肃，至阳赫赫；肃肃出乎天，赫赫发乎地；两者交通成和而物生焉。"[3] 老、庄皆认为阴阳二气化生万物，但在"气"之上还有一个总的根源，那就是"道"。

《管子》[4] 一书的看法稍有不同，认为"道"即是"气"。《管子·心术下》说"气者，身之充也"[5]，《管子·内业》说"夫道者，所以充形也"[6]。郭沫若《管子集校》、冯友兰《中国哲学史新编》都认为《管子》所说的"道"就是"气"。"气"不过是"道"的异名，那么"气"就是万物化生的本源。《管子·内业》说：

> 凡物之精，此则为生。下生五谷，上为列星。流于天地之间，谓之鬼神。藏于胸中，谓之圣人。是故民气，杲乎如登于天，杳乎如入于渊，淖乎如在于海，卒乎如在于己。是故此气也，不可止以力，而可安以德。不可呼以声，而可迎以音。敬守勿失，是谓成德。德成而智出，万物果得。[7]

"物之精"具有化生万物的功能，是本源之气。《管子·内业》说"精也者，气之精者也"[8]，其义甚明。此气不可以力止之，而只能以德安之。《管子》所讲的德，不同于儒家所谓的品德，而是道的外化。《管子·心术上》说："虚无无形谓之道，

---

① （魏）王弼注，楼宇烈校释《老子道德经注校释》，中华书局，2008，第 117 页。

② 陈鼓应：《老子注释及评介》，中华书局，1984，第 229 页。

③ （清）王先谦撰《庄子集解》卷 5《田子方》，沈啸寰点校，中华书局，1987，第 179 页。

④ 《管子》其书非一人之书，非一时之作，它系战国时期田齐变法的时代产物，其书出于稷下之学的管子学派。参见胡家聪《管子新探》，中国社会科学出版社，1995，第 23 页。

⑤ 黎翔凤：《管子校注》卷 13《心术下》，中华书局，2004，第 778 页。

⑥ 黎翔凤：《管子校注》卷 16《内业》，中华书局，2004，第 932 页。

⑦ 黎翔凤：《管子校注》卷 16《内业》，中华书局，2004，第 931 页。

⑧ 黎翔凤：《管子校注》卷 16《内业》，中华书局，2004，第 937 页。

化育万物谓之德。"① 道是无形不可见的,但万物皆由道化育而来,德就是道的外化体现。所以说:"德者,道之舍,物得以生生,知得以职道之精。故德者,得也。得也者,其谓所得以然也。以无为之谓道,舍之之谓德。故道之与德无闲,故言之者不别也。"② "德"是"道"存在的处所,"道"在具体事物中的存在形式就是"德"。德,训为得;得则是"所得以然"。作为"道"的异名的"气",人力无法干预阻止,只能顺其自然,所以说"敬守勿失,是谓成德"。

人的生死是气的聚散,这是先秦时期较为普遍的看法。《庄子·知北游》说:"人之生,气之聚也,聚则为生,散而为死……故曰:通天下一气耳。"③《管子·枢言》说:"有气则生,无气则死。"④ 人诞生就是气的聚积,人死亡就是气的消散,万物亦是如此,所以说"气"通于天下万物。

中医学认为自然界之气与人体之气相通相感。《左传·昭公元年》记载秦国名医医和之语:"天有六气,降生五味,发为五色,征为五声,淫生六疾。六气曰阴、阳、风、雨、晦、明也。分为四时,序为五节,过则为灾。阴淫寒疾,阳淫热疾,风淫末疾,雨淫腹疾,晦淫惑疾,明淫心疾。"⑤ "六气"失衡则导致人的内在气机紊乱,于是产生"六疾"。《素问·至真要大论篇》说:"本乎天者,天之气也;本乎地者,地之气也。天地合气,六节分而万物化生矣。故曰:谨候气宜,无失病机,此之谓也。"⑥ 中医学强调万物由气化生,"六气"变化是导致疾病的外因。

气内充于人体的各处,是构成形体的本源,故有血气、心气、骨气、胆气等不同称呼。气也是构成精神的本源,故有魂气、志气、意气、神气等说法。由天之"六气",产生了人之"六情"。《左传·昭公二十五年》记载:"民有好、恶、喜、怒、哀、乐,生于六气。"⑦《管子·内业》说:"人之生也,天出其精,地出其形,合此以为人。"此言天地二气相合产生人,隐含着天之气形成精神而地之气形成形体之意。《孟子·公孙丑上》说:"我善养吾浩然之气。"⑧ 浩然之气是至大

---

① 黎翔凤:《管子校注》卷 13《心术上》,中华书局,2004,第 759 页。
② 黎翔凤:《管子校注》卷 16《内业》,中华书局,2004,第 931 页。
③ (清)王先谦撰《庄子集解》卷 6《知北游》,沈啸寰点校,中华书局,1987,第 186 页。
④ 黎翔凤:《管子校注》卷 4《枢言》,中华书局,2004,第 241 页。
⑤ (清)洪亮吉撰《春秋左传诂》卷 15,李解民点校,中华书局,1987,第 644 页。
⑥ 山东中医学院等校释《黄帝内经素问校释》卷 22,人民卫生出版社,2009,第 933 页。
⑦ (清)洪亮吉撰《春秋左传诂》卷 18,李解民点校,中华书局,1987,第 766 页。
⑧ (清)焦循撰《孟子正义》卷 6《公孙丑章句上》,沈文倬点校,中华书局,1987,第 199 页。

至刚的道义之气，实质是一种精神力量。以气指称精神或精神力量，这是气由哲学范畴、医学范畴进入审美范畴的前提。

老、庄在阐释万物生成的原理时，已经明确气分阴阳。西汉刘安《淮南子》在此基础上有进一步诠释。《淮南子·天文训》说："道始于虚霩，虚霩生宇宙，宇宙生气。元气有涯垠，清阳者薄靡而为天，重浊者凝滞而为地……天地之袭精为阴阳，阴阳之专精为四时，四时之散精为万物。"① 气分为清阳、重浊，即气分阴阳，由此产生天地，化为四时，散为万物。《淮南子·精神训》说："是故精神，天之有也；而骨骸者，地之有也……夫精神者，所受于天也；而形体者，所禀于地也。"② 精神是天之清气所成，形体是地之浊气所造。天地之气是形成精神、形体的本源，也是音乐的本源。《礼记·乐记》指出："地气上齐，天气下降，阴阳相摩，天地相荡，鼓之以雷霆，奋之以风雨，动之以四时，暖之以日月，而百化兴焉。如此，则乐者，天地之和也。"③ 此以阴阳二气的和谐指称音乐的本质。

汉代思想家在前人基础上发展出了元气学说。王充《论衡·言毒》曰："万物之生，皆禀元气。"④《论衡·论死》曰："人未生，在元气之中；既死，复归元气。"⑤《论衡·无形》曰："人禀元气于天，各受寿夭之命，以立长短之形。"⑥《论衡·命义》曰："禀得坚强之性，则气渥厚而体坚强，坚强则寿命长，寿命长则不夭死。禀性软弱者，气少泊而性羸窳，羸窳则寿命短，短则蚤死……人禀气而生，含气而长，得贵则贵，得贱则贱。"⑦《论衡·率性》曰："禀气有厚泊，故性有善恶……人之善恶，共一元气。气有少多，故性有贤愚。"⑧ 人禀元气而生，这种观点未脱前人窠臼，但王充认为人禀元气的厚薄决定了寿命的长短、身体的强弱、地位的贵贱、性格的坚强软弱、本性的善恶贤愚，这却是新的发展，对六朝气论及文气说产生了重要影响。

从所禀之气探讨个性气质，在建安时期已经相当普遍。刘劭《人物志·九征》曰："凡有血气者，莫不含元一以为质，禀阴阳以立性，体五行而著形。苟有形

① 刘文典撰《淮南鸿烈集解》卷3《天文训》，冯逸、乔华点校，中华书局，2013，第79~80页。
② 刘文典撰《淮南鸿烈集解》卷7《精神训》，冯逸、乔华点校，中华书局，2013，第218~219页。
③ （清）朱彬撰《礼记训纂》卷19《乐记》，饶钦农点校，中华书局，1996，第572页。
④ 黄晖校释《论衡校释》，中华书局，1990，第949页。
⑤ 黄晖校释《论衡校释》，中华书局，1990，第875页。
⑥ 黄晖校释《论衡校释》，中华书局，1990，第59页。
⑦ 黄晖校释《论衡校释》，中华书局，1990，第46~48页。
⑧ 黄晖校释《论衡校释》，中华书局，1990，第80~81页。

质，犹可即而求之。"① 人以元气为质，禀阴阳立性，体五行著形，故而五行对应人的骨、筋、气、肌、血，即木骨、金筋、火气、土肌、水血，由此相应形成五种不同的个性：弘毅、勇敢、文理、贞固、通微。任嘏《道论》说："木气人勇，金气人刚，火气人强而躁，土气人智而宽，水气人急而贼。"② 任嘏也是由气的阴阳变化推演出人的不同性格。"气，从先秦与人的生理特征及精神状态紧密联系在一起，到两汉时期气的阴阳二元化与人的禀气的相配相合，再至建安前后形成以气探讨人的气质个性的比较普遍的社会风气，这些都是'文气'说得以产生的历史文化渊源和现实文化基础。"③

二 气之动物

魏晋南北朝时期，"气化万物"成了知识阶层的共识。曹植《上疏陈审举之义》说："臣闻天地协气而万物生。"④ 西晋孙楚《石人铭》说："大象无形，元气为母。杳兮冥兮，陶冶众有。"⑤ 萧衍《天象论》说："天地之间，别有升降之气，资始资生，以成万物。"⑥

人是万物之灵，也是由气化生。气是人的生命来源，也是触发文学创作的重要原因。魏晋南北朝的文学物感说，强调文学的发生是作家感物而动的结果。作家与外物同气相求，相互感召，产生创作冲动。天人以气相通的思想，在汉代已经相当完备。董仲舒《春秋繁露·阴阳义》曰："天亦有喜怒之气、哀乐之心，与人相副。以类合之，天人一也。"⑦ 魏晋南北朝时期，这种思想被引入文学理论，用于说明文学的发生原理。陆机《文赋》说："遵四时以叹逝，瞻万物而思纷。悲落叶于劲秋，喜柔条于芳春。心懔懔以怀霜，志眇眇而临云。"⑧ 潘岳《秋兴赋》说："四时忽其代序兮，万物纷以回薄。览花莳之时育兮，察盛衰之所托。感冬索而春敷兮，嗟夏茂而秋落。"⑨ 四时万物的变化，之所以能激发作家内心的情思，

---

① 李崇智校笺《〈人物志〉校笺》，巴蜀书社，2001，第15页。
② （清）严可均编《全上古三代秦汉三国六朝文·全三国文》卷35，中华书局，1958，第2500页。
③ 詹福瑞：《中古文学理论范畴》，中华书局，2005，第142页。
④ （清）严可均编《全上古三代秦汉三国六朝文·全三国文》卷16，中华书局，1958，第2276页。
⑤ （清）严可均编《全上古三代秦汉三国六朝文·全晋文》卷60，中华书局，1958，第3607页。
⑥ （清）严可均编《全上古三代秦汉三国六朝文·全梁文》卷6，中华书局，1958，第5963页。
⑦ （清）苏舆撰《春秋繁露义证》卷12《阴阳义》，钟哲点校，中华书局，1992，第341页。
⑧ （清）严可均编《全上古三代秦汉三国六朝文·全晋文》卷97，中华书局，1958，第4025页。
⑨ （清）严可均编《全上古三代秦汉三国六朝文·全晋文》卷90，中华书局，1958，第3959页。

正基于相通之"气"。刘勰《文心雕龙·物色》指出：

> 春秋代序，阴阳惨舒，物色之动，心亦摇焉。盖阳气萌而玄驹步，阴律
> 凝而丹鸟羞，微虫犹或入感，四时之动物深矣。若夫珪璋挺其惠心，英华秀
> 其清气，物色相召，人谁获安？是以献岁发春，悦豫之情畅；滔滔孟夏，郁
> 陶之心凝；天高气清，阴沉之志远；霰雪无垠，矜肃之虑深。岁有其物，物
> 有其容；情以物迁，辞以情发。①

刘勰认为元气动物，而物色动人，人的情绪受物色感染而产生相应变化，于是
"情以物迁，辞以情发"，催生了文学创作。钟嵘《诗品序》对文学发生的描述也
极为精彩："气之动物，物之感人，故摇荡性情，形诸舞咏。"②

作家之所以感物而产生创作冲动，正在于外物之气与作家之气发生了共鸣，
于是摇荡性情，形诸舞咏。外物之气与作家之气"以类合之"，类似于现代心理学
中的"异质同构"。美国心理学家鲁道夫·阿恩海姆的《艺术与视知觉》认为在外
部事物的存在形式、人的视知觉组织活动和人的情感以及视觉艺术形式之间，存
在对应关系。他认为，这种对应是基于世界上普遍存在着的"力"的结构。

> 象上升和下降、统治和服从、软弱和坚强、和谐与混乱、前进和退让等
> 等基调，实际上乃是一切存在物的基本存在形式。不论是在我们自己的心灵
> 中，还是在人与人之间的关系中；不论是在人类社会中，还是在自然现象中；
> 都存在着这样一些基调……那推动我们自己的情感活动起来的力，与那些作
> 用于整个宇宙的普遍的力，实际上是同一种力。③

阿恩海姆举例说，一棵垂柳之所以看上去是悲哀的，并不是因为它看上去像一个
悲哀的人，而是因为垂柳枝条的形状、方向和柔软性本身传递了一种被下垂的表
现性。垂柳中存在的这种下垂的力，与人的悲哀心理所呈现的向下的力，具有

---

① （南朝梁）刘勰著《文心雕龙注》卷 10《物色》，范文澜注，中华书局，2012，第 693 页。本章所引《文心雕
　龙》原文皆据此本，以下仅随文注明篇名。
② （南朝梁）钟嵘著《诗品译注》，周振甫译注，中华书局，1998，第 15 页。
③ 〔美〕鲁道夫·阿恩海姆：《艺术与视知觉——视觉艺术心理学》，滕守尧等译，中国社会科学出版社，1984，
　第 625 页。

“异质同构”关系，故而悲哀的人看到垂柳，就会产生共鸣。“从异质同构的角度看中国古代气论，完全可以将元气、心气、文气理解为存在于不同力场却又同形同构的力的样式，心物感应的发生，不过是主体对存在于客观景物中的力的样式的知觉，而艺术传达则是将这种经过脑组织活动整合后的张力式样予以迹化。”① 董仲舒认为“气”是天人相副的基础，而阿恩海姆认为“力”是人与物“异质同构”的基础。两种理论有极为相似的思考路径，都为人与物的互通提供了一种普泛性的基因。

山林皋壤是元气所化，人亦是元气所化，二者具有共同的本源，故有产生共振的基础。魏晋南北朝文学感物说，重在说明山林皋壤对创作的激发作用。刘勰《文心雕龙·物色》说：“若乃山林皋壤，实文思之奥府，略语则阙，详说则繁。然屈平所以能洞监风骚之情者，抑亦江山之助乎！”山林皋壤诉诸人的视觉，激荡人的心灵，故而是文思的奥府。自然景物对于诗文之气的助益作用，古代文论多有探讨。苏辙《上枢密韩太尉书》说：“太史公行天下，周览四海名山大川，与燕、赵间豪俊交游，故其文疏荡，颇有奇气。”② 名山大川对司马迁文章的奇气具有激发作用。马存《赠盖邦式序》说：“子长平生喜游，方少壮自负之年，足迹不肯一日休。非直为景物役也，将以尽天下之大观，以助吾气，然后吐而为书。”③ 司马迁游历山川，并不是单纯地欣赏景物，而是借之增加文章之气。正如包世臣《问樵上人〈海上移情图〉记》所说：“览山川雄奇，诗文为之增气。”④ 这些观点都绍述于魏晋南北朝文论。

三 禀养之气

从创生的角度而言，气化万物；从禀受的角度而言，禀气为生。魏晋南北朝时期的知识阶层发展了王充的元气论，从禀气探讨人物品性。

首先，禀气的清浊决定人物的贤与愚。刘智《论天》云：“凡含天地之气而生者，人其最贵而有灵智者也。”⑤ 但是禀气有清浊之别，人也就有贤愚之分。嵇康

① 张海明：《经与纬的交结——中国古代美学范畴论要》，云南人民出版社，1995，第93页。
② （宋）苏辙：《苏辙集》，中华书局，1990，第381页。
③ 李扶九选编《古文笔法百篇》，岳麓书社，1984，第358页。
④ 包世臣：《艺舟双楫》，王水照编《历代文话》第5册，复旦大学出版社，2007，第5241页。
⑤ （清）严可均编《全上古三代秦汉三国六朝文·全晋文》卷39，中华书局，1958，第3369页。

《明胆论》曰："夫元气陶铄，众生禀焉。赋受有多少，故才性有昏明。唯至人特钟纯美，兼周外内，无不毕备。降此已往，盖阙如也。或明于见物，或勇于决断。人情贪廉，各有所止。譬诸草木，区以别矣。兼之者博于物，偏受者守其分。"① 戴逵《释疑论》曰："夫人资二仪之性以生，禀五常之气以育。性有修短之期，故有彭殇之殊；气有精粗之异，亦有贤愚之别。此自然之定理，不可移者也。"②

其次，禀气的清浊决定万物的美与恶。袁准《才性论》说：

> 凡万物生于天地间，有美有恶。物何故美？清气之所生也。物何故恶？浊气之所施也。夫金石丝竹，中天地之气；黼黻玄黄，应五方之色有五。君子以此得曲直者，木之性也。曲者中钩，直者中绳，轮桷之材也。贤不肖者，人之性也。贤者为师，不肖者为资，师资之材也。然则性言其质，才名其用，明矣。③

清气所生之物则美，浊气所施之物则恶，推之于人亦然。纪骘《上吴主皓表》曰："臣禀气浅薄，体不及众，形容短陋，讷口弱颜。"④ 纪骘自评禀气浅薄，所以外貌短陋，拙于言辞。蔡洪《与刺史周俊书》曰："严隐字仲弼，吴郡人，禀气清纯，思度渊伟。"⑤ 严隐禀气清纯，故思度渊伟。孙绰《太尉庾亮碑》曰："公吸峻极之秀气，诞命世之深量，微言散于秋毫，玄风畅乎德音。"⑥ 孙绰《太傅褚裒碑》曰："公资清刚之正气，挺纯粹之茂质。"⑦ 所谓"吸峻极之秀气"与"资清刚之正气"，均是从禀气品评人物之美。魏晋南北朝人物品评注重评价人物的秉气，故而能抓住人物的精神气质，这也是此期人物品评重神轻形的原因之一。

最后，禀气的清浊决定文才的通与偏。曹丕《典论·论文》说：

> 夫文，本同而末异。盖奏议宜雅，书论宜理，铭诔尚实，诗赋欲丽。此四科不同，故能之者偏也；唯通才能备其体。文以气为主，气之清浊有体，

---

① （清）严可均编《全上古三代秦汉三国六朝文·全三国文》卷 50，中华书局，1958，第 2670～2671 页。
② （清）严可均编《全上古三代秦汉三国六朝文·全晋文》卷 137，中华书局，1958，第 4501 页。
③ （清）严可均编《全上古三代秦汉三国六朝文·全晋文》卷 54，中华书局，1958，第 3538 页。
④ （清）严可均编《全上古三代秦汉三国六朝文·全三国文》卷 73，中华书局，1958，第 2893 页。
⑤ （清）严可均编《全上古三代秦汉三国六朝文·全晋文》卷 81，中华书局，1958，第 3856 页。
⑥ （清）严可均编《全上古三代秦汉三国六朝文·全晋文》卷 62，中华书局，1958，第 3627 页。
⑦ （清）严可均编《全上古三代秦汉三国六朝文·全晋文》卷 62，中华书局，1958，第 3627 页。

不可力强而致。譬诸音乐，曲度虽均，节奏同检，至于引气不齐，巧拙有素，虽在父兄，不能以移子弟。①

四科八类文体各有其文体特征，只有通才兼擅众体。"气之清浊有体"之"气"指的是作家的才性，因其禀气有清浊而落实到才性上也有通与偏之别。所谓"不可力强而致"，指禀气清浊是先天而成，无法人力干预，只能顺其自然，此说上承《管子·内业》"是故此气也，不可止以力"②而来。

作家的才性之气落实到文学之中，就是文气。但"文以气为主"之"气"，究竟指作家之气还是文章之气，历来有争议。笔者认为"文以气为主，气之清浊有体"这两个"气"字前后相承，在文义上有一贯性。通观《典论·论文》，"气"字凡五见，除了"引气"指音乐的运气行声之外，"徐幹时有齐气""孔融体气高妙""气之清浊有体"③之气都是就作家的才性而言，"文以气为主"之"气"亦当如是观。《典论·论文》通篇并没有论述文章之气，它阐释了作家的才性问题——开篇讲文人相轻，其原因在于才性差异；中间讲建安七子才性对文学风格之影响以及才性对于擅长文体类型的决定作用；由此自然引出"文以气为主，气之清浊有体，不可力强而致"的结论。"气"之指才性，符合《典论·论文》的行文逻辑及思想语境。

《典论·论文》"文以气为主"揭示了文章创作及文章风格遵循以才性为主导的原则，把作家的才性提到了文学创作的第一位，摆脱了汉儒以政治伦理要求文学的误区，这正是魏晋文学自觉的标志。"这种理论，虽然过于强调人的禀赋，没有注意到社会实践和艺术修养等后天因素对作家的重要影响，但它却首次从作家这一创作主体去寻找创作个性形成的根本原因，可谓找到了解决问题的关键。"④

其后，刘勰《文心雕龙》对作家与文学风格的关系，从先天、后天两层面，有更为全面的探讨。《文心雕龙·体性》说：

> 然才有庸俊，气有刚柔，学有浅深，习有雅郑，并情性所铄，陶染所凝，是以笔区云谲，文苑波诡者矣。故辞理庸俊，莫能翻其才；风趣刚柔，宁或

① （南朝梁）萧统编《文选》卷 52，李善注，上海古籍出版社，1986，第 2271 页。
② 黎翔凤：《管子校注》卷 16《内业》，中华书局，2004，第 931 页。
③ （南朝梁）萧统编《文选》卷 52，李善注，上海古籍出版社，1986，第 2270～2271 页。
④ 詹福瑞：《中古文学理论范畴》，中华书局，2005，第 146 页。

改其气；事义浅深，未闻乖其学；体式雅郑，鲜有反其习；各师成心，其异
如面。

才、气偏于先天的禀赋，学、习则属于后天的陶冶。才与气不可分，气居于主导
地位。《体性》又说："才力居中，肇自血气；气以实志，志以定言，吐纳英华，
莫非情性。"所谓"才力"就是"才有庸俊"之"才"，"血气"即是"气有刚
柔"之气。由才、气衍为才力、血气，是出于骈文措辞的需要。这里"气"①、
"血气"指作家的气质。作家的才能、气质、学识、习染各不相同，所以文章的辞
理、风趣、事义、体式各不相同。刘勰列举了文学史上 12 位作家的才性之气与他
们的作品风格，论证前者对后者的决定作用。例如"公幹气褊，故言壮而情骇"
（《体性》），意指刘桢性格急躁刚烈，故而他的作品语言雄壮、情思惊人。

钟嵘《诗品》也论述了作家才性之气对于文学风格的决定作用。同样是评刘
桢，钟嵘说他"仗气爱奇，动多振绝。贞骨凌霜，高风跨俗。但气过其文，雕润
恨少"②。"仗气爱奇"指刘桢依仗其亢直的气质，偏爱奇警之语，故而他的诗歌存
在"气过其文"的毛病。钟嵘评刘琨"刘越石仗清刚之气"③，故而刘琨诗歌"自
有清拔之气"④。

刘勰从禀气的角度论述文采的来源。《征圣》云："精理为文，秀气成采。"所
谓秀气即是灵秀之气。《礼记·礼运》云："人者，其天地之德，阴阳之交，鬼神
之会，五行之秀气也。"⑤ 作家禀有秀气，诗文就有异彩。

作家所禀之气是先天的，无法改变，无从培养。《文心雕龙·养气》"调畅其
气"所讲的是可养之"气"，它并非禀受于天的元气，也不是孟子说的"我善养吾
浩然之气"⑥ 的道德之气，它其实指后天的神气。养气就是保爱精神。《神思》说
"神居胸臆，而志气统其关键"，"关键将塞，则神有遁心"。如何保持志气不塞，
《神思》虽然提出"陶钧文思，贵在虚静。疏瀹五藏，澡雪精神"，"是以秉心养

① 刘勰《文心雕龙》"气"字凡 79 见，含义或异或同，涉及才气、气势、意气、气韵、声气、辞气、正气、气性、血气、精气、气度、元气、体气、风气等，具有明显的多义性。《文心雕龙》"气"的分类及例句，参见杨星映、肖锋、邓心强《气、象、味的生成与泛化》，上海古籍出版社，2015，第 61~66 页。
② （南朝梁）钟嵘著《诗品译注》，周振甫译注，中华书局，1998，第 38 页。
③ （南朝梁）钟嵘著《诗品译注》，周振甫译注，中华书局，1998，第 17 页。
④ （南朝梁）钟嵘著《诗品译注》，周振甫译注，中华书局，1998，第 62 页。
⑤ （清）朱彬撰《礼记训纂》卷 9《礼运》，饶钦农点校，中华书局，1996，第 345 页。
⑥ （清）焦循撰《孟子正义》卷 6《公孙丑章句上》，沈文倬点校，中华书局，1987，第 199 页。

术，无务苦虑；含章司契，不必劳情也"，但未展开论述。《养气》正是上继《神思》未竟之旨，探讨文学"养气"问题。

刘勰认为，人的心思和言辞都是为精神所用的，所以要注意保养精神，顺着情志，顺其自然，才能思理融和，情思通畅；如果钻研磨砺过度，就会精神疲惫而元气衰竭。这就是《养气》所说的："率志委和，则理融而情畅；钻砺过分，则神疲而气衰。"上古时期的作家顺着情志进行创作，所以他们的创作显得从容不迫；战国以后的作家费尽心思追求新奇，卖弄文采，所以他们的创作紧迫无暇。作家所具有的资质与才能是有限的，而智力的运用是无边无际的。刘勰以王充、曹褒、曹操的言行为证，指出如果才气不够却不切实际地刻意苦思，就会"精气内销""神志外伤"。

魏晋以来，知识阶层从养生的角度重视养气。干宝《山亡论》曰："人有四肢五脏，一觉一寐，呼吸吐纳，精气往来，流而为荣卫，彰而为气色，发而为声音，此亦人之常数也。"[1] 从中医的角度而言，气耗衰则无救。曹髦《伤魂赋》悼曹竝暴疾陨亡："惟厥疾之初发，若常疾之轻微，未经日而沈笃，气惙惙而耗衰。岐、鹊骋技而弗救，岂药石之能追？精魂忽已消散，神眇眇而长违。"[2] 曹竝暴亡正是由于精气耗衰。故而养气、导气为时人所重。司马炎《赐恤魏舒诏》曰："思所以散愁养气，可更增滋味品物。"[3] 张载《酃酒赋》曰："宣御神志，导气养形。遣忧消患，适性顺情。"[4]

如果说，曹丕重在论述作家的禀气对文学创作的影响，那么刘勰则既讲禀气，也讲养气，他将魏晋以来重视养生的生存哲学引入文论，强调作家构思及创作顺应自然，保持精气，使思路畅通。他们对作家才性之气、精神之气的禀受和保养的探讨，正是魏晋南北朝时期个体意识、主体意识觉醒的反映。

四　气为文主

作家的才性之气落实到文学之中，就是文气，即文学的生命力。钟嵘《诗品》引袁嘏语："我诗要有生气，须人捉着，不尔，便飞去。"这是将气视为作品的生

① （清）严可均编《全上古三代秦汉三国六朝文·全晋文》卷127，中华书局，1958，第4385页。
② （清）严可均编《全上古三代秦汉三国六朝文·全三国文》卷11，中华书局，1958，第2226页。
③ （清）严可均编《全上古三代秦汉三国六朝文·全晋文》卷6，中华书局，1958，第2993页。
④ （清）严可均编《全上古三代秦汉三国六朝文·全晋文》卷85，中华书局，1958，第3899页。

命力所在。钟嵘《诗品》评曹植诗歌"骨气奇高"[①]，评刘琨、卢谌诗歌"自有清拔之气"[②]，评郭泰机、顾恺之、谢世基、顾迈、戴凯诗歌"气调警拔"[③]，都是称赞这些诗歌有生气，如人之有生命力。

刘勰《文心雕龙》认为文章风骨的实质是有生气，他对于有生气的作品多有褒扬。他称赞《楚辞》"气往轹古"（《辨骚》），称赞臧洪的歃辞"气截云蜺"（《祝盟》），称赞《列子》"气伟而采奇"（《诸子》），称赞孔融《荐祢衡表》"气扬采飞"（《章表》）。

从文学的通变而言，刘勰认为商周之后的文学，味道越变越淡，究其原因在于文气的衰落。他指出："摧而论之，则黄唐淳而质，虞夏质而辨，商周丽而雅，楚汉侈而艳，魏晋浅而绮，宋初讹而新。从质及讹，弥近弥淡。何则？竞今疏古，风末气衰也。"（《通变》）刘勰在文学上出于宗经的思想而贵古贱今，这种看法不无偏见，但是他以文气权衡通变，时有新见。《通变》说："夫设文之体有常，变文之数无方，何以明其然耶？凡诗赋书记，名理相因，此有常之体也；文辞气力，通变则久，此无方之数也。""凭情以会通，负气以适变。"刘勰以文气作为通变的关键，这种看法符合文学发展规律。

刘勰称赞"慷慨以任气"（《明诗》）、"梗概而多气"（《时序》）的建安文学，体现他论文重气的倾向。刘勰对某些文体特别强调要有气，比如对问、连珠一类的杂文，应该"藻溢于辞，辩盈乎气"（《杂文》）；用于褒奖、封官的诏策应该"气含风雨之润"（《诏策》）；檄文应该"使声如冲风所击，气似欃枪所扫"，"必事昭而理辨，气盛而辞断"（《檄移》）；用于监察、弹劾的奏文应该"砥砺其气，必使笔端振风，简上凝霜者也"，"不畏强御，气流墨中"（《奏启》）。这些"气"，是指气势，是文章生命力所在。

绘画之气也指展现生命力的气势。南齐画家谢赫《古画品录》将卫协绘画列为第一品，因为他的绘画有壮气："古画之略，至协始精，六法之中，迨为兼善。虽不说备形妙，颇得壮气，凌跨群雄，旷代绝笔。"[④] 谢赫将夏瞻绘画列为第三品，因为他的绘画气力不足："虽气力不足，而精彩有余。擅名远代，事非虚美。"[⑤]

---

① （南朝梁）钟嵘著《诗品译注》，周振甫译注，中华书局，1998，第 37 页。
② （南朝梁）钟嵘著《诗品译注》，周振甫译注，中华书局，1998，第 62 页。
③ （南朝梁）钟嵘著《诗品译注》，周振甫译注，中华书局，1998，第 65 页。
④ （清）严可均编《全上古三代秦汉三国六朝文·全齐文》卷 25，中华书局，1958，第 5861 页。
⑤ （清）严可均编《全上古三代秦汉三国六朝文·全齐文》卷 25，中华书局，1958，第 5862 页。

书论中常见的壮气、气力，均指书法的气势。萧衍《草书状》曰："但体有疏密，意有倜傥。或有飞走流注之势，惊疏峭绝之气，滔滔闲雅之容，卓荦调宕之志，百体千形，而呈其巧，岂可一概而论哉！"[①] 草书的惊疏峭绝之气，指的就是书法气势。袁昂《古今书评》品评书法，以人为喻，也重在说明书法的生命力："王右军书，如谢家子弟，纵复不端正者，爽爽有一种风气……徐淮南书，如南江士大夫，徒好尚风轨，终不免寒气……殷钧书，如高丽使人，抗浪甚有意气，滋韵终不精味。"[②] 袁昂以谢家子弟的风气、南江士大夫的寒气、高丽使人的意气，分别喻指王羲之、徐希秀、殷钧书法迥异的生命力。

总之，"气"作为审美范畴在中古时期的新兴，具有划时代的意义。从气之动物、物之感人的视角，说明文学发生的机制；从创作主体的禀气和养气的角度，强调才性、精神对于文学创作的决定作用；从文艺作品的角度，强调了气是作品的生命力和美学内质。这些理论是魏晋以来人的觉醒以及文学自觉的重要标志。

---

① （清）严可均编《全上古三代秦汉三国六朝文·全梁文》卷6，中华书局，1958，第5969页。
② （清）严可均编《全上古三代秦汉三国六朝文·全梁文》卷48，中华书局，1958，第6457~6458页。

《燕赵文化研究》第 1 辑
第 136～147 页
© SSAP, 2019

法兰克福学派的文化现代性理论*

李进书　马孝怡**

摘　要： 历时地看法兰克福学派，第一代普遍地对文化现代性持批判态度，第二代整体上肯定着文化现代性，第三代重点关注了亚文化的承认功能。共时地看，第一代的阿多诺与本雅明就大众文化的愚弄性与解放性产生了争论，第二代的哈贝马斯与韦尔默对于后现代艺术持有相异观点。这种历时上的变化与共时上的争论，主要与这些理论家们所关注的文化类型、所持的幸福观以及具体视角相关，而为了使所有群体和人类拥有安全的、团结的家园，哈贝马斯等人积极建构着共同体，既汲取着文化中的"团结"资源，也将文化看作民众交往的纽带。

关键词： 法兰克福学派　文化现代性　团结　幸福　共同体

从生活的时代看，法兰克福学派的三代人依次经历了残酷的二战、战后重建以及复杂的当代，他们是文化现代性（Cultural modernity）的重要言说者：在现代社会里，文化拥有怎样的身份，并发挥着哪些功能，比如第一代批判了文明与大众文化的奴仆特性，第二代肯定了文化的交往功能，第三代探究了亚文化的承认诉求，等等。另外，霍克海默和阿多诺揭示了启蒙中隐藏着同一思维，此思维扼杀了启蒙宣扬的自主意识；哈贝马斯则重写了启蒙规划，认为它对现代性有着指导作用，更重要的是，此规划作为一个标尺，检验出现代性的病症所在，如科技至上和道德缺失。就是说，虽然法兰克福学派没有经历过启蒙运动的风起云涌，但是他们并没有忽视对这个重要阶段的思考，而是通过反思启蒙宣扬的观念，指

---

　　*　本论文得到国家留学基金资助。
　　**　作者简介：李进书，河北大学文学院教授，主要从事文艺理论研究；马孝怡，河北大学文艺学研究生。

出启蒙应为理性至上、商品拜物教、思想缺席等缺陷负责，或者重估了启蒙规划的价值——为现代性设计蓝图，也从中探寻出现代性自我救赎之匙——交往理性。

一　第一代：备受批判的文化现代性

第一代揭露了文明与大众文化的奴仆本色，加深了人们对文化现代性的丑陋性的认识。对于某些史学家讴歌的文明，一些思想家并不苟同，他们敢于褪去文明的漂亮外衣，让人看到其偏执、阴险和野蛮的一面。比如斯宾格勒揭示了文明偏爱科技和金钱，弗洛伊德揭露了文明借助宣扬超我人格而罢黜人的爱恨本能，鲍曼（Bauman）认为文明对惨绝人寰的种族大屠杀负有不可推卸的责任。第一代对二战深恶痛绝，他们既有普通人之忧，如宁静惬意的生活被失控的战争破坏，更有种族身份招致的无边恐惧，如纳粹假借文明之名戕害犹太人，阿多诺等人沦落为战战兢兢、居无定所的流浪者。痛定思痛，他们思考着：希特勒这种恶魔因何备受膜拜，无数聪慧的个体为何甘愿受其摆布，成为罪恶计划忠实的实施者……刨根问底，第一代将这些问题追究到文明身上，在他们眼中，文明与文化基本上等同，"文明基本上是一个文化问题，即是一个反复灌输道德准则的问题。人们的血统和教育越充分地使适当的人类行为成为他的第二天性，他就越被认为有灵魂"①。在他们看来，启蒙许诺了现代人以自主和幸福，承诺他们将享受传统社会不曾有的教育机会、文化欣赏的权利，结果人们非但没有发挥出自主权，反倒不自觉地担当了恶魔的马前卒，因此阿多诺等人将此责任追究到文化教育上，拷问了此中隐藏着怎样的消极因素。

在阿多诺看来，文明布道的同一原则剥夺了个体的自主要求，将他们简化为畏惧思考的原子。客观地看，启蒙思想家带有开明君主的情结，他们既宣扬君主是至高无上的，又强调国家和民族的荣誉。但是随着时间的流逝，这样的思想酿就了双重后果：一方面，统治者堂而皇之地以国家荣誉为借口，使用各种手段实施管制，乃至剥夺民众的应有自由；另一方面，被灌输了牺牲精神的民众甘愿放弃一些基本要求，成为所谓国家利益的维护者，其实就是罪恶的执行者。不过，阿多诺关注的是哲学中的"同一性"思想，这种思想在提倡辩证法的同时，又强调绝对知识的强制性。这致使辩证法虽吸收着外在事物，但只是将它们融化到自

---

① 曹卫东编选《霍克海默集》，渠东、付德根译，上海远东出版社，2004，第274页。

己体系中，而绝对不会因它们改变自己的体系，所以阿多诺讽刺这是一种肯定的否定之否定。可以说，同一性的现实效果就是致使民众无力、无权表达自我意愿，一切都同一到某个绝对事物身上，这既给予权威实施全面管制以合理性，也让民众误认为无条件遵从是一种美德，由此出现了奥斯威辛集中营这样的人类丑闻。不像阿多诺目睹了这个人间悲剧，本雅明因早逝①没有看到纳粹与极权主义的更大暴行，但是他依据幸福与救赎的观念，审视了以往的历史，发现了文明的阴暗面——胜利者的辩护词和遮羞布。这些胜利者踏着失败者以及无辜者的尸体登上统治宝座，然后借助书写文明史将自己美化为救世主，而许多历史学家或钟情于胜利者，或受雇于统治者，他们违心地为野蛮者虚构了辩护词。为此，本雅明深恶痛绝地说："根本没有一种文化的记载不同时也是一种野蛮的记载。"② 他的断言后来得到验证，600 多万犹太人因希特勒的谬论而惨遭杀戮，时至今日，人类光彩的文明史下不知掩盖了多少罪恶，湮没了多少无辜的生灵。由此，文明的同一性与野蛮性昭然若揭。另外，它施加着可怕的双重压抑。作为弗洛伊德衣钵的间接继承人，马尔库塞继承和发展了文明的压抑理论，揭示出现代人承受着双重压抑——文明包含的压抑以及现代文明附加的压抑，这样的压抑主要由婚姻制度、分工体制、消费欲望等合谋形成，它们不可名状、难以消除。可见，文明之罪既在于它向个体施加了无形的压抑，更在于它导致了诸多人为的灾难，使许多无辜者失去了生命，也让现代性背负了难以消除的恶名。

立足于"捍卫自由、反对宰制"的信念，第一代继续寻找着威胁民众自由和幸福的事物，其中大众文化成为他们重点拷问的对象。20 世纪三四十年代，广播和电影在民众的日常生活中扮演着举足轻重的角色，尤其许多人认为，电影给他们带来福音——开拓眼界、提供娱乐，所以他们为电影折服，成为电影的拥趸，尊称电影为"魔力的艺术"。而阿多诺等人揭示出它暗含的"愚人"（蒲柏语）魔法，它诱骗受众放弃思想，简化为无反抗力的"原子"。大众文化的欺骗性表现为它是商品却装扮为艺术，塑造出所谓的风格，其实，这种风格外渗着铜臭味，只为利润而不顾及真相和真理，所以阿多诺批判这是虚假的风格。风格虚假的大众文化竭力为大众制造着娱乐，它以娱乐为香饵显示着它的亲民性，阿多诺并不反对娱乐，因为娱乐是艺术的必要因素，但是他担忧娱乐策略与过度娱乐，其中，

① 1940 年 9 月 26 日，本雅明自杀于法西边境。
② 〔德〕本雅明：《经验与贫乏》，王炳钧、杨劲译，百花文艺出版，1999，第 306 页。

"娱乐策略"是一种阴谋,它算计的是人的想象和思考;"过度娱乐"是阴谋的结果,指受众遗忘了应有的审美反思。而可怕的是,大众文化逐步地将"娱乐策略"运用得完善备至,它借助为大众提供无法抗拒的笑声,牢牢地控制住他们,使他们在接受这些简单、具体的内容的同时,放弃了应有的想象和思考。结果,越是痴迷于大众文化的人,他被异化的程度越严重。另外,阿多诺指出:大众文化野心勃勃,试图将所有人都纳入它的消费体系中,哪怕十多岁孩童也是它的消费者,这既意味着大众文化神奇地抹除了受众的年龄界限,也暗示着它将受众的智商降低到孩童的水平。更令阿多诺惊觉的是,大众文化体现出"绳锯木断、水滴石穿"的韧性,它为其目的不择手段、毫不气馁,于是越来越多的人被它俘获,成为它的忠实受众与辩护者。可见,阿多诺批判大众文化是因为它的非人性,它通过给予娱乐而骗取受众的思考,借助提供简单的故事而弱化受众的智力,最终它熏陶出大量简单的、无辨识力的奴仆,即商品的大众文化暗地里扮演着意识形态的帮凶,发挥着"社会水泥"的功能。

与阿多诺相似,洛文塔尔也洞察到大众文化的欺骗性,不过,他是通过分析"传记"(biography)而揭示出其中隐匿的真相。借助研究 1901～1941 年《星期六晚邮报》和《科利尔》中的传记,洛文塔尔发现了一些问题:英雄的内涵发生了变化,今天娱乐英雄取代了崇高式英雄,消费偶像将生产偶像挤出尊崇的宝座;传记曝光了偶像的很多隐私,比如生活习惯、家庭出身,这既满足了读者的好奇心,也促进了消费,人们可以效仿偶像来购物和消费;偶像的成功似乎具有仿效性,但是传记的最高级修辞手法意味着偶像的成功仅属于他个人,不具有普遍性。就是说,传记培养了大众对娱乐明星的狂热,拉近了大众与偶像的距离,大众欣喜地以为这是一条共享的成功之途,其实,它只是某个偶像的专用通道,大众只有膜拜的权利与消费的自由,却没有获得类似成功的机会。最终大众在贡献了自己的热情与金钱之后,一切依然如故,而借助这种欺骗性,大众文化巧妙地变成工作时间的缓冲带,"它们以美丽和令人愉悦的外观出现,此时它们不仅支配着每一个普通的白天,而且也支配着每一个普通的傍晚和夜晚"[1]。这说明第一代批判大众文化的重点是它的欺骗性,它通过给予受众以一些轻松、快乐的东西而骗取他们的想象和思考,从而大众文化替统治者培养出无数个听话的人。

可见在现代性发展中,文明和大众文化都扮演了不光彩的角色,它们作为某

---

① 〔美〕洛文塔尔:《文学、通俗文化和社会》,甘锋译,中国人民大学出版社,2012,第178页。

种精神与心理因素潜移默化地规劝着民众，使他们放弃思考和抵抗，成为偶像的追逐者，甚至变成罪恶计划的实施者。很大程度上，文明和大众文化应该为极权主义的猖獗行为负责，为一些灾难承担责任，在第一代眼中，它们就是统治者的奴仆，负责将民众培养为麻木不仁、欣然听命的玩偶，从而更有利于统治，也制造了大量的罪恶。基于这种认识，阿多诺痛斥道："奥斯威辛集中营之后的一切文化、包括对它的迫切的批判都是垃圾。"① 可以说，在法兰克福学派的第一代以及同时代其他人的口诛笔伐下，此阶段的文化现代性背负了沉重的恶名，它被思想家视作现代性失误的替罪羊，它几乎没有翻身的机会。不过，峰回路转，到了第二代，文化现代性获得新生，正面形象增多，这受益于哈贝马斯与韦尔默的积极建构和多元阐释。

二　第二代：值得信赖的文化现代性

第二代区分于第一代的一个明显标记就是他们对文化的肯定态度。在第一代眼中，文明与大众文化臭名昭著，所以他们认为文化现代性是丑恶的，有害于人类与现代性，而作为阿多诺的助手与竭力提携者，第二代的哈贝马斯认为文化多是积极性的，这在一定程度上背离了阿多诺的文化思想。在哈贝马斯视域中，大致上有三种文化——现代性的设计方案、作为交往的知识储备、商业性的大众文化。对于大众文化，哈贝马斯如第一代一样毫不留情地批判这种世俗之物，不过他不太关注它的政治功能，而是讨伐了它对剩余价值的贪婪性。但是大众文化并非哈贝马斯的兴趣所在，他的热情主要倾注在前两种文化身上，并且有着创造性发现。

关于"文化现代性"，哈贝马斯明确谈论了这个概念，他认为它是一个完整的现代性方案，包括科技、道德与艺术等三个领域，并且期望它们协同发展，给予人们以幸福。不幸的是，人们陷入偏执的泥淖中，过分衷情和依赖科技而漠视道德和艺术，从而致使科技和经济畸形发展，道德沦丧、理性受宠，为此，现代性堕入内外交困的处境中。不过，不同于许多人的落井下石，哈贝马斯则坚信现代性远未完结，也没有质疑文化现代性这个规划，而是富有洞见地指出：现实的诸多问题不能归咎于这个规划，而在于人们忽视了交往理性，如果充分地发挥交往理性的作用，协调科技、道德和艺术的关系，现代性就会激发出诸多活力，恢复

---

① 〔德〕阿多诺：《否定的辩证法》，张峰译，重庆出版社，1993，第 367 页。

人们对现代性的信心。至于文化的交往功能，哈贝马斯如是说："文化（Kultur）是一种知识储备，交往行为者通过就世界中的事物达成沟通，并用这些知识储备来做出富有共识的解释。"① 在他看来，文化与社会和个性都属于生活世界（life-world）②，生活世界是相对于系统（政治系统与经济系统）的一个民众的空间，类似于休闲时间、日常生活等。生活世界应该是自由自在的场所，是民众逃避系统管制的避风港，他们在此恢复身心，寻找志同道合者，但如哈贝马斯所言：不幸的是，系统力图控制所有人，其势力渗透到生活世界中，导致了生活世界殖民化的悲剧。不过，哈贝马斯相信生活世界并非系统随意宰割的对象，它富有活力，包含着文化、社会和个性等因素，并且它们都具有再生产能力。这使得同一语境的人们毫无阻碍地交流，相互学习，组成自主的公共领域，抵抗系统的控制，以保持生活世界应有的自治，其实这也保证了人的基本自由。不过，哈贝马斯对交往中的"文化同质化"显示出一定担忧，如对于后现代主义，他讽刺它是一种世俗文化，但他也承认全球难以抵御这种文化的蔓延，因为它迎合着大众的低俗需求，且打着自由主义的炫目旗号。要想在并不公正的交流中保持独特性，哈贝马斯认为各种文化应立足于自己的社会现代化的现状，植根于现实的厚实土壤中，这样就会在确保自己自治的同时，有效地学习和借鉴外来文化，从而更好地发挥自己的社会功能。③

与哈贝马斯相似的是，韦尔默也给予文化以充分的肯定，不过，他倚重的对象是后现代主义文化。在哈贝马斯眼中，后现代主义是虚无的，不值得信赖，但韦尔默从中挖掘出交往、民主和自由等潜质，为此，他将这种文化视作后形而上学现代性的主要基石。韦尔默如此青睐后现代文化，既因为它开启了一个开放的语境，在此，畅所欲言不再是一种奢望，人们在交谈与争论中相互学习、共同成长；也因为它蕴含着交往、民主和自由等基质，这有助于民主的伦理生活的形成与完善。

其一，作为一个语境，后现代给人带来双重感受——喜和忧。兴许是年龄使

① 〔德〕哈贝马斯：《现代性的哲学话语》，曹卫东等译，译林出版社，2004，第387页。
② "生活世界"原本是胡塞尔所造的一个词语，后来他的学生舒茨从社会学角度加以发展，主要指大众建立的一个自在的生活空间。哈贝马斯借用这个词语，将它视作系统的一个对立空间，由于系统包含着政治和经济等系统，它们试图全面控制大众，而生活世界依靠语言交往确立一个自由空间，抗拒着系统的侵蚀。但是正如阿多诺担忧的"全面受控制的社会"一样，哈贝马斯看到生活世界被不断殖民化的趋势。参见〔英〕埃德加《哈贝马斯：关键概念》，杨礼银、朱松峰译，江苏人民出版社，2008，第102~103页。
③ 参见〔德〕哈贝马斯《在自然主义与宗教之间》，郁喆隽译，上海人民出版社，2013，第258页。

然，韦尔默不像稍长的哈贝马斯那样强烈地抵触后现代，而是正视着这个新生物带来的影响。在韦尔默眼中，提倡差异和分歧的后现代是一个开放和民主的空间，因为它不像现代性一样苛求同一与管制，而是给予所有人以言说的权利、商谈的自由，使得人们能够自由地交谈，有效地解决存在的矛盾。而且韦尔默认为，后现代与哈贝马斯倡导的交往理性并不对立，交往理性在后现代语境中有些如鱼得水的畅快，同时交往理性也为这个新语境的人提供了合理的交往方式，这也是利奥塔与哈贝马斯之争被戏称为"兄弟之争"的缘由所在，两人看似水火不容，其实他们的内在思想是相同的。① 不过，后现代也带给人们一丝惊恐，它解构了一切确定的、标准的原则，致使所有事物陷入不可名状、难以言尽的泥淖中，结果一时间人们迷茫于前途的未定，显得手足无措。这也与全球化密不可分，此时所有事物超时空地连接起来，一个事物同时受到多个外物的影响和制约，它的命运不再由它把握，而是受制于诸多未知、偶然的因素。于是偶然性与未定性取代必然性与确定性而成为时代的主题，其中，关于"偶然"（contingency）这个概念，理查德·罗蒂有着详尽的阐述，在《偶然、反讽与团结》中，他指出三种偶然：语言的偶然、自我的偶然和自由主义社会的偶然。通过一番论证，罗蒂指出：我们不要再崇拜任何东西，不要再相信有"准神性"（quasi divinity）的事物，因为一切都是时间与机缘的产物，都是偶然性的。② 为此，罗蒂认为，语言更多指向当下，它并不涉及更多的隐喻与真理；人生则是"永远无法完成、却又时而英雄式地不断重织的网"；社会则不再信奉普遍有效性，而是认可实在的有效性，"凡是在自由开放的交往中最终被相信的东西，便是真理"③。韦尔默没有受困于这种无法言说的理论，而是自然地接受了这种"偶然"观，并从中看到希望的资源——它可以摧毁独断论、原教旨主义、权威主义和道德与法律的不平等的基础，它们曾有功于现代性的确立，现在却制约着社会的进步；偶然性则凸显了民主自由制度，是最有益于人们的幸福。④

其二，后现代主义文化中包含着交往、民主和自由等因素，它们完善着民主的伦理生活。作为一种文化形态，后现代提倡差异和分歧，反对同一和强制，透过这些理念，韦尔默看到诸多可喜之处，例如后现代文化是民众发挥才智之所，

① 参见〔美〕凯尔纳、贝斯特《后现代理论》，张志斌译，中央编译出版社，1999，第 324 页。
② 参见〔美〕罗蒂《偶然、反讽与团结》，徐文瑞译，商务印书馆，2003，第 35 页。
③ 〔美〕罗蒂：《偶然、反讽与团结》，徐文瑞译，商务印书馆，2003，第 98 页。
④ 参见〔德〕韦尔默《后形而上学现代性》，应奇、罗亚玲编译，上海译文出版社，2007，第 338~339 页。

每个人尽可能施展自己的才华，且彼此没有主仆、中心与边缘之区分，他们从不同角度丰富着对某物的认识，并交流着各自的收获。可以说，这是交往理性的一个栖息之所，在这里，主体间地位平等，他们通过交流，相互学习，彼此都获得进步，这是韦尔默对哈贝马斯交往理性的一种拓展，也是对哈贝马斯厌烦后现代的一种矫正，其实，韦尔默经常出色地扮演这种黏合剂的角色——将两个相异东西的共通之处黏合起来。再如韦尔默所言：后现代文化强调"非同一"哲学，反对任何形式的权威，倡导每个人都有畅所欲言的权利和机会，认为每个人的言说权利都应受到尊重，这培养了人的民主意识，使他们拥有了发挥自由的机会和场所。在韦尔默看来，经过后现代文化的熏陶，人们提升了对交往、民主和自由的认识，了解到它们在当代社会的重要性，尤其它们在完善"民主的伦理生活"方面贡献突出。关于伦理生活，它主要涉及人的道德实践领域，黑格尔指出：伦理是自由的理念，是活的善，就是人们在现实中既发挥出自己的自由，又保证行为富有合理性。通过汲取黑格尔、托克维尔和罗尔斯等人的思想资源，韦尔默创造出"民主的伦理生活"这个概念，它的独特之处自然是民主这个词，在此，民主与自由相结合，它们强调：尊重差异既是伦理生活的前提，也是它的目标。后来，韦尔默将更多的精力倾注到对这个概念的完善上，耐心地探究着幸福的伦理生活的前途，实质上，这种兴趣早在哈贝马斯那里就可见一斑，他的文化涵盖了真善美三个领域，责任沉重，而韦尔默则重点关注善的领域，其后，霍耐特更专注于道德实践的研究，这正是王凤才所言的伦理学转向。更关键的是，借助后现代文化与民主的伦理生活等资源，韦尔默还创造了"民主自由的文化"这个术语，希冀它承载民主的伦理生活这个理想，实现民主商谈，发挥人们的自由权利。

整体地看，第二代认为文化现代性是积极的，如哈贝马斯指出，它规划出一张完整的现代性蓝图，也促进着人际交往，减少了一些冲突，韦尔默则认为它建构着民主的伦理生活，对个体与社会都不无裨益。第二代之所以肯定文化现代性，一方面，源于他们与国家的关系并不紧张，国家比较在乎民众的幸福，所以第二代不像阿多诺那样仇恨国家；另一方面，第二代是国家体制内的有机知识分子（organic intellectual），他们的责任多是提出建设性意见，而非批判，所以他们缺少了抗拒精神，但多了些建议口吻。可以说，第二代的伦理学兴趣直接影响到第三代的霍耐特，而他的承认理论则深耕了伦理学领域。

三　第三代：富有伦理功能的文化现代性

由于霍耐特拥有社会研究所所长这一显赫身份，因此在某种程度上他的学术兴趣可以代表着法兰克福学派当前的学术重点，乃至预示着未来的研究趋向。整体上讲，霍耐特完成了自哈贝马斯以来的"伦理学转向"，专注于探究伦理生活的建构与完善，很大程度上，霍耐特放弃了第一代倚重艺术批判和反思的传统，所以霍耐特的批判性与第一代不可同日而语；他也没有哈贝马斯规划真善美的抱负，哈贝马斯因这种抱负而胜任于言说现代性，霍耐特则专注于承认（德语是 anerken-nung，英语是 recognition）理性的探究①，书写着"承认理性的转向"。在文化的研究方面，霍耐特既有别于第一代的讨伐姿态，也区分于第二代的肯定态度，他对文化不太热心，原初的承认框架中难见文化的身份，只是后来在与南茜·弗雷泽（Nancy Fraser）争论时，霍耐特才不断地提及文化，我们才了解到他的文化观。那么，我们为何要挑剔他是否缺失艺术理论与文化思想呢？因为这两者是法兰克福学派的珍宝，贯穿于第一代、第二代的思想中，是他们评判现代性的品格、探究问题的根源乃至拯救现代性的方式。目前来看，霍耐特大致上涉及了两种文化：亚文化与共同文化。前者主要指亚文化群体共有的文化形式，他们依据这种文化认同去争取应有的权利；后者指不同地域的人共享的文化资源，借助着共同文化，他们构建着和睦共处的共同体。

其一，"文化承认"是第四种承认原则，关系着亚文化群体的身份诉求。霍耐特与弗雷泽共同讨论了妇女、青少年、少数族裔等的诉求问题，他们都认为亚文化问题是当前社会的一个主要事件，是社会矛盾的一个策源地。但他们存在着分歧：亚文化问题属于"文化—经济二元论"还是"道德一元论"呢？弗雷泽认为边缘群体或为文化承认而抗议，或为物质再分配而斗争，在当前情况下，她相信这些人多为再分配而奔波呼吁；霍耐特则指出再分配不是边缘群体头痛的问题，他们之所以流溢着不满和怨恨，主要在于没有得到应有的尊重和承认，这属于道德中的蔑视与伤害。那么，他们为何有如此强烈的承认诉求呢？在霍耐特看来，因为他们为集体和社会做出了一定的贡献，却没有收获应有的回报，无法与社会中心地带的人并肩而立，所以他们感觉到蔑视与伤害，为此，进行了抗议和斗争。

---

① 〔美〕弗雷泽、〔德〕霍耐特：《再分配，还是承认？》，周穗明译，上海人民出版社，2009，译者前言第 3 页。

就是说，他们与其他人都富有成就——有功于社会，但他们因身份问题被遗忘、遭忽视，少人问津，可见，"成就"是利益既得者邀功的资本，却是边缘群体再遭伤害的诱因，所以"成就"原则成了社会公正的试金石。这便是霍耐特"道德一元论"的主要思想，而亚文化问题就集中在他们的特殊身份上，以往社会的通病就是借口他们的文化身份而抹杀了他们的成就，不过，在阶级矛盾尖锐的时代，亚文化群体的不满被阶级斗争的洪流所湮没，但当阶级矛盾淡化后，这样的不满便自然浮现出来，立刻显得异常严重。而为了更有效地争取承认，亚文化群体借助他们的文化方式表示抗议，这引发了"道德恐惧"（赫伯迪格语），乃至造成社会冲突。既然问题的症结就在成就的认可上，那么社会就应该依据成就给予有贡献的人以应有的承认，不过，霍耐特认为这个问题主要属于文化道德领域，而非经济和政治领域，为此，他提倡社会消除对亚文化群体情感上的伤害，给予他们平等的尊重。可以说，因与弗雷泽的争论，霍耐特收获了第四种承认，这突破了原有的爱、法律、成就（团结）的框架，在关注整体人的承认问题的基础上，他引入了亚文化群体这个具体对象。不过，客观地讲，文化承认在霍耐特心目中是次等的，无法与其他三者同列，而且由于文化承认的立足点是成就原则，并且它还需求助于法律的平等原则，所以它并不享有其他三者一样的自治。

其二，共同文化是共同体的一块坚实基石。随着对伦理学研究的深入，霍耐特跟随哈贝马斯的脚步也关注起共同体的问题，确切地说是欧洲共同体的可能性以及其中个体的自由，从这方面看，霍耐特的研究视野越来越开阔，他担负的责任愈来愈沉重。首先，霍耐特阐述了共同体对个体的吸引力。对于欧洲人而言，启蒙运动曾给予他们一个宏大、诱人的蓝图——建立一个超民族、超国界的公共领域，在其中人们和睦共处、幸福生活，但这种美好设想被丑恶、残暴的现实破坏，民众背负着国家和民族的枷锁，彼此提防和猜忌，从而引发了诸多冲突与战争。不过，霍耐特指出，在经历战争的苦痛与长时间的反思之后，欧洲人重新涌起对共同体的热情和信心，他们相信共同体能带给他们未曾有的幸福感受，这种幸福包括保证所有个体的权利、提供更广阔的信息交流空间、共同担负更大的责任等。[①] 而通过共同体的浸润，不同地域的人增进了信任，增加了交往和交流，减少了误解和隔阂，避免了冲突与战争，同时能够共同应对世界性灾难，并将这种共同体的经验传递给其他人，这有助于世界的和平与安定。那么，如何建构这个

① 参见〔德〕霍耐特《自由的权利》，王旭译，社会科学文献出版社，2013，第552~553页。

令人信任的共同体呢？需要发挥文化的重要作用。其次，共同文化是共同体不可或缺的一部分。欧洲在共同体建构方面已经成就卓然，如过去的欧共体（European Communities）、现在的欧盟（European Union），它们有效地解决了一些经济危机以及政治分歧，但是霍耐特认为，它们的潜能尚待挖掘，因为它们过多地依赖经济手段，而忽视了对共同文化的宣扬；经济方式虽能解决经济问题，但无法突破民族和国家的桎梏，而共同文化能够突破这些壁垒，实现更多人的合作和交流，况且共同文化在欧洲拥有丰厚的历史资源，如康德的《永久和平论》等都宣扬了和睦共处的诸多益处。最重要的是，人们现在对共同体充满着热情和信心，因为"在一个捍卫已经赢得的和争取还没有实现的自由要求的时代，没有什么能比一个超越民族的、积极努力的公众性更必要了"[①]。

以上是历时地对法兰克福学派文化现代性思想的探究，从中，我们看到三代人观念的变迁，这既与他们各自的幸福观和选择的文化类型有关，又与他们彼此所处的时代密切相连，而从共时角度看，同一代之间的文化现代性又存在着差异乃至争论，如阿多诺与本雅明就大众文化进行的争论[②]，哈贝马斯与韦尔默在后现代艺术上的分歧，总体来看，共时上的差异主要源于这些理论家相异的幸福观和各自独特的视角。例如对于电影，阿多诺批判了它的逐利本性与愚人功能，而本雅明则看到了它为大众提供了参与电影拍摄与评论电影的机会，这既为大众带来就业和成名的良机，还可以使他们跻身于艺术家的行列，这是传统艺术不曾有的特性。为此，当阿多诺批判本雅明对于电影和大众文化过于乐观时，本雅明没有进行直接回应，因为他们两人所看待大众文化的视角与评判它对大众的影响并不一致。换句话说，本雅明也不否定大众文化的逐利本性与愚人功能，"在西欧，对电影的资本主义剥削不容考虑当代人的正当要求——被复制的要求。基于此，电影工业所感兴趣的只是通过虚构的想象和双关性的思辩来刺激大众的参与"[③]。但是他更看重这种新型艺术为民众创造的就业和参与艺术的契机。而对于后现代艺术，哈贝马斯认为它带有审美趣味和个人好恶等特征，因此无法担负诊治和拯救现代性的重任，而韦尔默则指出：后现代艺术看似凌乱，但是一直尝试着探究和

---

① 〔德〕霍耐特：《自由的权利》，王旭译，社会科学文献出版社，2013，第553页。

② 实际上，阿多诺写了三封信，本雅明仅回复了一封，而且本雅明更多地在回避，并通过此策略坚持着自己的观点，更关键的是他们没有在同一层面上交谈，因此这不是真正的争锋，不过，我们从中看到两者对幸福的理解之差异。参见 Adorno, Benjiamin, etc, *Aesthetics and Politics*, Verso, 2010. p. 146 – 154。

③ 〔德〕本雅明：《经验与贫乏》，王炳钧、杨劲译，百花文艺出版社，1999，第279页。

表达着意义，"我试图展现的是一幅拼贴画，画面的各个组成部分（主要是引述）七拼八凑在一起，这使得人们一眼便能看得出，后现代主义其实是具有某种磁力线的符号场或概念场"①。另外，他认为后现代艺术具有"迷宫般的清晰"（范·艾克语）的特征，能够召唤读者阅读和探究，可以锻炼和提升他们的认识能力，也可以促进他们阐释的积极性，培育他们的参与意识，因此这种阅读带有微观政治的效果。

　　总之，作为一个存在已久且人员众多的学术群体，法兰克福学派的文化现代性是丰富的、复杂的，这既在于这些理论家关注了不同类型的文化，也在于他们关切着不同的群体，还在于他们以自我视角评判着同一事物，即这里面包含着深厚的幸福关照，他们虽涉及多种亚文化群体的幸福，但无疑都将人类的幸福视作他们的终极关怀。而为了使各个群体以及人类获得一个安全的、自由的、团结的家园，哈贝马斯和霍耐特等人努力地建构着共同体，既将文化作为各个成员的交往和团结纽带，也从文化中汲取着共同体的相关资源，从而将人们召唤其中，共建共享这个共同家园。

---

① 〔德〕韦尔默：《论现代和后现代的辩证法》，钦文译，商务印书馆，2003，第52页。

《燕赵文化研究》第 1 辑
第 148~152 页
© SSAP，2019

苏氏蜀学与二程洛学之"人情"说比较[*]

王彩梅[**]

摘　要："人情"问题是二程洛学与苏氏蜀学学术思想矛盾的焦点之一。二程认为，"道"包括了仁义礼智的道德内容，具有纲常伦理的先天性善属性。"性"与"道"相通，也同样具有先天性善属性，"性善情恶"。三苏认为"道"表现在人的方面，即为"性"。"道"，非善非恶，不具有道德伦理属性，"性"也无善无不善，也不具有先天性善的属性。苏氏主张性情统一论，性无善恶，情亦无善恶。

关键词：苏氏蜀学　二程洛学　宋学　"人情"说

二程洛学与由"三苏"所创立的苏氏蜀学，作为北宋中期儒学复兴运动中的重要学术流派，在许多方面具有共同特点。但是，二者在学术思想上的分歧也是非常明显的。"人情"问题即是二程洛学与苏氏蜀学学术思想矛盾的焦点之一。

《中庸》曰："天命之谓性，率性之谓道，修道之谓教。"二程将其改造，认为天命（或命）、性、道这三者是合而为一的，概括言之为"理"，或者是"天理"。举凡社会上的和自然界的一切事物，诸如仁义道德善恶之类，都纳诸"理"或"天理"之中，从而构成一个包罗万象的"理"世界。二程认为，"道"包括了仁义礼智的道德内容，具有纲常伦理的先天性善属性。理学家把善的道德原则抬高到"道"的层面，这是把本体论与伦理学结合起来，赋予儒家伦理以宇宙本体权威的地位。二程论"道"，具有伦理纲常的含义。

二程洛学讲的"道"，包括了仁义礼智的道德内容，他们讲的"性"与"道"

---

[*]　基金项目：2011 年度河北省社会科学基金项目"苏辙文艺理论研究"（项目编号：HB11WX014）。

[**]　作者简介：王彩梅，河北大学文学院副教授，研究方向为中国古代文学批评学。

相通，也同样具有纲常伦理的先天性善属性。二程继承和发挥了孟子的学说，他们认为，"性"是先天就为善的，善表现为仁、义、礼、智、信五常。这五常既是"性"的内容，又是"道"的规定。他们把五常直接与"性""道"等同，认为违背了五常，就违背了"性"，违背了"道"。程颐进一步发挥中唐李翱的"性善情恶"说，认为人的本性，"其未发也，五性具焉，曰仁义礼智信。形既生矣，外物触其形而动于中矣，其中动而七情出焉，曰喜怒哀惧爱恶欲。情既炽而益荡，其性凿矣。是故觉者约其情使归于中，正其心养其性，故曰性其情"①。人性为善，而人情则处于波动状态，善恶、正邪混杂，必须通过约其情、性其情，使之归于正。如果放纵情欲不加约束，就必然流于邪僻而妨害性。在程颐看来，情是恶的，是被约束、压抑的对象。

苏轼认为："儒者之患，患在于论性，以为喜怒哀乐皆出于情，而非性之所有。夫有喜有怒，而后有仁义，有哀有乐，而后有礼乐。以为仁义礼乐皆出于情而非性，则是相率而叛圣人之教也。"② 喜怒哀乐乃人本性本有，所以礼乐仁义应出于人之性。苏轼由此得出结论，长期以来儒者所言之性，原本就是情，情性一也。传为三苏合力完成的《易传》中说："情者，性之动也。溯而上，至于命，沿而下，至于情，无非性者。性之于情，非有善恶之别也，方其散而有为，则谓之情耳。命之与性，非有天人之辩也，至其一而无我，则谓之命耳。"③ 认为性、命、情三者，分言为三，合则为一，无非性也。三苏从人的自然而然的本性中抽绎出情，把情上升到了本体层面予以重视，使情、性、命处于同一个层面，具有了情本论的意义。而且，苏轼认为"善恶者，性之所能之，而非性之所能有也"，善恶都是性的表现，而非性的本身。善恶与性有着本质区别，反对把善恶视为性的本身。三苏主张性情统一论，性无善恶，情之善恶，也就不言自明了。

三苏认为"道"表现在人的方面，即为"性"，"道"与"性"是同一层面的范畴。苏辙说："性者，道之所寓也。道无所不在，其在人为性。"④ 三苏认为"道"即"性"，但"道"，非善非恶，不具有道德伦理属性，"性"也无善无不善，也不具有先天性善的属性。苏辙说："夫道非清非浊，非高非下，非去非来，

① 王孝鱼点校《二程集》，中华书局，1981，第 577 页。
② 孔凡礼校点《苏轼文集》，中华书局，1986，第 113 页。
③ 《东坡易传》卷一，见曾枣庄、舒大刚主编《三苏全书》，语文出版社，2001。
④ 陈宏天、高秀芳点校《苏辙集》，中华书局，1990，第 1224 页。

非善非恶，混然而成体，其于人为性。"① "道"无善恶，与"道"紧密相关的"性"也同样不具备先天性善的内容，善及五常只是"道"所派生的，以善为内容的道德是后天形成的。苏轼据此批评了孟子的"性善论"，强调道德是后天形成的，反对将伦理思想上升到宇宙本体的高度，意欲从本体中抽出善恶一类的伦理属性，从而否定了孟子的先天"性善论"。

苏氏蜀学基于对"人情"本体意义上的认识，在探讨圣人之道及解读儒家经典时，都以人情为归依。苏辙在《进论五首·诗论》中说："夫六经之道，惟其近于人情，是以久传而不废。"② 苏轼也说："夫圣人之道，自本而观之，则皆出于人情。"③ 都强调人情为道的根本。苏氏父子在探讨礼与人情的关系时，认为礼出于情，礼本于情。苏洵在他的《六经论》里，认为圣人不过是为了顺应人类好生恶死、好逸恶劳的人之常情才创立了礼法。苏辙《论明堂神位状》也说："夫礼沿人情，人情所安，天意必顺。"④ 礼的根本原则就是不违戾人情，因此，礼也必须顺应人情，并由人情所决定。可以说，苏氏人情说的核心在于强调尊重、顺应人情，反对外在束缚与做作。朱熹对此批评说："至若苏氏之言，高者出入有无而曲成义理，下者指陈利害而切近人情……贵通达、贱名检，此其害天理、乱人心、妨道术、败风教，亦岂尽出王氏之下也哉？"⑤ 从朱熹的这一批判中，也可反证苏氏蜀学崇尚人情、不拘泥于名教礼法的特点。

以"人情"为纽带，苏氏主张将"道"与"礼"结合而施行于世，主张"由礼达道"⑥。也即所谓的"性命自得"。人情、礼和"道"是有机统一的，但有一定的层次。这样，苏氏蜀学就把本体论与伦理观联系起来，把"道"与"礼"联系起来，其本质是统一的。二程洛学认为，"礼"为"道"，即"礼者，理也"。二苏以"礼"为"器"，二程以"礼"为"道"，这是他们的不同点，但双方都主张通过对"礼"的遵循，以求得儒家圣人之道，这却是相同的。在追求"圣人之道"这一终极目标上，苏氏蜀学与二程洛学是殊途同归的。不过二程以循"礼"即为循"道"，"礼"与"道"是同一的；而二苏则以循"礼"为得"道"的步骤，"礼"与"道"是等二的。这也是苏氏蜀学与二程洛学的相同与相异之处。但

---

① 曾枣庄、舒大刚主编《三苏全书》，语文出版社，2001，第 429 页。
② 陈宏天、高秀芳点校《苏辙集》，中华书局，1990，第 1273 页。
③ 孔凡礼校点《苏轼文集》，中华书局，1986，第 61 页。
④ 陈宏天、高秀芳点校《苏辙集》，中华书局，1990，第 669 页。
⑤ 郭齐、尹波校点《朱熹集》，四川教育出版社，1996，第 1272 页。
⑥ 陈宏天、高秀芳点校《苏辙集》，中华书局，1990，第 985 页。

由于苏氏其"道""性"只是本体概念，不具备伦理属性，因而往往被视为抽象的、难知难求难言的。而性情一体，情无善恶，当然也就用不着二程洛学那套主敬立诚、正心养性之类的涵养、持己功夫了。

二程在洛学的天理性、人性论基础上推演出修养论的"主敬"说，强调对纲常名教的认同与尊崇，并通过格物穷理的自我修养将伦理道德规范内化为个体的自觉要求。"所谓敬者，主一之谓敬。所谓一者，无适之谓一。且欲涵泳主一之义，一则无二三矣。"① "识道以智为先，入道以敬为本。夫人测其心者，茫茫然也，将治心而不知其方者，寇贼然也。天下无一物非吾度内者，故敬为学之大要。""学必知仁，知之矣，敬以存之而已。"② "所守不约则泛然而无功。约莫如敬。"③ 都是强调"敬"的意义和作用。它与儒家的礼有相通之处。程颐指出："敬即是礼。"④ 朱熹也说："敬是不放肆的意思。"⑤ 敬也即要求以"礼"约束自己的思想、行为，视听言行，时时处处依礼而行。这是一种待人接物的基本态度，它无疑与人心中动荡不安、善恶未定的"情"相对立，对"敬"的强调也就是对"情"的压抑与束缚。

"人情"在洛、蜀两大学术体系中的地位和意义的不同，也使洛蜀两派在遵守礼法与顺应人情这一问题上屡起争端。《宋史纪事本末》载，"方司马光之卒也，百官方有庆礼，事毕欲往吊，颐不可。曰：'子于是日哭则不歌。'或曰：'不言歌则不哭'。轼曰：'此枉死市叔孙通制此礼也。'二人遂成嫌隙"⑥。又《宋名臣言行录》载："国忌行香，伊川令供素馔。子瞻诘之曰'正叔不好佛，胡为食素？'先生（程颐）曰：'礼：居丧不饮酒，不食肉。忌日丧之余也'。子瞻令具肉食。曰'为刘氏左袒'。于是，范淳夫辈食素，秦黄辈食肉。"⑦ 这两件事的实质就在于遵从古礼还是顺应人情。据载：元祐初，程颐"在经筵，多用古礼。苏轼谓其不近人情，深嫉之"⑧。苏轼也自称："臣又素疾程颐之奸，未尝假以辞色，故颐之党人无不侧目。"⑨ 这里苏轼所谓"奸"，与其父苏洵作《辨奸论》指斥王安石"凡

① 王孝鱼点校《二程集》，中华书局，1981，第 143 页。
② 王孝鱼点校《二程集》，中华书局，1981，第 537 页。
③ 王孝鱼点校《二程集》，中华书局，1981，第 452 页。
④ 王孝鱼点校《二程集》，中华书局，1981，第 620 页。
⑤ （宋）黎靖德：《朱子语类》，王星贤校点，中华书局，1986，第 2282 页。
⑥ （明）陈邦瞻：《宋史纪事本末》卷四十五，中华书局，1977。
⑦ （宋）朱熹、李幼武撰《宋名臣言行录》外集第三卷，文海出版社，1967。
⑧ （明）陈邦瞻：《宋史纪事本末》卷四十五，中华书局，1977。
⑨ 孔凡礼校点《苏轼文集》，中华书局，1986，第 876 页。

事不近人情者，鲜不为大奸恶"①，是一以贯之的。苏轼指责程颐之奸，也是就程颐为人行事的不近人情而言的。苏氏强调以人情为本，礼顺人情，因而为人处世应该直情径行，通脱直率、流露真情，自然纯真，而程氏主张遵循古礼、以礼节情，因而表现得敦厚仁慈、恭敬严肃、谨言慎行、循规蹈矩。这在苏氏看来无疑是一种矫揉造作，是不近人情。《程子微言》载，程门弟子朱光庭为御史，"端笏正立，严毅不可犯，班列肃然。苏子瞻与人曰：何日打破这'敬'字!"②"人情"说反映了洛蜀两派截然不同的学术旨趣，这种不同对他们的人生态度及经学解读都产生了重要的影响。

① （宋）苏洵：《嘉祐集》，曾枣庄、金成礼笺注，上海古籍出版社，1993，第 271 页。
② 王孝鱼点校《二程集》，中华书局，1981，第 403 页。

《燕赵文化研究》第 1 辑
第 153~159 页
© SSAP，2019

纪晓岚与康乾盛世文化[*]

李忠智^{**}

摘　要：纪晓岚是康乾盛世背景下产生的文化巨匠，他用精美的辞赋诗联热情歌颂盛世；他殚精竭虑编纂《四库全书》，积极参与创建盛世文化；他晚年又苦心孤诣著述《阅微草堂笔记》，力图维护盛世。他的行为和他诗赋文章中流露出来的思想观点，无不体现和反映着拥护国家统一、促进社会和谐的盛世文化特征。

关键词：纪晓岚　康乾盛世　《纪晓岚全集》

纪晓岚是康乾盛世下产生的文化巨匠。他于乾隆兴盛时期进入内廷，自称"太平卿相"（见《阅微草堂砚谱》砚匣铭）。他用精美的辞赋诗联热情歌颂盛世；他殚精竭虑编纂《四库全书》，积极参与创建盛世文化；他晚年又苦心孤诣著述《阅微草堂笔记》，力图维护盛世。他的行为和他诗赋文章中流露出来的思想观点，无不体现和反映着拥护国家统一、促进社会和谐的盛世文化特征。纪晓岚可以算得上是一位盛世文化的代表人物。

一

纪晓岚，名昀，字晓岚，一字春帆，晚号石云、观弈道人，出生于雍正二年

---

* 该文系作者为刘金柱、田小军主编的《纪晓岚全集》所写的序言，原题为《纪晓岚是康乾盛世文化的杰出代表》。

** 作者简介：李忠智，沧州纪晓岚研究会原会长，现名誉会长。

（1724）。其先祖于明永乐二年（1404）自江南上元（今南京江宁区）迁至直隶河间府献县景城镇，故而史载纪昀为直隶献县人。献县在西汉为河间国的中心地带。"修学好古，实事求是"的河间王刘德在此搜集典籍、振复儒学，薨后谥"献"，献县由此得名。景城西汉置县，曾为侯国，宋熙宁间废县为镇。随着行政区划的变更，景城现为河北省沧县崔尔庄镇下属的一个行政村。纪氏落户景城之后，人口繁衍，渐向四乡蔓延，其中一支迁往崔尔庄。纪晓岚在《阅微草堂笔记·槐西杂志》卷二里写道：

> 明永乐二年，迁江南大姓实畿辅。始祖椒坡公自上元徙献县之景城。后子孙繁衍，析居崔庄，在景城东三里。

最早迁往崔庄的是纪晓岚的曾祖。其后这一支科第蝉联，仕宦者居多，"故皆称崔庄纪，举其盛也；而余族则自称景城纪，不忘本也"。

明朝末年，纪氏家族曾备受战乱之苦；随着清朝统治的稳定，又逐渐发达起来。康熙五十二年（1713）三月，纪晓岚的父亲纪容舒赴京参加恩科乡试，适逢朝廷为庆祝康熙皇帝六十大寿开设千叟宴。京城街面搭设彩棚，官民耆老参宴者达六七千人。纪容舒乡试得中，又目睹了千叟宴盛况，领略了国家的庄严繁盛，他报效国家的决心更加坚定。纪晓岚十一岁那年，父亲纪容舒做了内阁郎官，他随父进京居住，之后登科入仕。

二

乾隆十九年（1754）春天，纪晓岚考中进士，做了翰林院编修。此时，乾隆帝位已经巩固，国家进入鼎盛时期。作为内廷词臣，纪晓岚有机会与乾隆皇帝诗文唱和。他满腔热情地为盛朝歌功颂德。

乾隆二十年（1755），清军在西域对准噶尔作战中大获全胜，俘获了准噶尔首领达瓦齐，十月，在午门举行献俘大礼。这是维护国家统一的重大胜利。纪晓岚不失时机地献上一篇三千余言的《平定准噶尔赋》，热情讴歌朝廷对西域用兵："皇帝饬轩辕之五兵，申《周官》之九伐……盖大一统之规模，荡平西域之余孽也。"（见《纪文达公遗集》卷一）

乾隆二十三年（1758），清军在西域平定准噶尔和回部大小和卓的战争中取得决定性胜利。西域右部哈萨克、布鲁特、塔什罕三部归附清朝，遣使来朝。十一月，乾隆皇帝参加在南苑举行的盛大阅兵式，西域使臣侍驾观礼。纪晓岚作 30 首七言律诗呈进，热情讴歌朝廷收复新疆的伟大壮举，记述阅兵式的雄壮军威。诗作大气磅礴，声调铿锵，颇有盛唐边塞诗遗风。

乾隆皇帝勤于政事，关心民生，国家内外大事，甚至天降时雨，都要写诗记录，纪晓岚常有和诗。这在《纪文达公遗集》里都有收录。

纪晓岚为乾隆盛世摇旗呐喊，即使人生遭遇挫折，忠君爱国之心始终不渝。乾隆三十三年（1768），纪晓岚因漏言获罪，被发往乌鲁木齐充军。但他以积极乐观的态度面对现实，放眼朝廷开发新疆的大局，尽其所能协助当局安抚遣犯。在他到达乌鲁木齐的当年中秋节，昌吉犯屯发生了一起暴乱事件。纪晓岚对此做了冷静的思考，觉得在遣犯管理上潜伏着危机，需要因势利导。当时还有一种情况，按规定携带家眷的遣犯，三五年后可以转籍编入民户，而那些单身遣犯则没有这种机会，只好终身戍役。经历年积累，到了乾隆三十五年（1770），单身遣犯已达六千多人。这些人情绪激愤，互相煽动，大有一触即发之势。为了边疆的长久安宁，纪晓岚提出合理安置单身遣犯的建议，于乾隆三十五年（1770）夏天草拟奏稿，由办事大臣巴彦弼上奏允准，那些单身遣犯得以转籍为民（事见《乌鲁木齐政略》）。

历来谪臣迁客常用诗文发泄内心的积怨和愤懑。纪晓岚则不同，他说："三古以来，放逐之臣，黄韠臊下之士，不知其凡几；其托诗以抒哀怨者，亦不知其凡几。平心而论，要当以不涉怨尤之怀，不伤忠孝之旨为诗之正轨。"（见《月山诗集序》）他流放期间所作的 160 首《乌鲁木齐杂诗》，"无郁愁苦之音，而有舂容浑脱之趣"（见钱大昕《乌鲁木齐杂诗跋》），是一组多民族国家统一和强盛的颂歌，是一幅色彩绚烂的边陲风俗画。

纪晓岚声明："诗本性情者也，人生而有志，志发而为言，言出而成歌咏，协乎声律。其大者和其声以鸣国家之盛，次亦足书愤写怀。"（见《冰瓯草序》）乾隆三十六年（1771）夏天，蒙古族一支长期漂泊异域的部落土尔扈特从沙俄回归祖国。该部来归，标志着蒙古族全部归属清朝，昭示出皇恩浩荡、威加四海、蛮夷归服、天下太平的盛世气象。乾隆皇帝为此亲自撰写了《土尔扈特全部归顺记》，勒碑纪念。十月，乾隆皇帝自热河回銮，刚从新疆赦还的纪晓岚到密云迎驾。皇帝以"土尔扈特全部归顺"为题试诗，纪晓岚立成五言排律三十六韵以进，对"圣朝能格远，绝域尽输诚""益地图新启，钧天乐正鸣"的空前盛况大加赞颂。乾隆皇帝大喜，纪晓岚复被起用。

三

编纂《四库全书》是乾隆朝的一项文化盛举。乾隆皇帝试图在武功显赫的基础上通过文化事业来标榜文治，体现稽古右文的气象。当时成立四库馆，集中了一批学术精英，专事编纂，学问淹博的纪晓岚荣膺总纂官。他领袖文坛，纲纪群籍，为编纂《四库全书》夙兴夜寐，殚精竭虑。历经十年，第一部《四库全书》告竣。纪晓岚撰定的《四库全书总目》，"凡六经传注之得失，诸史记载之异同，子集之支分派别，罔不抉奥提纲，溯源彻委"（见阮元《纪文达公遗集序》）。全书告成之际，他热情洋溢地写了一篇《钦定四库全书告成恭进表》。表章论及《四库全书》的编纂意义："曰渊曰源，曰津曰溯，长流万古之江河；纪世纪运，纪会纪元，恒耀九霄之日月。"（见《纪文达公遗集》）《四库全书》的成功编纂，给乾隆盛世增加了一大亮点。为"办理《四库全书》始终其事，甚为出力"的纪晓岚，殊被恩荣，屡蒙升迁，成为内阁大臣。

四

乾隆皇帝晚年以"十全老人"自诩，沉浸在自我陶醉和群臣们的赞颂声中，缺陷和过失凸显出来。他宠信权奸和珅，造成吏治败坏，贪渎成风，阶级矛盾急剧激化，社会不再安宁，盛世走向衰落。

纪晓岚精熟中国文化精神，了解世事民情，谙悉官场内幕。他看出盛世掩盖下的危机，对民族社稷的运势产生忧虑。他一方面保持清廉作风，不与贪官同流合污；一方面尽力设法挽救颓势。他知道积重难返，便将疗俗救世的一番苦心寄托于文字，著述《阅微草堂笔记》，托狐鬼以抒己见，借诙谐而言世事，把劝诫之方、箴规之意寄寓其中。《阅微草堂笔记》深刻地揭示了形形色色的病态社会。鲁迅先生说纪晓岚"很有可以佩服的地方：他生在乾隆年间法纪最严的时代，竟敢借文章以攻击社会上不通的礼法、荒谬的习俗，以当时的眼光看去，真算得很有魄力的一个人"（见《中国小说的历史变迁》）。纪晓岚的这种攻击绝不同于一般落拓文人的牢骚，更非后世谴责小说所能比拟。他站位高，见识深，体现了盛世文臣维护社会长治久安的一种责任心和社会良知。

《阅微草堂笔记》里包含有关设官治民的论述，提出了"天地之生才，朝廷之设官，所以补救气数也"（见《滦阳消夏录》卷一）的思想。纪晓岚在主持科考选拔人才时就强调："国家设科取士，将使共理天下事也。"（见《壬戌会试录序》）"其逞辩才、骛杂学，流于伪体者不取；貌袭先正而空疏无物，割剥理学之字句，而饾饤剽窃，似正体而实伪体者，亦不取。期无戾于通经致用之本意而已。"（见《甲辰会试录序》）

《滦阳消夏录一》里有一则阎王痛斥庸吏的故事：北村郑苏仙做梦到了阴间，正看见阎王复查案犯。一身穿官服的人昂然上殿，自称在阳间做官一文不取，所到之处仅饮一杯清水，无愧于鬼神。阎王冷笑道："设官以治民，下至驿丞、闸官，皆有利弊之当理。但不要钱即为好官，植木偶于堂，并水不饮，不更胜公乎？"还有一则写到沧州知州董思任，说他本是"颇爱民，亦不取钱"的良吏，然而，狐仙却揶揄他："然公爱民乃好名，不取钱乃畏后患耳。"另一则写献县令明晟，"尝欲申雪一冤狱，而虑上官不允，疑惑未决"，托人去问狐仙，"狐正色曰：'明公为民父母，但当论其冤不冤，不当问其允不允。'"纪晓岚在《滦阳消夏录二》里借他人之口表明："贤臣亦三等，畏法度者为下，爱名节者为次，乃心王室，但知国计民生，不知祸福毁誉者为上。"

纪晓岚认为官吏利己之心是产生弊政的根源："夫利己之心，虽贤士大夫或不免，然利己者必损人，种种机械因是而生，种种冤愆因是而造。"（见《滦阳消夏录一》）"仕宦热中，其强悍者，必怙权，怙权者必狠而愎；其孱弱者必固位，固位者必险而深。且怙权固位，是必躁竞，躁竞相轧，是必排挤。至于排挤，则不问人之贤否，而问党之异同。不计事之可否，而计己之胜负。流弊不可胜言矣。"（见《滦阳消夏录五》）

《阅微草堂笔记》还传达出一些亲民思想。《滦阳消夏录二》里写"献县老儒韩生，性刚正，动必遵礼"。一日他以同名故被小鬼误拿至阴间，经验证查实，冥王处罚了小鬼，放他灵魂还阳。他严正抗议："人命至重，神奈何遣愦愦之鬼，致有误拘，倘不检出，不竟枉死耶！"《滦阳消夏录五》里写一村姑刘麦，一阵旋风将麦堆吹散，村姑用镰刀掷之，砍伤鬼吏，村姑之魂被缚到一神祠，判受杖刑。

村姑不服，大声抗辩："贫家种麦数亩，资以活命。烈日中妇姑辛苦，刘甫毕，乃为怪风吹散，谓是邪祟，故以镰掷之，不虞伤大王使者。且使者来往，自有官路，何以横经民田，败人麦？以此受杖，实所不甘。"神赞扬她言之有理，"旋风复至，仍卷其麦为一处"。这两则故事都讲神鬼尚且为了爱民知错就改，实际是对现实社会中官吏随意戕害百姓的责备。

诚然，纪晓岚对社会不合理现象的谴责和攻击，目的不在于摧毁，而是挽救。所以他的言论虽难当革命的武器，却可作治世的箴言。概言之，纪晓岚所代表的是盛世文化而非乱世文化。

嘉庆四年（1799），太上皇弘历晏驾。随之，一个时代——康乾盛世结束了。六年后纪晓岚辞世，身后留下一份宝贵的文化遗产。

五

搜集整理纪晓岚诗赋文章，盘点纪晓岚留下的文化遗产，是继承和弘扬中华民族优秀传统文化、建设中华民族共有精神家园的需要。纪晓岚诗赋文章对研究乾隆盛世的历史，了解当时的社会状况具有重要的参考价值；对今天构建和谐社会，搞好文化产业开发也有积极的借鉴意义。

河北大学刘金柱、田小军等先生联手编辑《纪晓岚全集》，将纪氏著述进行了一次全面梳理。纪氏著述涉及面广，情况复杂，其中以参与编纂之书最为丰富。除领衔编纂鸿篇巨制《四库全书》，他还参与编纂了《热河志》《钦定八旗通志》等几部官修大书。此外有一部分是批点、考证、删定前人著作。有鉴于此，该书编委会采取简洁扼要、突出重点、钩沉补遗的原则，对纪氏预修之书一概不录，主要收录《四库全书简明目录》、《阅微草堂笔记》和《纪文达公遗集》中的全部内容，另外辑入《删正二冯评阅才调集》《删正方虚谷瀛奎律髓》《沈氏四声考》《张为主客图》《纪评苏轼诗集》《纪评文心雕龙》《史通削繁》《删正帝京景物略》等不常见之书，以裨补正史。

纪晓岚科举入仕，又多次主持科考，闲暇时也教习子侄弟子读书应试。乾隆间科考增加试帖诗一题，纪晓岚为此选编了《唐人试律说》和《庚辰集》，晚年又编印《我法集》。纪晓岚对试帖诗有清醒的认识。他知道"诗至试律而体卑，虽极工，论者弗尚也"（见《唐人试律说序》）。为了引导学子们在应试学习中不迷失诗法，他煞费苦心地将题材僵化、内容狭窄的试帖诗尽量作出不同一般的风格。他自称："试帖多尚典赡，余始变为意格运题，馆阁诸公每呼此体为'纪家诗'。"（见《纪文达公遗集》诗注）纪晓岚的门生梁章钜在《退庵随笔》中提到试帖诗时说，"先读纪文达师《唐人试律说》，以定格局；其花样则所选《庚辰集》尽之；晚年又有《我法集》之刻，其苦心指引处，尤为深切著名。时贤所作，惊才艳艳，尽有前人之不及者，而扶质立干，不能出吾师之三部书之范围"。这几部书，《纪晓岚全集》里都有收录，今人读之兴许会有所裨益。

本书将要编成之时，刘金柱、田小军等先生又邀请我们加盟参与，我们遂将近年搜集的纪氏佚文和若干图片整理入编，供同好参阅。刘先生等还嘱我作序，我自知力所不逮，未敢应承，怎奈再三嘱托，盛情难却，考虑到名师操厨，或遗野味；愚者千虑，许有一得，故不揣浅陋，写了以上文字，聊充序言，以谢诸君美意。不妥之处，望方家指教。

《燕赵文化研究》第 1 辑
第 160~164 页
© SSAP, 2019

《雷石榆全集》编辑缘起 *

郭秀媛 **

摘　要：雷石榆先生的人生比戏剧还要跌宕曲折，而在这曲折坎坷的人生中，一直相伴随的是他的文学创作。整理雷石榆先生的著述，编辑出版《雷石榆全集》，既体现了河北大学文学院对学术传承的重视，也表达了后辈学人对学术前辈的崇敬之情。

关键词：雷石榆　《雷石榆全集》　编辑出版

我第一次见到雷石榆先生，是 1984 年上雷先生的课。鹤发童颜的雷先生声音洪亮，双目炯炯，面容生动，精神矍铄，课讲得激情洋溢，开心处常常发出爽朗的笑声，响彻教室，给我们留下了深刻的印象。我大学毕业后留校任教，正好与雷先生在一个教研室，有了更多向雷先生学习的机会。雷先生与夫人张丽敏先生琴瑟和谐，相敬如宾。他们为人低调，对世俗的名、利不甚在意，每日忙碌于书斋，过着夫唱妇随、如神仙眷侣般的生活。

1996 年 12 月 7 日，雷先生去世，享年 85 岁。送行的那一天，看到一直照顾雷先生的张丽敏先生对雷先生深情的呼唤，那份不舍与深情，感人泪下。真的想为二老写些文字。然而，几次提笔，感慨颇多却又不知从何说起，终未成文。现实的生活依然忙碌，时光匆匆而逝。2015 年 7 月 1 日，张丽敏先生也驾鹤西去。伤感悲痛之余，心中总有遗憾！

张丽敏先生去世后，遵她遗嘱，作为财产继承人的何辉老师把雷石榆先生生前的藏书以及文稿捐献给了河北大学文学院。刘金柱院长非常重视，决定整理出

＊　本文系《雷石榆全集》后记。
＊＊　作者简介：郭秀媛，河北大学文学院教授，文学博士，《雷石榆全集》主编，主要研究俄苏文学。

版雷石榆先生的著作。我在接受这项工作时，深为自己还能为雷先生做些什么倍感欣慰。而在整理雷先生著作的过程中，对雷先生夫妇有了进一步的了解，也更加深了敬仰之情。

常说人生如戏。雷石榆先生的人生比戏剧还要跌宕曲折。而在这曲折坎坷的人生中，一直相伴随的是他的文学创作。

1911 年 5 月 1 日，雷石榆出生在广东省台山县一个小山村，原名社稳。母亲在他 6 岁时病故，父亲长年在印度尼西亚经商，在日军侵占南洋后客死异乡，尸骨无觅，财物无存。他跟随祖母生活，与姐姐相伴。8 岁上私塾，15 岁进入台城瑞应书院，熟读古文经典。因其诗文才华，深得校长刘晚成的喜爱，刘校长为其取名"石榆"，从此以雷石榆为名求学写作发表作品。18 岁考进县立台山中学，受新文化影响，开始用白话文写作。1933 年，依靠父亲的侨汇，他自费赴日本留学。在学习日语期间开始用日文作诗，并在刊物上陆续发表，1935 年出版日文诗集《沙漠之歌》，获得好评。在日期间，他参加中国左翼作家联盟东京分盟，先后主编盟刊《东流》《诗歌》等，同时在多种报刊发表文章向中国介绍日本文坛的近况，又向日本介绍中国文坛的发展，进行中日文学的交流，颇具影响。因其诗文中表现出的反战爱国思想，终被日本当局传讯、拘捕，直至 1935 年底被驱逐出境。这也使得他不得不与热恋情人天各一方。归国后，他用十天时间完成中篇小说《惨别》以为纪念。伴随着抗日战争的爆发，他与爱人相聚无望，终至生离死别。

抗日战争爆发后，他随着战事的发展而辗转漂泊。从上海到福州至岭南，从西北战区到西南大后方，直至台湾。无论到哪里，他都积极努力地创作，宣传抗战。在上海，他在《立报》《申报》等报上发表抗日救亡文章，与许多进步作家建立了联系，宣传抗战。在福州，与蒲风等人在一起主编《福建民报·艺术座》，参加文艺界的座谈活动，并撰写发表了三十余篇进步诗文。在广州，他为《救亡日报》义务撰稿，参加《中国诗坛》和广东文化界抗敌协会的活动，与郭沫若、茅盾和夏衍有多次的交流，出版诗集《国际纵队》《新生的中国》，鼓舞抗战。在西北的晋南、豫洛战区，他直接投身抗战，在卫立煌部下从事日语的编译工作。创作了多篇诗文和长诗《小蛮牛》。1939 年至 1944 年 4 年多的时间里，他在昆明教书、作诗、著文、搞翻译、宣传抗战。他主持"中华全国文艺界抗敌协会"昆明分会的工作，主编会刊《西南文艺》，创刊并主编文学综合刊物《文学评论》，创作并发表了大量的诗文作品，又先后出版了小说散文集《婚变》、翻译海涅诗集《海涅诗抄》和《奴隶船》。而 1945 年于福州出版的中篇小说集《夫妇们》、1946 年厦门出版的他的第二本文论集《文艺一般论》实际上也是此期的成就。这是他创作上的丰收时期。抗战后期，他辗转回到东南地区，在江西任《赣报》总编辑，后来又去厦门任《闽南新报》的副刊主编。可以说，在整个抗日战争时期，雷石榆都是一名以笔为枪的战士，从未忘保家卫国之责。也正因此，他得到了"抗战诗人"之誉。1995 年抗日战争胜利 50 周年，雷石榆获得了中国作家协会颁发的一块铸有"以笔为枪 投身抗战（1937—1945）"的铜牌。

抗战胜利后，他到台湾，就职于《国声报》，担任主笔兼编副刊。他积极参与《新声报》副刊《桥》上的关于台湾新文学建设的论争，在与杨风展开的文学论战中，阐明了自己的文学立场，被后人学者（石家驹）称为"台湾文学思潮史上第一个把马克思主义的新写实主义论引进台湾并引发讨论的人"。1949 年，雷石榆被国民党当局逮捕后驱逐出台，他的妻子蔡瑞月女士也被牵连入狱三年。而雷先生此一别台，终生再也没有踏上台湾岛。他与妻子蔡瑞月分别 40 年，直到 1990 年才相会于保定，而短暂的相聚也是他们最后的相见。青春分离至白首方得相会，多少悲伤无奈！蔡女士是台湾著名舞蹈家，她寻夫 40 年，独自将儿子大鹏抚养成人，终身未再嫁。保定一见后，她和儿孙一家与雷先生再不复见。离台后的雷先生流落香港，先后在南方学院、中业学院任教，并用非我、杜拉、纱雨、牛车等笔名写诗撰文。

1952 年初，雷先生离港北上，受聘天津津沽大学，开始他的教学与学术研究生涯。该校即河北大学的前身，后从天津迁至河北保定，雷先生一直在校任教。他讲授过文学概论、世界文学、中国现代文学等。1963 年国庆节，在同事朋友们的劝说帮助下，独居十数年、与蔡瑞月会合无望的雷石榆单方面解除与蔡的婚姻关系，与张丽敏结为伉俪。"文化大革命"期间，雷先生遭到迫害，受尽凌辱；但他从未屈服，既没有出卖任何人，也一直坚持自己无罪。张丽敏先生始终与他站在一起，相濡以沫，患难与共。

"文化大革命"结束后，雷先生精神振奋，在文学创作和研究上出现了又一个高峰期，尤其是他的外国文学研究成就卓异，完成和发表了大量著述，参加编写外国文学史教材，影响很大。晚年的雷先生以惊人的毅力，出版了他的学术力作《日本文学简史》，整理翻译《布雷克诗选集》准备出版，为一些新人的诗集作序，还不断有新的诗作发表。1986 年，应日本学术振兴会的邀请，雷先生再一次东渡日本进行学术交流，三个月的时间，文化交流，访问旧友，追悼故人，结交新朋，吟诗作文，忆昔望今，在 20 世纪 30 年代友好交流的基础上，再为中日文化交流续写新篇。近 80 高龄时，完成十余万字的回忆录，在《新文学史料》连载刊出后，不仅在国内得到很好的反响，也受到日本文学界的重视，很快就被译成日文出版。

从 15 岁开始写诗发表作品，到 85 岁临终前尚关注香港回归口述文章的发表，雷石榆先生一生笔耕不辍，创作生命整整 70 载。70 年的创作历程中，出版诗集、小说集、论文集、翻译作品集以及专著 20 余部；还有完成但是未能出版的论文集《文学诸样式初步》、诗集《南归曲》、翻译诗集《布雷克短诗选集》以及见诸报刊而未结集的众多诗文等。他还积极参与报刊的创办、编辑工作，主编过的报刊有十余种。他把自己完全融入时代的洪流之中，他的人生就是一代中国知识分子与国家同呼吸共命运的写照。他的文学创作活动，使他成为中国现代文学史上的重要诗人、小说家、翻译家、中国新文学建构的重要参与者；他一生三度赴日，在日本期间的活动、创作以及后来的对日本文学的关注与研究，为中日文化交流做出了巨大贡献，被誉为中日现代诗歌交流史上第一人、中日现代文学文化交流的先驱者；他的教学与学术研究，使他成为中国外国文学特别是东方文学研究的著名学者，在中国的外国文学学术研究方面贡献卓著，影响深远。因此，雷石榆先生著作的价值，不仅在于文学的艺术价值、欣赏价值，学术研究的洞见卓识与对后学的启迪，还在于对他所生活的时代的记录。对此，方家学者会自有评说。

雷石榆先生的情感经历坎坷，但是上天给予他补偿：他与张丽敏二人经过"文化大革命"和唐山大地震，共患难同甘苦，感情弥笃。正是在张丽敏先生的悉心照顾下，雷先生得以一直保持旺盛的创作精力，笔耕不辍。在雷先生晚年病弱中，张丽敏先生不遗余力地照料、抚慰、陪伴，使雷先生可以微笑着平静地告别这个世界；在雷先生去世之后，张丽敏先生以 70 高龄，竭尽全力创作了《雷石榆人生之路》，为雷石榆立传；又以顽强的毅力，在 80 高龄整理出版《雷石榆诗文选》，完成雷石榆先生的遗愿，也为人们研究雷石榆提供了宝贵资料。俄国著名作家陀思妥耶夫斯基人生坎坷，直到晚年困境中娶安娜为妻，在安娜无微不至照顾辅助下，有了温馨幸福的生活，文学创作上也取得巨大成就。陀思妥耶夫斯基去世之后，安娜把全部的精力都用在了研究、整理、出版陀思妥耶夫斯基的著作上，为人们研究陀思妥耶夫斯基提供了宝贵而丰富的资料；创作《陀思妥耶夫斯基夫人回忆录》，为陀思妥耶夫斯基立传。这在世界文学史上传为佳话。张丽敏先生之所为，何其相似，令人敬仰！

本次的整理工作，立意对雷石榆先生的创作进行全面的整理。然而雷先生的人生分为故乡时期、日本时期、抗战时期、台湾时期、香港时期、天津时期和保定时期，颠沛流离中，一些著作及手稿散佚。70 年的时间跨度，一些早期出版的著作往往有目无书，因而虽竭尽努力，仍一时无法搜集齐全。而收集到的著作中，很多是通过各种途径复制而来，因年代久远，保存质量参差，难免有残缺和遗漏。整理出来的一些著作中，有因时代变迁，学科发展，观点已多有不同而不得不忍痛割爱的，如《文学概论》《世界文学》讲义等，又有百多万字。不无遗憾！

在《雷石榆的人生之路》中，张丽敏先生几次表达了雷石榆先生渴望把自己的作品整理出版的愿望。如今，终于有机会可以将雷先生一生的著作结集出版，这也是对雷先生夫妇在天之灵的告慰吧！

《燕赵文化研究》 第 1 辑
第 165～171 页
© SSAP, 2019

天津的衣食住行

阎浩岗[*]

天津曾经隶属于河北，天津文化是广义燕赵文化的组成部分。但与四周的河北文化相比，它又有自己非常鲜明的特点，这些特点体现在衣食住行各个方面。

天津是我居住过的第二个城市，也可说是我的第二故乡。

说它是第二故乡，并非虚言。从 1986 年到 2003 年，我做了整整 17 年的天津市民，住过六个市区中的南开区、河西区和河东区。23 岁到 40 岁是我生理的黄金时期，也是学业上的播种期和逐渐成熟期。

成为天津市民之前，我曾到过一次这个城市，那次天津之行对它的印象可谓好坏参半。时间是 1979 年，我在沧州求学时期，缘由是探亲。当时印象深的是天津之大，和平路上琳琅满目的橱窗也使我震撼。但也感到我身为农村人的卑微。一个曾经对家乡的城关镇一个二层小楼暗自惊叹、胆怯而好奇地反复上下多次的 16 岁男孩，独自行走在和平路、解放北路万国建筑展览般的街道上，那种感觉可想而知。其实那时天津市最高的建筑就是渤海大楼、劝业场和有四面钟的百货大楼。居民住平房的居多。而站在水上公园的制高点眺远亭上回望天津市里，发现浓浓的黑黄色烟雾笼罩其上，又想到住在其中呼吸那种空气有多可怕。这才想起小学语文老师谈及他早年对天津的印象："乌烟瘴气乌烟瘴气！"

在街上走累走饿了想吃饭，走遍富丽堂皇的和平路、解放路，却找不到吃饭的地方：那时不像现在这样随处可见餐馆。看到一处上书"国民饭店"四个大红字的大楼，赶紧进去。门口两个衣着整齐的服务员主动为我开门，可进去后一看那大厅就感觉不对劲儿，想要买几个羊肉包子，没有！怎么回事？俺老家县城有

---

* 作者简介：阎浩岗，河北大学文学院教授，博士生导师，主要研究中国现当代文学。

一家上书"回民饭店"的国营餐馆,里面都卖好吃的羊肉包子,你这堂堂大天津,这么大个饭店,与俺那"回民饭店"只差一字,居然没有!后来一问才知,"国民饭店"乃著名大宾馆,并非餐馆。明白后逢人就解释:城市里的"饭店"并非"饭馆"的意思。要吃几个羊肉包子、喝碗鸡蛋汤,用如今小品里的话说,也许"这个真没有"。

从小就喜欢连环画,在解放路发现一处书店,里面都是连环画,那一套封面是蓝框彩图的《三国演义》让我爱不释手。在沧州时买过其中一册《战官渡》,这次看到了全套的,真像高尔基所说好像饥饿的牛闯进了菜园,又像民间故事中闯进金库的贪心的老大。可一问价钱,就被吓住了,只好恋恋不舍地将那一册册放回原处。直到后来做了讲师,当上海人美重印本出版时才买齐一套,买来后立刻在扉页写上"遂了少年时的心愿"。后来做了教授,又买了一套 60 册带封套的。

1980 年从沧州师专毕业回到故乡教学时,一点没有对城市的留恋,因为得以过上了舒适的田园生活:享受田园风光,又不必每天下田吃苦。上中学时就羡慕那些中学老师:每人每天 2 ~ 4 节课,上完就在自己屋子里待着,不像小学老师那样一上一整天;风吹不着、雨淋不着、日晒不着,每月有固定的工资,农民称之为"旱涝保收";中午能吃上食堂炒的熟菜,不像小学老师那样还要自己做饭;菜里常常还有肉片。但,偶尔也怀念起沧州的楼梯,感觉老在平地上走找不到攀登的感觉。总的来讲,还是没有对城市生活的渴望,所以在乡下教了 4 年书后上级调我进县城时,我还非常不情愿。后来在县城的单位里感到实在孤独寂寞了,才决定考研究生,离开故乡。

作为名牌大学的研究生进入天津,这下真正有了自豪感,也真正喜欢上了天津。在南开大学的三年主要是在校园里面生活,周末偶尔上街,与市民生活基本没有接触。毕业后到天津师专工作,住在河西区下瓦房,分到了粮本、肉票、鸡蛋票,才真正过上天津市民的生活。后来搬到河东区万新村,与基层市民住在同一栋楼里,更是零距离地接触了市民文化。

天津给人印象最深的首先是它的市区面积之大。这一点,京沪二地之外到过天津的人都会深有感触,我相信即使是京沪市民也不会认为天津小。1980 年代中期修成的中环线全长 70 多华里,外环线全长 140 多华里。我将天津地图与同样可称大城市的石家庄的地图比量了一下,两市东西宽度差不多,但天津是南北长,石家庄是东西长。感觉天津大概相当于三个石家庄。我家住河东区万新村时,骑车到位于南开区的天津师范大学北院上班，由东往西要骑行50～55分钟，而天师大北院在南开区的最东边，再往西还有整个面积广大的南开区！而若从东南端的小海地到西北端的丁字沽，估计至少需骑行两个小时。住在河西区时我在春天想去郊外踏青，骑了好久不见原野，骑累了只好回返。

天津这种"大"与北京不同之处，就是"挤"和"乱"。

说到"挤"，坐火车路过天津的，过天津西站时能看见铁路下面鳞次栉比乱糟糟排列的民房，那属于红桥区。当年最拥挤最著名的市民聚居区是南市、老城区（东马路、北马路、西马路、南马路范围之内）以及万德庄、谦德庄等地。冯巩主演的电影《没事偷着乐》似乎就是以老城区为背景的。21世纪以前，老少三代同居一室的并不鲜见，住在大杂院里的人，若说张家的人睡觉打呼噜能把李家的人吵醒，毫不夸张。大杂院里挤，街道也挤，市中心最繁华的和平路如今看来其宽度也仅像条较宽的胡同。1990年代中期下岗工人多，满街都是地摊，使得本来不宽的街道更挤。后来我到北京读博时发现宽宽的街道上居然没有地摊，就对同学说："这么宽的街道不摆地摊，多可惜啊！"因此，几十米宽的中环线才被看作"一景"。刚到南开读书时看到主楼前有张照片，说是学校组织老教授游览中环线。

天津的"乱"，则体现为街区街道设置得没有章法。老城区内部虽挤，四条马路倒是基本互相垂直或平行，使得老城基本是个四方城；老城以外，包括原租界地区，街道就几乎没有一条是正的了。这大概因为早年外地贫民的随意迁入，租界华界没有统一的市政当局进行规划，市民随意搭建定居，也与海河弯弯曲曲的走势不无关系。进入这种街道"迷魂阵"的外地人有可能转着转着又回到原处。也因此，天津人没有方向感，问路只说前后左右，不辨东西南北。

但是，若以为这就是天津的面貌，就以偏概全了，因为除了这些居民区，天津还有很多或古雅或现代、充分体现大都市风格的场所。如前所述，和平路、解放北路一带因是当年的外国租界地区，可称建筑博览会，分别体现了欧洲不同国家、不同时期的建筑风格。出过国的人说，在这条大街上散步，就像走在欧洲国家的街道上。还有小白楼和以马场道为代表的"五大道"地区。毛泽东所谓"天津的小洋楼"，就是指这些地区的住宅。1980年代以后天津又陆续修建了凯悦饭店、水晶宫饭店、国际大厦等现代化高层建筑，有了天塔、天津体育中心等新景点，沿海河建设了绿地公园、喷泉雕塑等景观，有许多环境设施好、居住面积大、建筑比较豪华的新居民住宅区。你到这些地区，看到的会是与上面那些挤而乱的地区截然不同的一个天津。

地面大而街道错综、建筑种类及其格局多样，使得天津的街道街区充满丰富感、深度感、神秘感。读过巴尔扎克或维克多·雨果小说的都会对巴黎的街道街区、塞纳河乃至下水道很神往，感到每个楼房里面都会有一段动人的故事，暗藏着一个丰富复杂的神秘世界。进入天津的街道深处你也会有这种感觉。确实，在小白楼一带除了起士林西餐厅、音乐厅，还有曹禺故居、袁世凯姨太太故居等，黄家花园曾经住着作家梁斌，鞍山道曾住过孙犁，还有溥仪行宫，天津医院对过的小区住过马三立。惠中饭店曾是曹禺《日出》的场景素材。中国大戏院曾是梅兰芳、侯宝林等艺术大师在天津闯世界的地方。海河上的金刚桥是平津战役两军会师的地点，耀华中学是陈长捷的指挥部……进入老城区弯弯曲曲的胡同如"大费小费"等，则使人如进迷宫，感觉不用来打巷战可惜了。所以，如果没有急事，在天津骑自行车逛街钻胡同，是很有意思的事情。

北方城市中，我认为天津的"吃"最好。市民中有句俗语："借钱买海货，不算不会过。"所以老少三代同居一室的家庭，吃喝并不差。天津的饭馆价廉物美，许多菜品天津有北京没有。例如"八珍豆腐"，天津饭馆里做的是以生菜和豆腐为衬，以虾仁、海参、鱿鱼等海鲜以及鸡块等为主，到北京的饭馆里点这个菜时要么没有，要么真的给做成豆腐菜。天津的早点品种多，最具特色的是煎饼馃子和锅巴菜。煎饼馃子外地都知道，也都有，可外地提起来只称"煎饼"而舍去了"馃子"（油条），尽管实际上煎饼里也卷馃子；而且，天津的煎饼都是纯绿豆面，谁要掺小米面等杂粮，顾客就认为是掺假，而在北京、石家庄、保定等地，煎饼却是以小米面加白面或玉米面为主，与绿豆面的完全两种味，佐料里也缺少了天津人必加的酱豆腐。至于锅巴菜，则在天津之外的城市还没吃到过。这种早点的做法，是用绿豆面摊成煎饼再晾干切成条，吃的时候先弄好热卤汁（团粉、酱豆腐、肉末、香菜等），再把这些饼条放进去。天津的老豆腐也与外地不同，我感觉只有我们老家的做法可以与之媲美。我们老家的做法是白豆腐加花椒油、辣椒油和酱油，天津的老豆腐精华处也是在于其卤汁，香而不腻。北京的老豆腐还可以，保定、石家庄的吃起来酸溜溜。天津人吃馄饨也有特色，就是必用排骨的高汤，加些虾皮香菜之类；馅儿大的叫"云吞"，馅儿少的才称"馄饨"。天津的芝麻烧饼和棒槌状油条讲究香而脆，顾客买的时候常先问"脆吗"。外地的油条则大多软塌塌的。

天津人常吃的早点还有炸糕、大饼鸡蛋。不知为什么，他们管豆包叫"蒸饼儿"。至于豆浆油条、兰州拉面等，北方城市都有，就不必说了。

天津人的穿也比较讲究、比较洋气。只是市面上的女孩子有时穿着打扮俗气了些，化妆过艳过浓了些，但大学里的学生恰到好处。而且天津的衣服价钱比北京等地便宜得多。

"衣食住行"中天津的"行"如今便利多了，公交车线路极多，汽车之外还有无轨电车和地铁。天津的地铁明显比北京浅，往下走时台阶级数少一些。只是天津人打出租的档次总比外地低一级：石家庄普遍是红"夏利"的时候，天津满街是黄"大发"，而且那时市民打个"面的"还感自豪；北京通行"现代"的时候，天津的"夏利"才完全取代"大发"。

天津的文化极具特色。给人印象深的首先是天津话。市内六区与四周郊区县口音明显不同，形成"方言岛"现象。东西南北四个郊区现在分别叫东丽、西青、津南、北辰，原来的五县中宝坻和武清已改称"区"。其中，北辰和武清说普通话，宝坻、蓟县、宁河、汉沽属于唐山方言，静海、西青接近沧州青县话，东丽、津南和塘沽与市内六区方言接近但又有沧州口音。有些天津话的用词比如"嘛事儿"与我们老家其实差不多，只是天津人说得还干脆强硬些。天津方言的语音一般是将普通话的阴平念成短促降调，阳平读成拉长的阴平。那些降调字给外地人一种自信乃至武断、不容置疑的印象。天津话第二人称的尊称是"你了"，相当于北京话的"您"，你不要将其理解成"您老"。天津人见中年以下女性一概称为"大姐"或"姐姐"，那是对着孩子叫的；如果你听到这种称呼而发现说话的人比你岁数大，不要奇怪，也不用不好意思。把 zh、ch、sh 读成 z、c、s，那是老居民区或老一辈的习惯，年轻的一代大多按普通话纠正了，尽管声调还是天津味儿。至于将"勇敢"读成"荣敢"，属于为靠近普通话而矫枉过正。外地人学天津话容易学会其语音中的短促降调，但大多忽略或学不会那拉长的高平声。我听蔡明小品以及某些东北二人转演员学说的天津话，一听就听出不地道。如果语速不太快的话，我的天津话能说得很纯正。我用天津话读徐志摩《再别康桥》，比电视剧《杨光的快乐生活》要早好几年。

天津市民中京剧票友特多。夏夜乘凉，经常能听到河边或街头传来唱京剧的声音。有一次听到一个唱花旦的，唱得娇滴滴惹人心动，远远看去，四周围了一圈听众；走近一看，却是个秃顶胖老头子在唱！那些票友唱花脸、老生，也都唱得让外行人觉得是专业水平。1993 年纪念毛泽东诞辰一百周年，学校演文艺节目。

我在后台候场时，听到前台唱《沙家浜》中阿庆嫂那段《我定能战胜顽敌渡难关》，以为是放的洪雪飞的录音，等演唱者唱完进后台休息时才发现，原来是行政上一个普通女干部唱的。到保定后发现，在东风带状公园及军校广场常有老头老太太唱河北梆子，或合唱革命歌曲，偶尔有唱京剧、评剧或老调的。保定的京剧底蕴与天津有明显差距。

天津又是曲艺之乡，天津相声水平不亚于北京而又有自己特色：不求靠近主流意识形态或突出宣传功能，只讲市民日常生活，或小奸小坏。如今活跃于北京舞台上的相声演员，有相当一部分来自天津。

在天津能充分感受到市民文化和农民文化的不同。每个人的具体感受肯定会有不同。有一点我印象最深：与农村人爱哭穷不同，天津人爱显示自己有钱。马三立相声描述的那人没吃饱饭却将嘴唇抹上猪油表示刚吃了肉，也许有点夸张，却很传神。究其原因，大概是村里人祖祖辈辈有固定的邻居，怕人向自己家借钱而又不好意思拒绝，城市人流动性大，对于陌生人往往根据其财富与地位确定对待的态度。对待吃的态度，天津人与农村人的差别就更大了：在农村，讲究吃穿被认为不会过日子，人们以劳动为荣、以享受为耻。这种差异，很难说谁好谁坏，都是生活环境决定的。

我的感觉中，"外地人"三字在天津暗含有轻微的贬义，当然它与专称农村人的"老坦儿"还是有所不同的。好像天津人只有对北京人和上海人高看一些（听说，轻视外地人的现象上海更甚，"阿拉"们将上海以外的所有人都看作乡下人）。确实，除了北京，天津四周的地方在经济与文化方面都不及天津，而过去大多数普通天津人又很少有机会去更远的城市。学地理的都知道天津是滨海城市，但市区离海边最近处也有 80 多华里，许多天津市区居民毕生未见过海。

天津独特的方言也使外地人一下子就凸显出来。所以有些北京出来的逃犯宁肯跑远些奔石家庄也不去更近的天津。

离开天津将近 16 年了，这 16 年中天津变化巨大。其间偶尔回津，发现许多街道不认识了。前几天读以天津城市建设为背景的获奖小说《都市风流》，突生怀念之情。其实，当时离开天津，实因诸多方面的不得已，不是由于我厌倦了这个城市，尽管它确有一些我不喜欢的地方。

1992～2003 年，我家住河东区最东边的万新村居民区。这里都是新楼，街道横平竖直，绿化也不错。刚搬来时有些冷清，后来公交车多起来，商业服务设施也很齐备：楼下不远就是日资的"大荣"超市以及万新商场、万新浴池、食品商厦、新华书店、邮电局、银行等，生活很方便。还有武警医学院、武警医院，周末时身着橄榄绿军服的女学员三五成群逛街乃是万新村一景。哎，当年天津的第一例"非典"病例，据说就出自我们的武警医院呢！但是，有一个解决不了的问题：家属的单位在万新村，她上班只有五六分钟路程，我去天津师大上课、开会，却必须穿越河东区、河西区、和平区，进入南开区，骑车50多分钟，过红绿灯路口30多个。若是上午8点的第一节课，早6点就得起床，6点半就得动身。冬天的滋味最难受，因我手脚怕冷，短途尚可，时间一长就冻透了。尽管我带上最厚的棉手套并套上暖袖，穿上厚而重的羊毛军警靴以及护膝护腿，以致有同事说我这"扮相"滑稽，还是感觉冷。路面结冰时，过高而长而弯的十一经路立交桥最难、最险。乘公交大致也得这个时长，因为那时没有直达车。我若把家搬到师大附近，家属又没法上班了。由于本校教师到外校读博回归不算"引进人才"，校方也没有相关优惠照顾政策。于是只好惜别了。

从大城市走向中小城市，属于"逆向流动"，当时引起一些人的不解。他们问我为何，我答曰："因工作和生活需要。"看似外交辞令，其实却是实情。

如今，我住在校园内，楼下有如画的毓秀园，去图书馆也方便；如果是本部本科生的课，步行十分钟以内就到；即使去新区给研究生上课，坐校车也很方便。16年中我少受多少肉体上的痛苦啊！按天津人的住房观念，我的住宅楼是砖混结构，面积起码是小康，位置、楼层和朝向都好。所以我也没到校外买更大的房——我太珍惜校园里的环境。保定虽小，河大却大。

但，毕竟当了17年的天津人啊，而且是在一生中的黄金时段！那里有许多帮助过我、给我以善意和温暖的人，我想念他们。

应该还有故人记得我。不过，如今在校的天津师大文学院学生，不会知道曾有这么一个人在本院工作，有一段时间，他独自承担了全系所有的文学概论和美学课程，而且是百分之百投入！他上课时精神饱满，下课后就蔫了。最高纪录是每周36课时（包括去郊县辅导高自考），晚上回家时胸腔感觉像煞了气的皮球，喉咙难受，直想咳嗽。那种时候，一句闲话也不想说了。家里孩子小，下了课就赶紧往家奔。

上辅导课，使我几乎走遍了天津的郊县：蓟县、宝坻、武清、静海、塘沽、汉沽、大港。只有宁河没去辅导，但那里有亲戚，也到过了。

《燕赵文化研究》第 1 辑
第 172～180 页
© SSAP，2019

俞平伯对佛教文学的借用与仿拟

李艳敏[*]

摘　要： 俞平伯有着较为明显的佛教禅宗的思想。他在文学创作中对佛教文学进行了适当的借鉴与转化。根据转化的不同，可分为三类转化现象：一是新诗对佛教偈语的转化；二是旧体长歌体对经文译体的借用；三是"梦遇"中对语录体和禅宗灯录的仿拟。这三种仿拟现象是俞平伯长期接触佛经并将其融入自己的创作中的结果。

关键词： 俞平伯　佛教文学　借用　仿拟

一　俞平伯与佛教的关系

俞平伯作为新红学派的奠基人之一，虽无《红楼梦》那样的著作传世，却从中吸取了其思想艺术的精华。他恰似借疾为众说法的维摩诘居士，在其创作中以梦说法，以情谈禅。"色色空空"的观念也成为他作品中绕不开的主题之一。学者梁归智把"诗、哲、活"这三个字当作"禅"（从思想文化方式意义上讲）的"关键词"。他认为，"情与禅，表面上是互相扞格的，前者沉溺于情，后者似乎超脱了情。但实际上，它们又是相反相成的，因为无论情与禅，都与诗、哲相邻"[①]。以此三点看俞平伯之作，则无处不灵，无时不情，禅意诗意总在其中。

面对人生诸种美好，俞平伯也如他所喜的桓子野那样一往情深。从诗集《忆》和散文集《燕知草》中即可见俞平伯作为诗人多情的一面。1922 年，主张创作

---

* 作者简介：李艳敏，河北师范大学现当代文学专业博士研究生，研究方向为中国现当代文学。

① 梁归智：《禅在红楼第几层》，中国人民大学出版社，2007，第 45 页。

"说老实话"的俞平伯在第二次出国辞别友人的时候，并不讳言自己那狭小的一己情感，"严密讲来，真能当我底敬爱的，不是全中国，乃是中国底几个人而已。这自然是我底狭小，但真的感受是如此的，使我不能为自己深讳"①。朱自清在为《燕知草》所作序里也说俞平伯"处处在写杭州，而所着眼的处处不是杭州"只是因为"大半因了这几个人，杭州才觉得可爱的。好风景固然可以打动人，但若得几个情投意合的人，相与徜徉其间，那才真有味。这时候风景觉得更好"。②

　　哲人式的深思，又令俞平伯为人生的短暂而徒唤奈何，在作品中感叹不已。1918 年俞平伯作新诗《奈何》，第一次以文字表达他对生死大事的思考。1921 年，俞平伯开始研读《红楼梦》，1923 年《红楼梦辩》出版。《红楼梦》的色空思想无疑深深影响了他的文学创作。此后俞平伯在《重刊〈浮生六记〉序》中提出了他对于一切外物"不离不著"的态度，肯定了朱自清提出的，他命名为"积极刹那主义"的人生哲学（《读〈毁灭〉》）——这种刹那主义思想即来自佛学禅宗。接着他又在散文《桨声灯影里的秦淮河》中含蓄而细腻地描写了具有审美意义的佛禅之思，以"胎孕中一个如花的笑"形象表述其思想的朦胧含蓄之美。1924 年，俞平伯在杭州雷峰塔倒后与舅父相伴搜集塔砖和藏经，后遵命写成两篇论文（《记西湖雷峰塔发现的塔砖与藏经》《雷峰塔考略》）和两首古体诗歌（《西关砖塔塔砖歌——为先舅父汲侯君作》《西关砖塔藏宝箧印陀罗尼经歌》），对雷峰塔既有专业性的考证，又有文学性的表述。谭桂林谓其砖歌中多处透露出"佛学缘起性空的觉悟"，认为其经歌"用语的地道，理解的精到，阐述的准确"都见出作者深厚的佛学功力。③ 在佛学方面，俞平伯发挥自己家传的考证特长，后来还写过驳胡适的佛经考证文章《驳跋〈销释真空宝卷〉》。因此，我们不能不说，在现代诸位近佛的大家中，俞平伯也是一位相当有水平的在家居士，他"古槐居士"的名号也并非浪得虚名。从新诗《奈何》对"我"之存在的发问，到诗剧《鬼劫》中借鬼之口唱出的对痴愚贪念的认识，从《桨声灯影里的秦淮河》里神秘化的情物禅思到《重过西园码头》中主人公基于佛教苦空观的生死之思，从《燕知草》的追怀往昔到《古槐梦遇》的以梦寓意，从《呓语》组诗到《独语》系列散文，俞平伯文学创作中的佛禅思想历历可见。1930 年代初，俞平伯完成了《古槐梦遇》一百

　　① 俞平伯：《东游杂志》（一），见《俞平伯全集》第二卷，花山文艺出版社，1997，第 532 页。
　　② 朱自清：《〈燕知草〉序》，见《俞平伯全集》第二卷，花山文艺出版社，1997，第 124 页。
　　③ 谭桂林：《20 世纪中国文学与佛学》，安徽教育出版社，1999，第 51 页。

则，以文言白话交融的语言、以谈佛说禅的方式隐晦表达其对社会现状的不满，极尽其婉曲打谜之能事。

二　俞平伯创作语言对佛教文学的借用和转化

概括说来，俞平伯在文学创作手法上对佛经禅籍的借鉴主要是对佛经翻译体的学习。俞平伯勇于在创作的文体形式上尝试，俳谐体、演连珠体、语录体都是他使用过的写作体式，他的创作因此呈现出一种斑斓的杂色。相比起其他体式来，他的诗歌创作和汉译佛经体的关系更为密切。佛经在历代高僧的翻译整理中为汉语语库增加了不少活力，而经文译体一般都是句式整齐，音韵谐调的。俞平伯在诗剧《鬼劫》、新诗《俳谐愤言》和《经歌》就明显借鉴了经文译体的形式。《俳谐愤言》中有大量的四字格类经文语体，诗剧《鬼劫》也有不少对佛经原文原义进行复述或者转化的诗句，而在其旧体长诗《经歌》中，汉译佛经体的影响更为明显。他恰当融合了旧体诗和佛经体两种文学的思想与体制，创作出了言自己之情志的诗歌。1930 年代俞平伯的散文又有许多地方仿照了佛教禅宗灯录体的形式，《古槐梦遇》中的多数都有着明显的禅宗语录体和公案体痕迹。

这首先是因为汉译体佛经有着和中国诗歌相似的元素，比如在修辞和格式上都按照汉语习惯行文，照顾到了汉语的文化特色。印度文学有一种体裁，是在散文记叙之后，用韵文重说一遍。这种体裁输入中国以后，在中国文学上却发生了不小的意外影响。佛经本身即注重修辞，佛经的汉译中同样注重修辞。因为梵文、中亚古代语言都是很难掌握的，翻译不仅涉及语意本身的对译，还要使翻译出来的汉文符合汉语的修辞方法和语言习惯，以便中国信众接受。俞平伯虽然以新诗闻名诗坛，但他惯用旧体诗创作，在舅父的影响下，他阅读了大量佛经，而佛经的汉语译体对俞平伯的创作无形中产生了较大的影响，他常常以此体跳出佛经对人间作一番文学的省察。

（一）《俳谐愤言》与四字格佛经译体

俞平伯创作惯用四字格句式，其中常常含有带偈语性质的句子，这既有六朝骈文的影响，也有对佛经翻译体的偏爱。如他作于 1921 年 4 月 28 日的新诗《俳谐愤言》。"俳谐体"一般是指旧时诗文中内容诙谐的游戏之作。陆游《老学庵笔记》卷五记载"绍兴中,有贵人好为俳谐体诗及笺启"①。杜甫有《戏作俳谐体遣闷二首》,宋代范成大也有《上元纪吴中节物俳谐体三十二韵》等。可见,"俳谐体"大都是游戏之作,内容则多滑稽幽默之言。而俞平伯的俳谐却是一点也不幽默,故而题为"愤言"。这篇"愤言"显然是他看到报纸上报道的军阀混战造成生灵涂炭现象后发出的愤慨之语。在诗中,作者通过"愤言"对"杀着人呢,分着赃呢"的社会现象进行了猛烈的抨击。既反映了当时社会战乱频仍的事实,又表达了作者对贫富不均、为富不仁的强盗世界的痛恨,他憎恶人心之贪嗔痴愚却又对现状无可奈何,只能感叹道:"凡我世间一切罪恶,皆非本来,根乎愚昧。奴于性能,奴于嗜欲。冥冥漠漠,盲心盲目。如斯之徒,不识不知,堪怜堪悯。"② 这几句四字格体模仿了佛经中佛陀说法的口气,带着说教的味道。其他如《古槐梦遇》之三十"以醒为梦,梦将不醒;以梦为醒,梦亦不醒"③,《随笔四则》之一也多用这种四字格体:"颠倒梦想,无非痴也。患得患失,无非贪也。勃豀口角乃至争城争地,无非嗔也。三者交织着以为人间世,或曰障蔽,或曰习气,或谓之业,无名强名,总之乐观不得的。但本心之明究未尝息也。更何处可着悲观耶?"④《独语》之八云:"思终无得,不思无失。不想不错,一想就错。想非不想,实已想了,惟其已想,故曰不想。"⑤ 而"信受奉行,欢喜赞叹"本是佛经结尾处的套语,俞平伯却拿它来做《答西谛君》一文的结尾。

考察汉语诗歌和佛经的四字格本来就有着相似之处,而佛经用语比起纯粹的四言古诗来,多为说理,少有抒情描写。俞平伯在诗文中灵活运用四字格,多数也是用来表述其对于现实生活的思想的,带着哲理的韵味,也难怪胡适说他"偏偏想兼作哲学家"⑥。

(二)《西关砖塔藏宝箧印陀罗尼经歌》与五、七言汉译佛经

俞平伯的旧体长歌融入了佛经体的成分,却又进行了适当的转化。这主要是指俞平伯在雷峰塔倒下之后所作的长歌。1924 年 9 月 25 日下午,雷峰塔突然倒

---

① (宋)陆游:《老学庵笔记》,中华书局,1979,第 58 页。

② 俞平伯:《俳谐愤言》,见《俞平伯全集》第一卷,花山文艺出版社,1997,第 346 页。

③ 俞平伯:《古槐梦遇》,见《俞平伯全集》第二卷,花山文艺出版社,1997,第 355 页。

④ 俞平伯:《随笔四则》,见《俞平伯全集》第二卷,花山文艺出版社,1997,第 697 页。

⑤ 俞平伯:《独语》,见《俞平伯全集》第二卷,花山文艺出版社,1997,第 676 页。

⑥ 胡适:《评俞平伯的〈冬夜〉》,见胡适《胡适书话》,云南人民出版社,2015,第 143 页。

塌，俞平伯当时正在和寺僧下棋，他以“千年坏土飘风尽，终古荒寒有夕阳”①（《绝句》）记录此事。雷峰塔倒后，俞平伯陪伴舅父一起搜求塔砖和塔内藏经。未久，舅父去世。俞平伯根据自己的考证，先后写出了《记西湖雷峰塔发现的塔砖与藏经》和《雷峰塔考略》两篇论文作为对舅父遗愿的交代。另有两首七言长歌旧体诗《西关砖塔塔砖歌——为先舅父汲侯君作》和《西关砖塔藏宝箧印陀罗尼经歌》也都是为其舅父而作。这两篇长歌是俞平伯根据对雷峰塔及其附属塔砖和经文所作的考证而作，以“丈人初现维摩疾。欣然示我西关砖”记载了舅父生前对此事的重视。《经歌》既有佛经译体的风格，又融入了现实生活中的真情与事实。首段对佛经内容进行隐括，是《宝箧印陀罗尼经》的浓缩版：“如是我闻薄伽梵。无垢宅宇初应现。前路逾陟丰财园。有塔崩摧荆棘里。榛草壃砾是充遍。于中忽出善哉声。尔时世尊往塔所。脱身上衣覆其上。泫然垂泪已微笑。十方诸佛同瞻睹。”② 佛经经文一般都有冗长之病，虽文词甚富丽，却失之于繁琐。俞平伯改写的原经经文共有四节，文字繁琐啰嗦。第一节述无垢妙光来佛所请佛明晨至彼所受其供养，佛默许之。第二日晨，无垢妙光及其眷属来迎佛。第二节言众人途经丰财园，园内有一朽塔，佛往塔所，塔上于是大放光明，且出“善哉善哉”之声。佛于是脱身上衣覆盖在塔上，垂泪，微笑。第三节是佛应金刚手的要求为大众说梵语的“宝箧陀罗尼”。第四节记佛说完咒语后有“七宝窣堵波”自然从坏塔处涌出③。俞平伯用简短的句子把经义的主要内容概述在一节之中，可谓巧妙地化繁为简，把经文的大义浓缩在一节几行之中。诗歌以下几段依次交代经文的翻译者和成塔的时间。追述塔倒时当地人争相收拾残经的场面，以及安巢居士得到残经后“银针剔拨断还续，零星结缀辨封题”的细节。作者感慨塔倒是“物壮则老”的常态——“后之来者不见突兀倚天雷峰塔。唯有扑地尘封一瓦堆。岂其所作性无常。盛壮则老物之宜”，而“安巢丈人为余说：‘经文明晰尔何疑。丰财园内生荆棘。明圣湖边见劫灰。岂独人天愁末运。慈悲我佛犹儿啼。’”④ 俞平伯在《雷峰塔所藏塔砖与藏经》中解释道，大乘佛法以为，真如本体永无成毁，只是随众生业缘而隐现。这篇《经歌》不是以经文意义为主，主要是借此经文来追念深爱自己的舅父，寄托其难以了却的世间情缘，顺便对社会混乱状况表示不满。因

① 俞平伯：《绝句》，见《俞平伯全集》第一卷，花山文艺出版社，1997，第543页。

② 俞平伯：《西关砖塔藏宝箧印陀罗尼经歌》，见《俞平伯全集》第一卷，花山文艺出版社，1997，第397页。

③ 参见俞平伯《记西湖雷峰塔发现的塔砖与藏经》，《俞平伯全集》第二卷，花山文艺出版社，1997，第43~45页。

④ 俞平伯：《西关砖塔藏宝箧印陀罗尼经歌》，见《俞平伯全集》第一卷，花山文艺出版社，1997，第398页。

此,《经歌》虽在第一节用了译经体的句式,但并不等同于宣讲佛法的佛经,而是带有鲜明的个体情感体验的诗歌。这是俞平伯以化腐朽为神奇的妙手转化佛经经文的典型例子。

此外,俞平伯诗剧《鬼劫》中的唱词也有对佛经经文的仿写,如"我闻佛告须菩提,如是降伏如是住。如是以外无他说。如何降伏?如何住?——大乘胜义六波罗,般若波罗拆烂污。心如止水观一切"①。以上都是在仿写《金刚经》的经文。紧跟着"止水的心可有么?"却又是现代语言,而非佛经语体。以上两种诗歌体式均以模仿经文的手法实现了诗歌与佛经的互文。而俞平伯在后期散文创作中,主要采用用典和戏拟的手法与禅宗语录体形成了互文。

(三) 语录箴言体与"灯录体"

佛教禅宗为表明历代祖师,以示不忘家法,有"灯录"传世。如《高僧传》《景德传灯录》《五灯会元》《碧岩录》等,记录了历代高僧大德富于启示性的开悟公案和个性化的言行语录。在散文方面,俞平伯对文字的驾驭显得更为收放自如。他的《古槐梦遇》《独语》《槐屋梦寻》《秋荔亭随笔》中多数篇章都采用了禅宗公案形式和语录体形式,思路是反常规、非理性和跳跃式的。

首先是行文语词混杂,时时杂以佛教经文,自由跳跃于文白官土之间。文白夹杂者如:肉摊上买肉,人曰"牛肉",我曰"橐驼之肉耳",被人呵斥,"你知道啥!"② 学究卖弄固然不可爱,却到底能够识别真伪,但奈何俗人视真为伪,反倒自以为高,以不知斥知,不亦悲乎。再如下面这段文字,不但文白夹杂,而且把《金刚经》常出现的句子"须菩提于意云何"也移入了文中:

> 曾闻和尚伸眼看女人,女人打他一下。和尚闭眼,女人又打一下。"小僧何罪?"女曰:"你想得我好!"然则见固是见,不见亦是见也。亦有见而不见,不见而见者,梦中见之。黑板上字迹两行。以观之不足而开眼,开眼固未有黑板也。眼皮一合顷,字迹复分明矣。挨女人这两巴掌,须菩提于意云何?③

---

① 俞平伯:《鬼劫》,见《俞平伯全集》第一卷,花山文艺出版社,1997,第359页。
② 俞平伯:《古槐梦遇》第三十九则,见《俞平伯全集》第二卷,花山文艺出版社,1997,第358页。
③ 俞平伯:《古槐梦遇》第八十五则,见《俞平伯全集》第二卷,花山文艺出版社,1997,第358、372页。

文末的仿金刚经问句仿佛如今的"元芳体",诙谐中透着一种哲性的智慧和嘲谑式的反讽。在凡人的眼中,性与女都是佛教中人不可妄想的,但清规戒律纵严,又怎么能经得起人体本能的需求,又怎么可能截断思维活动呢?

其次是句式句法意义上的反常。俞平伯的《古槐梦遇》等后期记梦体散文综合了《世说新语》《论语》,以及笔记小说、旧体诗、佛经体、公案体多种文体,是奇妙的互文文本。其语言上雅俗互换,极尽跳跃之能事。此处重点谈其中的"公案体"部分。所谓公案语录,并非佛教禅宗专用(论语也是语录体),但反常的对话与应答,前后悖谬的言论是其主要特征。"某君某女会谈于西餐室中,某君曰:'人生乐事,殆莫如学会洋派,回国的途中也。'某女士以吴侬软语答曰:'真真一点点也勿差'。"① 述梦中男女留学生可笑的言行举止,以用语之庄更显其谐谑之趣。再如《古槐梦遇》第四十则:"黑夜行舟,灯火迷离,已失了足,遂不知此身在舟中,还是上了岸,于万无可证明中,忽得一证曰,在床上。"② 此梦之谜又类似佛法中的"遮诠法",谜底非左非右,亦非中间,而是另有所指。

综上所述,俞平伯创作与佛教文学的具体互文手法包括:对佛经语言的仿写、套用和对公案体的戏拟。前者如《俳谐愤言》等的四字格句式,以及对"于意云何""如是我闻"等佛经词语的直接套用等;后者如后面的两个例子。

三 俞平伯的佛学思想渊源

以儒为主、兼容佛道是许多中国现代作家的思想特征。相比于一般民众带着盲信的民间佛教信仰,他们对于佛教是现代知识者的一种智信,带着中国传统士大夫式的禅悦遗风。俞平伯便是其中较有代表性的一位,他在晚年最爱"无智亦无得,以无所得故"一语,常以和尚念经式默诵之。③ 而他的佛禅思想既有身世家学和时代背景为基础,又有一种发展的现代科学理性精神。简单说来,俞平伯的佛禅思想来源主要有以下几方面。

一是成长环境中家庭成员的影响。佛教与士大夫结合后,文人近禅的心理趋向日益明显。宋朝的苏轼、黄庭坚都说自己是转世再来人,清朝的蒲松龄也说自

---

① 俞平伯:《古槐梦遇》第六十七则,见《俞平伯全集》第二卷,花山文艺出版社,1997,第366页。
② 俞平伯:《古槐梦遇》第四十则,见《俞平伯全集》第二卷,花山文艺出版社,1997,第358页。
③ 俞平伯:《致叶圣陶信》,见《俞平伯全集》第八卷,花山文艺出版社,1997,第144页。

已出生前家人梦僧。周作人和俞平伯的出生也都有家人梦僧的传说。儿童时期的记忆强烈而持久。作家们的创作几乎没有不受童年记忆影响的。俞平伯亦然。俞平伯对此无疑是颇以为骄傲的,在诗中和文中均有记载。传说在俞平伯出生前的一个晚上,其祖母梦见一位高僧,曾祖俞樾曾以诗记之"怪伊大母前宵梦,莫是高僧转世无?"① 他生于佛陀成道日农历腊月初八,乳名僧宝,四五岁就"寄名于塔倪巷之宝积寺"为僧,法名"福庆"②。俞平伯成年的笔名曾为"槐居士"或"古槐居士",有时又在文中以"贫僧"或"衲子"自称。俞平伯的家人大多信佛,其舅父兼岳父许引之号"安巢居士",父亲俞陛云号"乐静居士",母亲许之仙是虔诚的佛教徒,每天早晚拜佛念经。因此,俞平伯长期生活在一个有着浓厚的佛学氛围的家庭。③ 自幼"对于菩萨天王有一种亲切而兼怖畏之感,甚至于眠里梦里都有这些偶像缠绕"④。这些年少时的熏染和记忆对俞平伯成人以后的思想形成具有至关重要的作用。

二是中国近现代佛学复兴与近佛朋友圈的影响。近现代中国的社会充满了不安定的因素。战火频仍,人们在乱世中对无常苦空的感受更加强烈。佛学的破执说可淡化人对外物的执着,缓解肉体对精神的压迫。禅也能使人暂时忘却现实中的苦恼烦闷,处于心灵澄澈寂静的状态。佛学对于迫切需要解脱的现代作家来说,具有相当的吸引力。而近代佛学复兴也的确造就了一大批近佛的文化名人如龚自珍、梁启超、谭嗣同、八指头陀、苏曼殊、章太炎、陈独秀、李叔同、夏丏尊、鲁迅、周作人、丰子恺、许地山等。谭桂林《20世纪中国文学与佛学》与哈迎飞《五四作家与佛教文化》等专著对此有过总括性的表述,因此这是一个现代文学学界都已认可的现象。众所周知,俞平伯及其师友周作人、丰子恺、废名都研读过佛经,各人也有专门谈禅说佛的诗文。周作人的自寿诗和老虎桥打油诗都透露着佛学色彩,废名为驳熊十力的《新唯识论》曾自作《阿赖耶识论》⑤,俞平伯虽没有专门的佛学研究专著,但他为雷峰塔所作的"两文双歌"(包括《雷峰塔考略》《记西湖雷峰塔发现的塔砖和藏经》《西关砖塔塔砖歌——为先舅父汲侯君作》《西关砖塔藏宝箧印陀罗尼经歌》),他所写的《家藏日本写经》都是与佛教典藏

---

① 参见俞润民、陈煦《德清俞氏:俞樾、俞陛云、俞平伯》,中国人民大学出版社,1997,第142页。
② 俞平伯:《致叶圣陶信》,见《俞平伯全集》第八卷,花山文艺出版社,1997,第124页。
③ 韦奈:《旧时月色》,中国华侨出版社,2012,第6~7页。
④ 俞平伯:《戒坛琐记》,见《俞平伯全集》第二卷,花山文艺出版社,1997,第320页。
⑤ 参见王仲三编《周作人诗全编笺注》(学林出版社,1995)及废名《阿赖耶识论》(辽宁教育出版社,2000)。

有关的内容。而"白马湖作家群"中的朱自清、丰子恺、夏丏尊也都是近佛的文学才子，和俞平伯的关系密切，他们都带着传统儒佛相融的文化气脉。这一师友群作为俞平伯的主要交往对象，给他施展文学和佛学方面的才华提供了机会。"闲谈"佛法禅学因此成为其作品内容表现的主要特征。

三是传统佛禅文学尤其是《红楼梦》的影响。佛教的苦空观，给中国文学增添了一层幻灭的悲剧感。"浮生若梦"是中国文人普遍的颓废而富有情趣的诗意思想。庄子赋予"梦"以自我的思考，李白视"浮生若梦"，苏轼也感叹"人生如梦"。从唐传奇到"临川四梦"再到《红楼梦》，中国文学以梦演绎了世间人对情爱功名的追求。他们无非要表达这样一种思想：即使情真处千好万好，利禄至富贵荣华，却总逃不过一场虚空。俞平伯生前研读《红楼梦》，做与文学有关的梦，写与梦有关的文学。他的记梦体作品内容真真假假，虚虚实实，惝恍迷离，造成了一种"亦真亦幻"的艺术氛围，这显然与《红楼梦》的写法有异曲同工之妙。而《红楼梦》"如梦如戏"的人生观和"情禅色空"观对俞平伯的文学创作产生的影响也是不言而喻的。

对生死大事的长期参悟和文化上的多年积累和修学，也是俞平伯近佛亲禅的原因之一。禅宗自唐代盛行以来，号召打破一切束缚，为中国文人与文学的独立带来了革命的基本理论依据。禅宗思想与儒家士大夫阶层的文学生活结合也更为紧密。中国传统的士大夫虽在文学的世界里向往着出世，可大多数不会真的摒弃世俗斩断尘缘去做和尚。"参禅既是学佛的手续，又是知识分子的概念游戏，既不太麻烦，也不太简单，又有趣，又文雅。用以求顿悟，是一切方法中最适宜于士大夫的方法。在知识分子看来，这不过是琴棋诗画之外再加上一项玩艺儿罢了。"[①]文人们喜欢的是慵懒闲适的尘世生活，即使做也要做《西厢记》中惠明那种"经文也不会谈，逃禅也懒去参"的和尚。相比其他佛教教派，多数中国现代作家既有以天下为己任的儒家传统思想，又接受了佛教中的大乘普度观念，希望借儒佛中的入世精神为时代社会服务，即朱光潜所谓"以出世的心做入世的事业"。俞平伯则主动与世间拉开距离，多以旁观者闲谈世事，其谈禅说佛也只是仅限于口头上、文字中，到底还是觉得"不可真的去做和尚"。因此，其佛学思想说到底也是"我注六经"的一种权变之策。

---

① 张毕来：《红楼佛影》，上海文艺出版社，1979，第 87 页。

《燕赵文化研究》第 1 辑
第 181~190 页
© SSAP，2019

《死于威尼斯》中的阿申巴赫形象

——基于弗洛伊德人格结构理论的解读

王丹丹*

摘　要：《死于威尼斯》是德国小说家、散文家托马斯·曼（Thomas Mann，1875—1955）最负盛名的一部以艺术家为题材的中篇小说。本文主要通过弗洛伊德精神分析学说中的人格结构理论来解读作家阿申巴赫从理智到放纵自我的形象变化。论文首先介绍了阿申巴赫处于"超我"状态时，清楚地知道自己的所欲所求，与美保持着合理的距离；进而着眼于处在挣扎状态中的阿申巴赫，他的"自我"在此时备受拉扯，既想着近距离接触美，又害怕陷于舆论漩涡，有违道德；最后通过描述彻底陷入"本我"的阿申巴赫的所言所为，从而帮助读者深刻了解"自我"虽然时常陷入挣扎，被"超我"与"本我"拉扯，但也只有努力做到平衡内心各种状态后，才可真正与美共舞。

关键词：《死于威尼斯》　阿申巴赫　人格结构理论

《死于威尼斯》是德国作家托马斯·曼最负盛名的中篇小说，而这篇小说也是他以自己和妻子、哥哥亨利希一道外出休假的经历为原型而作。小说中的主人公阿申巴赫是一位自律性极高的知名作家，数十年来孜孜不倦地写作，一心想要攀登艺术高峰。长年累月的辛勤写作使他心力交瘁，故而想要开始一段旅游放松一下身心，希望能够摆脱写作上的困境。他选中了威尼斯小城作为自己放松身心的目的地，在那里，他邂逅了一位如希腊雕像般俊美的波兰美少年塔吉奥。作为一位一心想要攀登艺术高峰而又陷入创作桎梏状态的艺术家，他在看到美少年塔吉

＊　作者简介：王丹丹，河北大学文学院比较文学与世界文学专业硕士研究生。

奥的第一眼时，就觉得他是美的化身。而他对美少年塔吉奥的态度也从一开始的理智欣赏变成了后来的欲望冲动，以至在得知威尼斯发生瘟疫的消息后仍不舍离开。最终他意外感染瘟疫，看着美少年的背影，死在了海滩上。

《死于威尼斯》是一部以艺术家为题材的作品，反映出广阔的社会面，有深刻的主题思想。西方文学界很推崇这篇小说，而托马斯·曼本人也认为它是自己的得意杰作。[①] 他曾说："《威尼斯之死》确实是名符其实的水晶多棱体；它是一个结构，一个映像，通过如此难以穷尽的回光返影的性质，从如此之多的切面放射出光芒，以致当它形成之时，创作者自己也会被它弄得目眩神迷。"[②] 而本文主要通过弗洛伊德精神分析学说的人格结构理论来解读主人公阿申巴赫从理智的"超我"一步步走向失去理智的"本我"的形象变化。

一 弗洛伊德人格结构理论

西格蒙德·弗洛伊德（Sigmund Freud，1856—1939），奥地利精神病医生、心理学家，精神分析学派的创始人。1923 年，弗洛伊德发表《自我与本我》一书，进一步完善了他的潜意识理论，早期的"潜意识""前意识""意识"的心理结构被表述为"本我"（id）、"自我"（ego）、"超我"（superego）组成的人格结构。[③]

"本我"，人格结构的最基本层次，处于心灵最底层，是遗传下来的动物性本能，是一种原始动力机制，是潜意识结构部分，是所有本能的承载体，也是最原始的部分，遵循着快乐原则。其目标是毫不掩饰地满足生物欲望，内部充满了非理性、反社会和破坏性的冲动。[④] 这种"本我"的人格在婴儿身上体现得淋漓尽致，当婴儿感到饥饿时，他不会考虑到母亲当时在做什么，他只是凭着饿了就要进食的本能，通过号啕大哭的方式来表达自己的进食欲望。

"自我"，人格结构的中间层次，是每个人都包含的心理内涵，是意识的主体结构部分，即从"本我"中分化出来、因受到了现实影响而渐识时务的一部分。它处于"本我"与外界之间，充当着"本我"与外部世界的联络者与仲裁者，并且在"超我"的指导下监管"本我"的行动。它还是一种能够根据周围环境的实

---

① 〔德〕托马斯·曼：《死于威尼斯》，钱鸿嘉等译，上海译文出版社，2010，第 10 页。
② 贾峰昌：《浪漫主义艺术传统与托马斯·曼》，浙江大学出版社，2012，第 145 页。
③ 马新国：《西方文论史》，高等教育出版社，2008，第 354 页。
④ 〔奥〕弗洛伊德：《弗洛伊德的心理哲学》，唐译编译，吉林出版集团有限责任公司，2013，第 8 页。

际条件来调节"本我"与"超我"之间的矛盾，进而决定自己行为方式的意识。它代表的就是通常所说的理性的或者正确的判断，按照"现实原则"行事，既获得满足，又要避免痛苦。

"超我"，人格中高级的、道德的、超自我的心理结构，是充满着清规戒律和类似于良心的人格层面，是能进行"自我批判"和"道德控制"的理性化了的"自我"，也是内在的道德检察官。其主要职责是指导"自我"以道德良心自居，为"自我"确立了好和坏的范本，也去限制、压抑"本我"的本能冲动，以良心、自我理想等"至善原则"活动。①

而现实中，"本我"、"自我"与"超我"三者经常处于矛盾与竞争的状态，"本我"诱使"自我"满足其欲望，而"超我"约束"自我"压抑"本我"的欲望。"本我"与"超我"都想通过"自我"达成自身的需要和目的，因此，"自我"既需要满足"本我"的需求，又要考虑"超我"的限制，三者只有达到平衡时，人格才能趋于正常。

作家托马斯·曼在小说的开篇就给读者介绍了小说主人公阿申巴赫是一位生活规律、认真写作、想要达到艺术顶峰的处于"超我"状态下的作家。就是这么一位想要在艺术上达到完美却陷入了写作瓶颈期的作家，在一次散步之后，决心做一次旅游，选定神话般的威尼斯为自己的目的地，并在那里遇见了波兰美少年。起初他仅仅将美少年视作"精雕细琢的可喜的艺术作品"来欣赏，认为少年有如"希腊艺术极盛时代的雕塑品"②。他虽然细致观察着美少年，可当他"又一次感觉到，这座城市就气候来说，对他的健康是非常不利的"的时候，"他回到饭店来不及晚餐，就到账房间打招呼：因为某些意料不到的事，他明天一早就得离开"③。"超我"与"自我"此时处于和谐共存的状态，既满足了自己对美的欣赏，又在感到气候对身体不适时选择离开。无巧不成书，作家匠心独运的安排，使得阿申巴赫的行李被发错地方，得以再次回到之前住的酒店，因此阿申巴赫看清了自己的内心想法——不再满足远远观望，而是开始尾随美少年，自此彻底陷入"本我"的控制之下，随心而为，按"快乐原则"行事，即使得知城内有瘟疫也不舍离去，最终感染瘟疫身亡。

---

① 唐译编译《弗洛伊德的心理哲学》，吉林出版集团有限责任公司，2013，第16页。
② 〔德〕托马斯·曼：《死于威尼斯》，钱鸿嘉等译，上海译文出版社，2010，第38页。
③ 〔德〕托马斯·曼：《死于威尼斯》，钱鸿嘉等译，上海译文出版社，2010，第54页。

二　　"超我"状态下的理智

"超我"保持着父亲的性格，当俄狄浦斯情结越强烈，并且越迅速地屈从于压抑时（在权威、宗教教义、学校教育和读书的影响下），"超我"对"自我"的支配，愈到后来就愈加严厉——以良心的形式或者以一种潜意识罪疚感的形式。[①] 主人公阿申巴赫的祖先皆是为君王和国家服务的军官、法官之流，生活十分严谨、质朴，受家人和家庭氛围的影响，阿申巴赫的个性也偏于刻板拘谨、捉摸不定，而这种个性也在一定程度上决定了他的生活状态是典型的"超我"状态。比如，他有着严格的作息规律和写作规划，"在四十岁或五十岁的时候，一般人都在挥霍无度，沉湎于酒色或者醉心于远大的计划而迟迟未能如愿，但他却不是这样，每天一早就用冷水淋洗他的胸部和背部，然后擎起一对银座的长蜡烛，将它们放在稿纸上面，把他们从睡眠中积聚起来的精力热诚地、专心地贡献给艺术，一次就是两三小时"[②]。

即使有着规律的作息和写作安排，也没有人可以一直一丝不苟地工作而不需要休息，阿申巴赫亦在所难免。他在工作了一整个上午，感到精疲力竭，想要午休却又睡不着转而出门散步时，在殡仪馆看见了一位外表很不平常的陌生人，由此引发了他一系列的思考。在和陌生人对视后，他"十分惊异地觉得内心有一种豁然开朗之感，心里乱糟糟的，同时滋长着一种青年人想要到远方去漫游的渴望，这种意念非常强烈，非常新奇"[③]。累了就要休息，就要放松，这是按"快乐原则"行事的"本我"所反馈到大脑中的信号，然而此时的"超我"占据着主导地位，对于"本我"发出的想要旅行的信号给出了只是对旅行有种热望的答案，并没有继续思考这件事。

但在这之后，阿申巴赫想要去旅行的欲望更加强烈，并且激起了幻想。在幻想里，"他看到了热带地区烟雾弥漫天空下的一片沼泽，潮湿、丰润而又阴森恐怖……嘴形奇特的怪鸟则站立在浅滩上，一动不动呆呆地向旁瞧着。在竹林深处节节疤疤的树干中间，蹲伏着一只老虎两眼闪闪发光"[④]。这表示"本我"仍在不

---

① 〔奥地利〕弗洛伊德：《自我与本我》，见车文博主编《弗洛伊德文集》，长春出版社，2004，第 133～134 页。
② 〔德〕托马斯·曼：《死于威尼斯》，钱鸿嘉等译，上海译文出版社，2010，第 13 页。
③ 〔德〕托马斯·曼：《死于威尼斯》，钱鸿嘉等译，上海译文出版社，2010，第 6 页。
④ 〔德〕托马斯·曼：《死于威尼斯》，钱鸿嘉等译，上海译文出版社，2010，第 7 页。

断向大脑发射想要外出旅游的信号，唤醒了阿申巴赫内心深处的渴望，以至于他不能平息那种想象力从而产生幻想，却又因为他长期处于规律且严谨的生活状态，心头被沉重的创作责任感压着，所以他对自己的幻想从内心感到恐惧，故而那种心血来潮的念头很快就被他用理智和青年时代养成的自制力压了下去，内心恢复平静。

"本我"一旦将内心渴望唤醒，就很难再次陷入沉睡。故而即使阿申巴赫认为放弃几个月的工作去远方遨游，去追求新奇事物是不着边际，不值得考虑，但内心里仍有一种声音在说，"弓弦不能绷得太紧，而强烈地激发出来的愿望也不能硬加压抑"[1]。所以他的态度由一开始不值得考虑变成了"作一番旅行会叫他称心如意"，这看起来似乎是"超我"做出了让步和妥协，"本我"的目的终于实现，但其实这番旅行仍是经过了"超我"的思量，因为阿申巴赫决定去旅行，只是"不必走的那么远，不必一直到有老虎的地方去"[2]。直到此时，"超我"依旧占据着主导地位，阿申巴赫的行为仍由理智支配着。

三 "自我"意识的挣扎

将攀登艺术高峰作为目标，却在创作过程中遭遇了瓶颈期的阿申巴赫，当他在威尼斯初见那位波兰美少年时，便认为其是"希腊艺术极盛时代的雕塑品"，认为"无论在自然界或造型艺术中，他从未见过这样的精雕细琢的可喜的艺术作品"[3]。他甚至还细致地观察了塔吉奥的面貌、服饰乃至分析其教养方式和家庭情况。此时的美少年于阿申巴赫有如黑夜路途中的一盏路灯，更如在森林迷失方向时抬头望见的北斗星。《自我与本我》一书中指出："超我从自我中分化出来无非是一个机遇问题：它代表着个人发展和种族发展中那些最重要的特点。"[4] 所以，阿申巴赫的"超我"状态要求他一丝不苟地写作，在创作上取得成功，达到完美；"自我"状态使他在见到"完美的化身"时，给予充分的欣赏。

"自我"是一种能够根据周围环境的实际条件来调节"本我"与"超我"的矛盾，并且决定自己行为方式的意识，它代表的就是通常所说的理性的或者正确

---

① 〔德〕托马斯·曼：《死于威尼斯》，钱鸿嘉等译，上海译文出版社，2010，第 9 页。
② 〔德〕托马斯·曼：《死于威尼斯》，钱鸿嘉等译，上海译文出版社，2010，第 10 页。
③ 〔德〕托马斯·曼：《死于威尼斯》，钱鸿嘉等译，上海译文出版社，2010，第 38 页。
④ 〔奥地利〕弗洛伊德：《自我与本我》，见车文博主编《弗洛伊德文集》，九州出版社，2014，第 177 页。

的判断，按照现实原则行事。所以，即使阿申巴赫对于美有着执着的追求，也清楚地感知到这个"美"赏心悦目，使自己心情舒畅，但在觉得天气不自在，似乎"闻到咸水湖湖水腐臭的气息"① 时，仍打算就此离开。此时的"自我"在经过欣赏完美和面对不好的天气中，做出了理性的判断。

在餐室第二次与美少年相见时，阿申巴赫对他那天神般的美感到惊讶，甚至惊异不止。尽管如此地惊叹这个少年的美，原文中甚至连用了两个"妙"来表达这种惊喜之感，但阿申巴赫仍是"用专家那种冷静的鉴赏眼光想着，像艺术家对某种杰作有时想掩饰自己欣喜欲狂、忍俊不禁的心情时那样"②。之前决定要离开的"自我"在此时有了一丝动摇，"他又接下去思忖：要不是大海和海滩在等着我，只要你在这儿待多久，我也想在这儿待多久"③。在极目眺望海滩上的热闹景色之后，心里又想道，这里太好了，暂时先不离开。小说中还写道："他又起双手放在衣兜里，两眼出神地望着一望无际的大海，他的眼神渐渐散乱迷茫，在一片单调、广漠、烟雾蒙蒙的空间里显得模糊不清。"④ 这几句描写将阿申巴赫此时的"自我"纠结与挣扎状态展现得淋漓尽致，仿佛他在心里一遍又一遍地问自己"走，还是不走"的问题。

当他正思考着清净无为是否同样是尽善尽美的一种形式时，俊美的少年向他走来，他的思考因此被打断。目光追随着少年，此时的他却有了一种"微妙的感觉或某种近乎敬畏和羞愧的惶惑不安的心情"⑤，他转过脸去，装作什么也没看到。此前纠结于是否离开的"自我"隐隐地露出了小窃喜的"本我"。其实，"自我"并未同"本我"截然分开，它的较低部分融合到"本我"中去了。但是被压抑的东西也合并到"本我"中去了，并且简直就是它的一部分。被压抑的东西只是由于压抑的抵抗作用而和自我截然隔开，它可以通过"本我"而和"自我"交往。⑥ 这种"近乎敬畏和羞愧的惶惑不安的心情"正是"被压抑的东西"为"自我"意识感知后的本能反应。

阿申巴赫看着逆着划游的美少年，觉得少年像"远古时代人类起源或天神降

---

① 〔德〕托马斯·曼：《死于威尼斯》，钱鸿嘉等译，上海译文出版社，2010，第42页。
② 〔德〕托马斯·曼：《死于威尼斯》，钱鸿嘉等译，上海译文出版社，2010，第45页。
③ 〔德〕托马斯·曼：《死于威尼斯》，钱鸿嘉等译，上海译文出版社，2010，第45页。
④ 〔德〕托马斯·曼：《死于威尼斯》，钱鸿嘉等译，上海译文出版社，2010，第46~47页。
⑤ 〔德〕托马斯·曼：《死于威尼斯》，钱鸿嘉等译，上海译文出版社，2010，第47页。
⑥ 〔奥地利〕弗洛伊德：《自我与本我》，见车文博主编《弗洛伊德文集》，长春出版社，2004，第125页。

生时那种传奇般的人物"①，他坐在沙滩旁，觉得自己仿佛在保护、在守候美少年。午后回房时，却对着镜子端详了好久自己花白的头发和清癯憔悴的面容。此时，被合并到"本我"中的"自我"中的较低部分又出现在阿申巴赫的心里，隐约间显露出原始欲望——不满足于单纯欣赏美，而是想自身也有姣好的面容和年轻的身躯与之相匹配。而"自我"中理性的那部分在此时现身，使他想起了自己是有名的作家，想起了自己做出的种种成绩，甚至想起了自己的高贵头衔，于是终止了刚才那略有一丝荒诞的举动。

阿申巴赫又一次感觉到威尼斯的气候对他的健康极度不利，意识到非离开不可时，却又感到依依不舍，即使时间很紧，仍选择从容不迫地吃完早饭。终于下定决心要走时，碰巧与美少年对视一眼，并一反常态地做出一副道别的姿态。在感觉到天气对身体不利时，"自我"就一直处在"离不离开"的挣扎中。而"自我"协调着"超我"和"本我"，会依照现实原则，采取适当的行为措施。最终，"自我"挣扎后的结果使得阿申巴赫迈出了离开的步伐。

四　"本我"的彻底爆发

托马斯·曼独具匠心的情节安排使得阿申巴赫的行李被邮寄错了地方，给他创造了重回饭店的机会。而此时的阿申巴赫的反应是"表面上有些生气，装作无可奈何的样子，其实却像一个逃学的孩子，在竭力掩饰内心的慌乱与激动"②，感觉自己幸运无比。决定离开是因为觉得威尼斯的天气对健康非常不利；而得知行李被邮错地方时，竟然是欣喜若狂。由此可见，阿申巴赫的"自我"依据现实做出的理性判断在这一刻被"本我"彻底推翻，即使天气不好，也甘愿重回威尼斯，回到那个饭店，回到美少年身边。在重新回到饭店后，他觉得"海面上呈现一片浅绿色，空气越来越稀薄清新，海滩在一些小屋和船儿的点缀下，显得色彩缤纷，尽管天空还是灰沉沉的"③。"本我"在此时彻底爆发，随内心行事，向快乐出发。

阿申巴赫在回到饭店后，在海滩上又一次看见美少年时，确定了自己是因为他而不想离开威尼斯，并且"仰起头来，提起了本来松垂的安乐椅扶手上的两只

---

① 〔德〕托马斯·曼：《死于威尼斯》，钱鸿嘉等译，上海译文出版社，2010，第51页。
② 〔德〕托马斯·曼：《死于威尼斯》，钱鸿嘉等译，上海译文出版社，2010，第60页。
③ 〔德〕托马斯·曼：《死于威尼斯》，钱鸿嘉等译，上海译文出版社，2010，第61页。

胳膊，手掌朝外，做了一个慢腾腾的回转动作，宛如要张臂拥抱似的"①。这个动作表露出阿申巴赫自此已经脱离了理性的"自我"的控制，转而被追求快乐和原始欲望的"本我"而主导。虽然他每天依旧起得很早，却再也不是为了专注写作，而是为了看到美少年。他认为从海水里湿淋淋跑上岸的美少年的形体年轻而完美，并将其看作"精神美的化身"，"欣喜若狂地感到他这一眼已真正看到了美的本质"，同时"记忆中浮起了从青年时代一直保持到现在的一些原始想法，但这些想法过去一直潜伏着，没有爆发出来"。②这证明带有原始欲望的"本我"一直在被压抑着，直到看到了美少年那年轻而完美的形体，那种被压抑多年的内心渴望才被激发出来。而此时在他心里出现了一幅动人的图画，画里还有两个人——"这两个人，一个是老头儿，一个是青年；一个丑，一个美；一个智慧丰富，一个风度翩翩"③，还认为"求爱的人比被爱的人更加神圣，因为神在求爱的人那儿，不在被爱的人那儿"④。当时，阿申巴赫突然想写些什么。他随即坐下来，听着美少年的声音，用美少年的美作为题材开始写他那篇小品文，并且觉得他写的字句从未像现在一样如此温柔细腻，情意绵绵。当他收藏好他写的作品要离开时，他感到精疲力竭，甚至觉得整个身子都垮了。弗洛伊德的"泛性欲说"认为，性本能被压抑、包裹在"本我"之中，成为决定人的行为的巨大的心理能源或力量，即"力比多"；还认为人在儿童时期稍懂事起，便因社会的压力，"力比多"冲动不能得到随时满足而被压抑，在无意识中形成情结。⑤阿申巴赫孤独成长，没有同伴，不喜社交，埋头写作，早年丧妻，只有一个已婚的女儿，而处在写作不佳外出散心之际的他，压抑在"本我"中多年的"力比多"被这个完美的少年彻底唤醒，他对美少年的情感不再像艺术家对于完美的艺术品的情感那么单纯。

即使之前规定好的休息日期已到期，他也毫不在意，反而写信让家里寄来一大笔钱。他的目光不再是单纯欣赏而变成了紧紧追随，见不到美少年时就会惴惴不安。甚至有一天晚上，他与美少年目光相遇时，美少年对他的微微一笑使他觉得自己像是收到什么了不起的礼物似的匆匆转身离开，并且责怪他不该对任何人那样笑，但又不由自主地默念道"我爱你"。表面上看，阿申巴赫似乎陷入了对美

---

① 〔德〕托马斯·曼：《死于威尼斯》，钱鸿嘉等译，上海译文出版社，2010，第 62 页。
② 〔德〕托马斯·曼：《死于威尼斯》，钱鸿嘉等译，上海译文出版社，2010，第 68 页。
③ 〔德〕托马斯·曼：《死于威尼斯》，钱鸿嘉等译，上海译文出版社，2010，第 69 页。
④ 〔德〕托马斯·曼：《死于威尼斯》，钱鸿嘉等译，上海译文出版社，2010，第 70 页。
⑤ 马新国：《西方文论史》，高等教育出版社，2008，第 345 页。

少年的不道德的同性之爱中，实际上他一系列近乎疯狂的举动表现了他对美的强烈的追求和渴望，因为少年在他心中代表着"完美的美"。艺术家对美的热爱是正常、合理且高尚的，但如果这种热爱变成了狂热的追求，那么原本追寻美的渴望很容易就变成了企图占有美的欲望，就会逾越道德的雷池而走向危险的末路。

被压抑的"力比多"会通过做梦、失言、笔误等方式间接表现出来，之前阿申巴赫已经失言说出了"我爱你"，之后又做了一个令他感到可怕的梦。而梦是一种（被压抑、被抑制的）欲望（以伪装形式出现的）满足，这种欲望大都与性有关。① 而这个梦，也展现了阿申巴赫的形象变化。在梦里，他的"本我"一直深深地被压抑着，"恐惧与欲望交织在一起，同时对未来怀着心惊胆寒的好奇之心"②。可是"超我"使他在看到"异国的神和乌合之众"时感到惊恐万状，向他发出要竭力守卫他一直信奉着代表了他心目中的理性和他一直以来遵守的道德规范和社会准则的"上帝"的信号；"自我"使他怒气冲冲，不知所措，挣扎纠结；而"本我"最终挣脱束缚，摆脱压抑，使他在梦里信奉起了异国神，参与到那群乌合之众的放荡淫乱中去，释放了与世俗道德相违背的原始欲望和"力比多"。这个梦的出现，也是因为阿申巴赫受到了内心深处的"本我"的影响而产生的结果。

梦醒之后，阿申巴赫决定不再避人耳目，也不考虑是否会受到怀疑，即使得知城内已有瘟疫爆发，仍是日日尾随美少年，并且努力通过衣饰打扮使得自己看起来年轻一点，全然忘记自己当初很鄙视那个穿着华丽衣服、扮演青年人角色的老头儿。阿申巴赫最终因意外感染瘟疫而死，死之前仍在沙滩上看着美少年的背影。

五　结语

《死于威尼斯》这部小说来自作家托马斯·曼的真实经历。他在小说中向我们讲述了一个数十年孜孜不倦潜身于创作以求达到艺术高峰的主人公阿申巴赫，在去往威尼斯散心时遇上波兰美少年之后，由单纯的理性转变成纯粹的感性，由"超我"一步步转变成"自我"，最终因感染瘟疫身亡的故事。而"哈兹里特曾暗示，从事艺术的冲动是由于补偿某种生理缺陷的需要。还补充一条原则说道，这种

---

① 马新国：《西方文论史》，高等教育出版社，2008，第356页。
② 〔德〕托马斯·曼：《死于威尼斯》，钱鸿嘉等译，上海译文出版社，2010，第104页。

从事艺术的冲动给作者提供了一个情感宣泄的机会。卢梭早就承认，他写《新爱洛伊丝》是因为爱情遭到挫折，为了补偿而被迫做的白日梦。歌德也在《诗与真》中坦率地说，他年轻时所经历的失意和绝望，使他写成了《少年维特之烦恼》"[①]。

托马斯·曼通过《死于威尼斯》也向我们提出了一个问题，即艺术家在理智和情感之间挣扎的问题。而问题的答案其实也由主人公阿申巴赫的故事告诉了我们：艺术家对美的热爱和追求是合乎常理的，但是必须把握好分寸，要有界限意识，不能将渴望发展成欲望。一味地攀登艺术高峰难免桎梏缠身，一味地追求完美又会丢掉自我，两种极端状态都是我们要规避的，虽然"自我"经常陷入挣扎之中，但这种挣扎恰恰才是我们的正常状态。人之所以为人，恰恰是因为人可以在理性与感性之间找到平衡点，不会陷入近似神性"超我"状态中，也不会掉入兽性的"本我"状态，从而发现真正的美。

---

① 〔美〕艾布拉姆斯：《镜与灯：浪漫主义文论及批评传统》，郦稚牛等译，北京大学出版社，2015，第 162 页。

《燕赵文化研究》第 1 辑
第 191～201 页
© SSAP，2019

河北大学燕赵文化学科群建设情况

为贯彻落实习近平新时代中国特色社会主义思想和党的十九大精神，坚持不懈传播马克思主义科学理论、坚持不懈培育和弘扬社会主义核心价值观，根据《教育部、河北省关于"部省合建"河北大学的协议》，面向京津冀协同发展和河北省全面发展需要，基于自身办学特色和办学实际，以中国语言文学为牵头学科，以中国史、哲学、教育学、新闻传播学、应用经济学、法学为配合学科的燕赵文化学科群被河北大学确定为重点建设学科群，争取到 2022 年进入国家世界一流学科建设行列。

一　建设基础

（一）河北大学情况

河北大学建校于 1921 年，办学历史悠久，文化底蕴深厚。21 世纪以来，国家部委和河北省委、省政府对河北大学持续重点建设，2018 年，河北大学成为"部省合建"大学；河北大学现有 11 个学科门类，94 个本科专业，是全国学科门类设置齐全的高校之一，多年来培养了一大批质量优异的毕业生；河北大学师资结构合理，科研基础扎实，在教书育人和科学研究方面取得了丰硕的成果。

河北大学的全面发展无疑是燕赵学科群建设最重要的保障和基础。多年来，为推动学科发展和升级，河北大学采取了一系列改革措施，积累了宝贵的学科建设经验。

（二）牵头学科情况

中国语言文学学科历史悠久，近代汉字研究、词曲学研究、钱锺书研究等在国内处于领先地位。本学科作为牵头学科具有以下优势。

1. 高端人才聚集

本学科拥有教育部社科委员 1 人、国务院学科评议组成员 1 人、"万人计划"教学名师 1 人、享受国务院特贴专家 2 人等多名国家级人才。

2. 人才培养质量高

本学科拥有国家级特色专业、国家级精品课程等国家级"质量工程"项目以及专业综合改革试点、大学生实践教育基地等国家级"本科教学工程"项目，毕业生就业率高，社会满意度高。

3. 学科体系完备，科研实力雄厚

本学科拥有一级学科博士学位授权点、一级学科博士后科研流动站。近五年来本学科获得国家级项目 37 项，其中国家社科基金重大项目 1 项、重点项目 3 项，获得省部级科研立项 63 项，在研科研项目总经费 1500 余万元；出版专著 57 部，在《中国语文》《文学评论》《文学遗产》《文艺研究》等权威期刊发表论文 15 篇，在 CSSCI 来源期刊与来源集刊上发表论文 150 余篇；获教育部高等学校科学研究（人文社会科学）优秀成果三等奖 1 项，获河北省社会科学优秀成果奖、河北省社会科学基金优秀成果奖 19 项（一等奖 2 项）。

4. 创新平台汇聚

建有河北省国家重点培育学科、国学传承与发展协同创新中心、现代汉字研究中心、中国曲学研究中心、雄安传统文化研究中心、华北文化遗产研究中心等多个创新平台。

5. 社会服务能力突出

本学科拥有总经费 1800 万元的国家新闻出版重大科技工程（"中华字库工程"）项目、总经费 2000 万元的四库著录河北先贤著述整理工程项目。其中"中华字库工程"是国家新闻出版重大科技工程，是引领中华文化步入信息化、数字化时代的先导性、奠基性工程。该项目整理古典文献中汉字字形 10 万余个，考释疑难字 3000 余个，学术含量高，社会影响大，直接关系中华优秀传统文化的传承和发展。

（三）配合学科情况

1. 拥有一批高端人才，形成稳定有特色的研究方向

配合学科中有国家"万人计划"哲学社会科学领军人才 1 人、国家级教学名师 1 人、中宣部"四个一批"人才 1 人、享受国务院特贴专家 4 人等多名国家级人才，在区域文化、区域教育、经济发展规划、河北哲学思想与宗教文化、文化传播与区域法治协同等方面形成稳定的研究方向；产出了一批有特色的研究成果，承担国家社科基金重大招标项目 3 项，教育部重大招标项目 2 项，国家社科基金重点项目 10 项，国家社科基金项目获得数量位居全国第 40 位左右，入选国家哲学社会科学成果文库 1 项，教育部社科优秀成果二等奖 1 项、三等奖 1 项，获河北省社会科学特别奖 3 项（自设立以来，共产生 4 项）。

2. 拥有多个高水平创新平台

中国史教育部省属高校人文社会科学重点研究基地"宋史研究中心"（中国宋史研究会秘书处驻地），是河北省国家一流建设学科、河北省强势特色学科；统计学、教育史、新闻学、中国哲学是河北省重点学科；教育学、新闻学、哲学是国家级特色专业；法学入选教育部首批卓越法律人才教育培养基地；拥有 3 个教育部国别研究中心，2 个 CTTI 智库，5 个河北省高等学校人文社会科学重点研究基地，2 个河北省社科联研究基地，2 个河北新型智库；1 个国家级实验教学示范中心，2 个省级实验教学示范中心，2 个国家级校外大学生实践教育基地，5 个省级专业学位研究生教育实践基地，2 个李保国式科技服务团队。

附：配合学科简介

1. 中国史

在宋史、燕赵传统文化、"多元一体"民族文化的形成和发展、红色经典文化、乡土民俗文化研究、开发与服务方面具有良好的基础和优势。已经开展雄安历史文化遗产研究与保护工程，与地方政府合建定州研究院、大名研究院。参与南阳、泥河湾、要庄、爪村等遗址挖掘，在多个市县开展典型乡村调研与文化建设。

2. 哲学

哲学学科实力雄厚。河北是儒家文化的中兴地，出现了荀子、董仲舒、刘因和颜元等大儒。燕赵文化的核心是儒家文化。中国哲学，尤其是儒家哲学是河北大学哲学学科的主要研究方向，为深入挖掘河北儒家文化旅游资源提供重要的学科支持和理论指导。

3. 教育学

教育学学科在继续发展教育历史与文化研究的基础上，着力发掘河北教育历史资源，弘扬燕赵教育文化精神，为发展文化旅游产业、打造特色城市名片提供学术支撑，重点研究领域包括：雄安新区公共服务体系与教育发展规划、高等教育与河北省文化产业促进机制研究、实学思想及其当代价值研究、古代书院研究、以文庙和贡院为中心的河北古代教育制度与文化传播研究、以张之洞为代表的古代向现代转型时期的教育家群体教育文化开发研究等。

4. 新闻传播学

新闻传播学学科长期致力于文化产业的产、学、研一体化研究与开发，注重精准对接，深入开掘河北省文化特色，凸显社会服务职能，积极打造京津冀文化产业协同创新发展的典型示范。现已成功打造了太行山、大运河、渤海湾、传统古村落保护与开发、工业遗产保护与文创开发、特色小镇研究与开发等六大类典型范例。

5. 应用经济学

应用经济学学科面向京津冀协同发展的需要，围绕服务雄安新区建设，挖掘文化域产业与京津冀可持续发展、普惠金融与反贫困、文化产业形成因子在经济建设中的关键作用，在白洋淀机理与要素构成、人才资源配置和大数据应用研究方面形成系列研究和社会服务的成果，为解决经济发展中的重大理论与现实问题，为地方经济文化发展与建设提供有力的支持。

6. 法学

法学学科致力于京津冀区域生态环境治理、区域刑事法治与环境犯罪治理、冬奥会法治保障、现代诉讼制度文化探源等特色领域研究，着力探索构建文化法学的理论基础与制度体系。同时，强化与法律实务部门合作，在京津冀水源涵养保护、生态环境支撑、白洋淀水环境保护与污染治理、专利保护与冬奥知识产权保护、文明行为促进等方面进行立法实践，为促进法治河北建设、京津冀区域法治协同、河北文化旅游发展提供智力支持。

二　建设经验

（一）坚持正确的学科发展方向

燕赵学科群建设始终坚持党的领导，贯彻落实习近平新时代中国特色社会主义思想和党的十九大精神，将学科发展方向自觉同国家和区域发展的现实目标和未来方向紧密联系在一起。唯有如此，学科群建设才能具有长久发展潜力和发展空间，也才能最大程度地发挥其社会价值。

（二）注重学科交叉融合发展

河北大学以一省一校建设为契机，进一步凝练和整合学科发展方向，促进学科交叉融合，推动学科群建设，增强了学科服务区域经济社会发展的能力。燕赵学科群各学科，借学校发展之东风，助力各学科合作协调发展。建立了一批协同创新平台，并大力推动创新成果的产业化发展。学科交叉融合发展为各学科发展提供了强大的动力，各学科创新发展现势头良好，展现出蓬勃生机。

（三）充分利用河北大学区位优势

河北大学位于京津冀协同发展国家重大战略的核心区，是距离新区最近的综合性大学。河北大学长期致力于白洋淀流域历史文化资源的挖掘整理和开发。雄安新区成立伊始，河北大学文学院便依托中国语言文学学科，成立了雄安新区传统文化研究中心，总结已有研究成果，出版了一系列有关雄安新区文化建设的学术著作和资料汇编。最大限度发挥区位优势，不仅为燕赵学科群的建设与发展夯实了发展根基，也使其建设与发展的蓝图更加清晰。

三　建设目标

（一）第一阶段

到 2020 年，中国语言文学在教育部高校学科评估中达到 A 级档，提升中国史、哲学、教育学、新闻传播学、应用经济学、法学的排名档位；燕赵文化学科群在人才与团队建设方面有明显提升，引进或培养国家级人才 3～5 人，进入国家级行列团队 1～2 个；平台建设方面，组建燕赵文化研究与发展中心，争取实现国家级协同创新中心的突破；科研创新方面，高端成果不断涌现，国家重大招标项目立项 3～5 项，获得教育部人文社科二等奖以上 2 项，省级一等奖以上 10 项；人才培养与国际交流方面，培养博士研究生 200 人以上，国际交换生超过 500 人，有海外经历教师比例达到 50%；社会服务能力不断增强，文化旅游产业产值年均增幅超过 25%，为乡村振兴和文化扶贫提供智力支持。

（二）第二阶段

到 2022 年，中国语言文学成为世界一流学科，燕赵文化学科群整体实力显著提升，服务河北省文化旅游产业的能力大幅增强，为河北培养一批文化传承、传播和文化产品研发的创新型人才，成为河北文化旅游产业发展重要智库、雄安新区历史文化保护和传承的重要研究基地，着力为河北打造一批精品文化旅游产品，全面提升河北文化旅游产业发展的竞争力。

四　建设内容

河北省是燕赵文化的发源和传承中心，以中国语言文学为牵头学科的燕赵文化学科群将深入贯彻落实中央和省政府重大决策，挖掘河北省优秀传统文化、红色经典文化、乡土民俗文化、自然生态文化资源，开展多学科协同研究，提升河北省文化旅游产业的核心竞争力，促进河北省文化旅游产业实现质的飞跃。

（一）加强基础研究，实施学科实力提升计划

基础研究是学科建设的重中之重，加强基础研究仍是今后工作重心之一。学科群在近代汉字、现当代文艺思潮与作家作品研究、传统诗文与词曲、宋史、儒家哲学、高等教育等方面的研究已经具有一定的学术影响和优势。在现有学科的基础上着力发展、深化优势学科科研工作。积极参与国家重点文化建设工程，参与大型工具书《汉语大字典》第三版的修订工作、深入推动传世字书整理与汉字信息化、碑刻文字研究、古代诗文与词曲研究、燕赵文史资料整理与文艺思潮研究、燕赵思想史研究、华北民间文艺的原态典藏及研究等工作，提升学科群整体

综合实力。

（二）研究整理河北省优秀传统文化资源与脉络

以燕赵文化为核心，寻根溯源，凝练提升，重点挖掘幽燕文化、赵文化、诚义文化、儒家文化等四大品牌，以及契丹文化、书院文化与军校文化等，扩大河北省区域文化的国际影响力和知名度。

（三）打造河北省红色经典文化

河北是近现代革命文化的重要发祥地，而红色进步文化同样是河北大学学科建设的重点方向。今后学科将继续立足红色文化谋发展，加快筹建"河北省红色文化研究中心"，以培育和践行社会主义核心价值观为根本，挖掘红色精神内涵，传承红色基因，弘扬西柏坡精神，以城南庄、狼牙山、白洋淀、涉县等红色景观为平台，形成系列红色经典文化精品，推动红色旅游精品创新发展、繁荣发展。

（四）挖掘河北省乡土民俗文化资源

河北省有着丰富的民俗文化资源，这为河北大学展开相关研究和现代转化工作提供了得天独厚的条件。学科一直高度重视民间曲艺和手工艺资源的整理，积极开展乡土民俗文献整理工作。学科今后在大力挖掘河北省乡土民俗文化资源的基础上，推进文化资源向文化品牌转化，重点提炼河北省民间曲艺、民间武术、民间手工艺文化资源，打造雄安古乐、武强版画、吴桥杂技、沧州武术、蔚县剪纸、唐山皮影、井陉拉花等特色民间文化品牌，让河北省民俗文化走向世界。

（五）整合河北省自然生态文化资源

河北省自然文化资源丰富，但缺乏有效整合，更缺乏有效的文化价值提升工作，今后我们的一项重要建设内容就是加强与地方政府及相关部门的合作，充分利用河北省"两山两河一淀一海一城一坝"丰富的自然文化资源，着力打造太行山文化、燕山文化、运河文化、海河文化、白洋淀文化、环渤海文化、长城文化、坝上文化，让河北省自然景观文化得到广泛传播。

（六）提升河北区域教育发展水平、促进燕赵文化传播创新

深入研究河北教育文化，主要在教育历史与文化、公共服务体系与教育发展

规划、城乡教育公平等方面提升服务政府教育决策能力。促进燕赵文化传播创新，深入开展燕赵文化传播系列研究，运用现代传播技术开展燕赵文化及相关研究成果的数字化创新，服务燕赵文化的国际化传播及产业化发展。

（七）促进河北省文化资源产业化、提升河北产业竞争力

开展河北省区域文化旅游产业发展规划研究，进行文化旅游资源价值评估；加强燕赵自然资源与非物质文化遗产的法治保护、燕赵文化旅游产业的立法促进与秩序维护研究；探索金融支持产业发展方式、途径和策略，研究劳动力与人才优化配置机制，提供文化旅游产业发展中的利益衡平规则与纠纷解决方案，促进京津冀文化旅游产业协同发展、文化旅游产业扶贫和乡村振兴。

五　工作现状

河北文化旅游产业现状：文化旅游产业以其关联度高、涉及面广、辐射力强、带动性大而成为当下社会经济发展中最具活力的新兴产业。河北省历史文化积淀深厚，文化旅游资源优势明显，潜力巨大。但是，河北作为文化旅游大省，还不是文化旅游强省，仍存在一些问题。主要表现在资源分散，文化旅游概念整合度及产业集聚水平不高，文化创意产品及衍生品供给不足，服务管理水平与资源本身品质不匹配，未形成知名度高、口碑好的文化旅游品牌，与京津的文化旅游资源的互联互通不够，等等。

因此，深入挖掘文化内涵，提升文化品位，是河北旅游业加快转型升级步伐，实现差异化、品牌化、精品化、创意化的必然选择。为把河北省旅游文化产业打造成一个统一的体系，用一个大的历史文化概念串联起来，形成"区域布局合理，概念层次分明"的河北旅游规模化产业群，目前，我们正在开展以下几项工作。

（一）"河北四库文人小镇"体系建设项目

"河北四库文人小镇"体系建设以"四库学"为理论依据，根据现有河北行政区划范围，以收录著述的"河北四库文人"为考据对象，以"四库文脉"和"乡贤文化"为线索，建设"河北四库文人小镇"体系，开辟出一条文化立根、以人为本、因地制宜、创新探索的乡村小镇整体发展道路，以期为全国特色小镇和特

色小城镇建设的整合发展，以及开发文化遗产、精准扶贫攻坚、建设美丽乡村，提供一种新的思路和尝试。目前开展的工作包括：河北四库文人故里的考据和考察、四库文人小镇的个案策划、四库文人小镇的平台建设和 IP 开发。

（二）"张家口乡村旅游展厅设计"项目

张家口市具有悠久的历史文化和独特的自然风光，也是河北省扶贫、脱贫工作的重点地区。发展乡村旅游已经逐渐成为激发贫困户内生动力、实现长期稳定脱贫的有效手段，现已打造形成海坨小镇、温泉小镇、冰雪小镇等旅游景观。文学院受张家口市的委托，主持设计乡村旅游展厅，彰显张家口市辽契丹文化、驿道文化和自然生态文化，为张家口提供乡村旅游发展的方向路线和示范样板，最大限度地带动贫困地区相关产业的发展，增加贫困地区的"造血功能"。

（三）"河北大学莲池书院"项目

莲池书院兴盛于清代，以法帖、碑刻闻名于世，鼎盛时期的莲池书院号称"全国书院之冠，京南第一学府"，与湖南岳麓书院南北交相辉映。2018 年 7 月，经保定市政府批准，学院与莲池书院博物馆等单位合作，成立河北大学莲池书院。书院旨在继承和发扬莲池文化，促进莲池文化的创造性转化和创新性继承，让莲池书院"活"起来，实现书院文化与现代大学文化的完美结合。目前已启动的工作包括：（1）复活文学刊物《莲池》；（2）历任山长资料整理与研究；（3）直隶图书馆存书整理与研究；（4）基于莲池古建筑的文化创意产品设计与开发。

（四）"汉字国学"项目

汉字是中华文化的载体，是世界上唯一最古老且沿用至今的文字体系。随着国学热的升温，社会对汉字的关注日渐密切。在此背景下，学院与保定中小学合作，创建"汉字国学"项目，推进汉字学知识进中小学课堂，结合传统文化相关内容、利用现代科技，为学生讲述汉字字形原理和演变历程等相关知识，使之树立正确的文字观点。团队已经在保定师范附属学校、保定市联盟西路小学开展了多场讲座。团队成员李彦洁在美国访学期间，应邀赴当地中学做了题为《有趣的汉字》的讲座，是"汉字国学"项目的国际延伸，推动了中华文化的海外传播。

（五）"革命文学与红色景区价值提升"项目

项目立足十九大报告关于文化自信的精神指引，以《河北省旅游业"十三五"发展规划》为纲，以河北省内 14 家红色景区及其相关文学、影视作品、革命故事为文本载体，"把红色资源利用好、把红色传统发扬好、把红色基因传承好"，利用革命文学提升河北省红色景观的景区价值，优化河北红色景观空间布局，助力河北红色旅游大格局的建构。

（六）"一市一县"项目

为推进河北省全域旅游示范区创建工作，结合国家京津冀协同发展政策，发起"一市一县"项目。从每个地级市选择一个文化大县，在人才培养、地方文化特色凝练、地方旅游品牌建设等方面开展广泛合作，建设辐射所属市域文化旅游产业的特色县，目前已经与南宫、唐县、献县等县市开展合作。

六　保障措施

（一）加强组织协调落实

建立河北大学一流学科群建设领导小组，统筹组织实施一流学科群建设工作。小组由学校主要领导担任组长，制订《河北大学一流学科群建设规划实施方案》，配置专职管理人员，建立专门管理制度。

（二）保障资源优先配置

坚持扶强扶优，将中央专项资金集中用于学科群建设，并在学科专业设置、研究生招生、高层次人才育引、创新平台建设、科研用房等方面向一流学科群倾斜。

（三）建立动态调整机制

建立目标责任制，签订目标责任书，实行严格的绩效考核制度，依据考核结果对一流学科群的建设实施动态调整。

（四）构建社会参与机制

构建和完善社会参与学校一流学科群建设的制度平台，积极对接社会产业资源。借助"部省合建"平台，争取教育部、财政部、省政府及相关企事业单位的支持指导。

征稿函

　　《燕赵文化研究》由河北大学文学院主办，每年出版两辑，刊发文稿强调思想性、学术性与可读性并重。设有域外博览、语言文化、思想之域、理论之维、莲池书苑、名家访谈、硕博论坛等栏目。本刊以发表燕赵文化研究最新成果为主，欢迎海内外专家学者不吝赐稿。注释引文请作者逐条核对。稿件中涉及版权部分，请事先征得原作者或出版者之书面同意，本刊不负版权责任。具体稿件要求及说明如下。

　　一　投稿要求

　　1. 来稿文责由作者自负，文章发表后版权归本刊所有。未经许可不得转载。

　　2. 来稿请用 WORD 格式，按附件形式电邮至本刊投稿专用邮箱，并注明作者姓名、性别、工作单位、职称、通信地址、联系电话、E-mail 等。

　　3. 文章篇幅以 5000~10000 字为宜，另每期可发表长篇稿件（2 万~4 万字）一篇或两篇。

　　4. 本刊编辑将在两个月内就来稿采用与否或修改意见答复作者。文章如经本刊采用，不可再投他刊。

　　5. 来稿正式刊出后，本刊将赠送作者该辑二册，并根据情况支付相应稿酬。

　　一　来稿格式

　　1. 本刊论文皆为简体，请作者务必提交简体定稿。

　　2. 论文标题请用小三号宋体。论文题目之下请标作者姓名、单位、职称、主要研究领域。论文摘要、关键词，皆用五号楷体字，摘要 150~300 字，关键词 3~5个。正文用小四号宋体字。

　　3. 长篇引文用小四号楷体，左右缩进两个字符。

　　4. 注释形式为页下脚注，小五号宋体，以①②……格式标注，每页重新编号。范例如下。

　　①罗宗强：《明代文学思想史》，中华书局，2013，第 95 页。

②（宋）朱熹：《朱子语类》卷一百三十七，中华书局，1986，第 3273 页。

③（汉）扬雄：《扬雄集校注》，张震泽校注，上海古籍出版社，1993，第 86 页，

④马自力：《语录体与宋代诗学》，《北京大学学报》（哲学社会科学版）2010 年第 5 期。

⑤〔美〕布龙菲尔德：《语言论》，袁家骅等译，商务印书馆，1980，第 355 页。

⑥Harold Bloom，*The Visionary Company：A Reading of English Romantic Poetry*，Rev. Ed. ，New Haven：Cornell University Press，1971. p. 461.（外文专著，最前面有中文的此处应用中文句号，否则用英文句号，下同）

⑦Jeremy Hawthorn ed. ，*Criticism and Critical Theory*，London：Edward Arnold，1984. p. 112.（外文编著）

⑧Harold Bloom，"Jewish Culture and Jewish Memory（文章标题），"*Dialectical Anthropology*（期刊名称），1983（10）.（外文期刊）

三 投稿和联系方式

投稿信箱：353799181@ qq. com

投稿时请注明：《燕赵文化研究》稿件

联系电话：15369238016

联系人：高永

通信地址：河北省保定市七一东路河北大学新校区 B5 座 509 室《燕赵文化研究》编辑部 高永（收）

邮编：071000

《燕赵文化研究》编辑部

图书在版编目（CIP）数据

燕赵文化研究. 第 1 辑 / 河北大学文学院编. -- 北
京：社会科学文献出版社，2019.6
ISBN 978 - 7 - 5201 - 4885 - 6

Ⅰ.①燕…　Ⅱ.①河…　Ⅲ.①文化史 - 河北 - 丛刊
Ⅳ.①K292.2 - 55

中国版本图书馆 CIP 数据核字（2019）第 095296 号

燕赵文化研究　第 1 辑

编　　者 / 河北大学文学院

出 版 人 / 谢寿光
责任编辑 / 杜文婕
文稿编辑 / 李　伟

出　　版 / 社会科学文献出版社　（010）59367143
　　　　　　地址：北京市北三环中路甲 29 号院华龙大厦　邮编：100029
　　　　　　网址：www. ssap. com. cn
发　　行 / 市场营销中心（010）59367081　59367083
印　　装 / 三河市东方印刷有限公司

规　　格 / 开　本：787mm × 1092mm　1/16
　　　　　　印　张：13　字　数：233 千字
版　　次 / 2019 年 6 月第 1 版　2019 年 6 月第 1 次印刷
书　　号 / ISBN 978 - 7 - 5201 - 4885 - 6
定　　价 / 88.00 元

本书如有印装质量问题，请与读者服务中心（010 - 59367028）联系